구동존이(求同存異)와 화이부동(和而不同)의 한중관계

수교 30년을 보는 한중학계의 시각

KOREA FOUNDATION

이 책은 한국국제교류재단의
정책연구지원을 받아 수행된 연구 결과물입니다.

성균중국연구총서 40

구동존이(求同存異)와
화이부동(和而不同)의 한중관계

수교 30년을 보는 한중학계의 시각

성균관대학교 성균중국연구소 기획

이희옥 · 최선경 책임편집

선인

책을 펴내며

한국과 중국이 수교 30주년을 맞았다. 1992년 8월 24일 공식 외교 관계 수립 후, 1998년 21세기를 향한 협력동반자 관계, 2003년 전면적 협력동반자 관계, 2008년에는 전략적 협력동반자 관계로 발전했다. 양국 관계는 상호존중과 호혜상생의 기초 위에 정치외교, 경제무역, 사회문화 등 모든 분야에서 폭넓은 발전을 지속해왔다. 수교 당시 64억 불이었던 교역량은 지난해 3,000억 불을 돌파하여 50배 가까이 성장하였고, 13만여 명에 불과했던 인적 교류는 코로나 발생 이전 1,000만 명을 돌파하면서 약 80배 증가했다. 서로의 이념과 제도의 차이를 넘어 전략적 협력을 일궈온 양국의 관계발전은 지난 30년 동안 말 그대로 상전벽해(桑田碧海)의 변화로 볼 수 있다.

그러나 현재 양국은 여러 도전 과제들을 직면하고 있다. 첫째, 미중 전략 경쟁이라는 국제질서 전환이 한반도와 양국 관계에 영향을 미치며 한중관계의 불확실성이 가중되고 있다. 둘째, 양국의 경제 협력 관계는 상호보완에서 경쟁 구조로 전환되면서 확장성의 한계를 보이고 있다. 글로벌 공급망 재편에 따라 분업과 협력의 공간이 좁아지고 있다. 셋째, 양 국민, 특히 청년 간 상대에 대한 호감도가 감소하면서 상호 문화 교류에 부정적 영향을 미치고 있다. 이와 같은 현상은 한중관계의 다층적이고 다면적으로 발전해 오는 과정에서 발생하는 자연스러운 현상이자, 향후 미래 30년을 위해 극복해야 할 과제이기도 하다.

무엇보다 한중관계에는 서로가 서로를 보는 인식의 차이가 나타나고 있다. 지난 30년간 한중관계는 같은 것을 추구하면서도 다름을 인정하는 구동존이(求同存異)와 상호존중의 정신을 추구해왔다. 이것은 한중수교의 초심이기도 하다. 그러나 한국과 중국의 국력이 신장되고 국제적 위상이 바뀌면서 새로운 관계 정립을 요구하는 목소리도 등장했다. 서로 다름을 인정하면서도 서로의 생각과 가치를 강요하지 않는 화이부동(和而不同)의 목소리가 부상한 것이다. 이 책의 제목을 〈구동존이와 화이부동의 한중관계〉로 붙인 이유도 여기에 있다. 미래로 나아가기 위해서는 지난 30년간 걸어온 길을 돌아볼 필요가 있기 때문이다. 깊은 성찰 속에서 미래를 향한 지혜를 발견할 수 있다.

동양에서는 삼십 년이라는 시간을 이립(而立)이라고 한다. 스스로 주체적으로 설 수 있다는 것을 의미한다. 한중관계도 이제 대등하고 서로의 처지를 존중하면서 새로운 관계를 모색하는 전환점이자 출발점이다. 이런 점에서 〈한중정책연구포럼〉을 통해 양국 학자들이 머리를 맞댄 플랫폼은 중요한 의미를 지닌다. 성균중국연구소와 한국국제교류재단은 2018년부터 지금까지 대화의 문을 열고 지속적으로 토론해 왔고 올해도 어김없이 〈한중정책연구시리즈〉의 결과물을 출간할 수 있게 되었다. 지금까지 이 플랫폼에서 치열한 학문적 토론과 우정을 나눈 한국과 중국 전문가들은 100여 명에 이른다. 여기에는 많은 연구 성과를 낸 중견학자는 물론이고 참신한 상상력을 지닌 신예 학자들까지 두루 참여해 학술교류의 깊이를 더하면서도 새로운 연구자를 발굴하고 배양하여 중국의 한국학 연구의 저변을 확대하는 데도 크게 기여했다. 특히 플랫폼 운영방식은 동일한 주제를 놓고 양국의 전문가들이 의견을 개진하고 기탄 없는 상호토론을 거치는 한편 자신의 논지를 수정하고 반영하는 등 선순환 효과를 거두기도 했다. 특히 한중수교 30주년에 즈음해 양국관계에 대해 '좋은 것이 좋은 것'이라는 건조한 결론을 지양하고 양국의 한중관계에 대한 심층 토론을 통해 공통점과 차이점을 선명하게 부각시켰다. 결과적으로는 진정한 의미의 상호이해를 높이고 향후 논의할 학문적·정책적 의제를 남겼다고 볼 수 있다.

이 작업을 대학 연구소가 홀로 추진하는 것은 애초부터 역부족이었다. 한국학 저변을 확장하고 진정한 한국을 바로 이해하기 위해 포럼의 필요성을 전적으로 받아들인 한국국제교류재단의 지원은 결정적이었다. 오랫동안 이 플랫폼을 후원해 준 한국국제교류재단에 감사드린다. 그리고 무엇보다 코로나 팬데믹으로 인해 대면교류가 제약된 상황에서도 여러 차례 열린 온라인 회의에서 열띤 토론에 참여한 한국과 중국의 전문가 여러분은 이 책의 주인공이라고 믿어 의심하지 않는다. 그리고 이 프로그램을 기획하고 세미나를 조직하며, 논문을 번역하고 교열하면서 책으로 펴내는 일은 연구소 연구원들의 궂은 몫이었다. 최선경 박사와 최소령 연구원은 놀라운 에너지로 그 역할을 다해주었다. 마지막으로 책을 책답게 만들어 준 선인출판사 실무자들의 노고도 적어두지 않을 수 없다.

모쪼록 이 프로그램이 한국의 새로운 한중정책공공외교, 지식 공공외교의 플랫폼이자 하나의 모형이 되기를 기대해 본다. 머지않은 때에 지금까지 참여한 100여 명의 학자들이 한 번에 모여 대토론회가 열리기를 희망해

보기도 한다. 독자 여러분의 아낌없는 성원과 질정을 바란다.

성균중국연구소장

이희옥

차례

제2부 한중 경제

제3부 한중 사회·문화

구동존이(求同存異)와
화이부동(和而不同)의 한중관계

이희옥(李熙玉)*

1. 한중수교 30년을 보는 시각

2022년은 한국과 중국이 수교한 지 30년을 맞이하는 해이다. 그동안 한중관계는 탈냉전 시기에 수교한 그 어떤 양자 관계 보다 비약적이고 전방위적인 발전이 이루어졌다. 그러나 시간이 흐를수록 서로를 잘 알고 있다는 '이웃 증후군'이 나타나고 국력의 비대칭성으로 인한 국가이익을 둘러싼 갈등이 나타났고 급기야는 양국 간 상호불신이 고착화 되면서 많은 기회비용이 발생하고 있다. 특히 미중 전략경쟁이 본격화되고 글로벌 가치사슬이 약화되고 진영화가 나타나면서 이러한 현상은 한중관계에도 깊이 영향을 미치고 있다.

그러나 한중은 떼려야 뗄 수 없는 이웃이고 지정학, 지경학, 문화적으로

---

* 성균관대학교 정치외교학과 교수, 성균중국연구소장.

깊이 연계되어 있다는 점에서 완전한 디커플링이 가까운 미래에 실현되는 것은 현실적으로 가능하지 않다. 다만 양국은 수교 30년이라는 이립(而立)의 시기를 맞아 수교 당시의 초심을 기억하며 새로운 위상 정립을 모색할 필요가 있다. 사실 1992년 한중수교는 서로의 필요에 따라 대등한 협상을 통해 이익의 균형을 찾았다. 실제로 중국은 한국의 경제발전 경험을 참고하면서 개혁개방을 지속할 수 있었고, 한국도 중국 시장이 주는 기회를 활용해 새로운 도약을 이룰 수 있었으며, 한반도 평화와 안정을 위한 중국의 건설적 역할도 나름대로 평가할 수 있다.

오늘날 중국은 미국에 이어 제2의 경제 대국이 되었으며 2021년 말 미국 GDP의 75%까지 추격하는 등 국제문제에서 중국을 빼놓고 논의할 수 없게 되었다. 한국도 세계 10위권의 경제 대국이자 6위권의 군사 강국으로서 '글로벌 중추 국가(pivotal state)'로의 면모를 갖추었다. 이런 점에서 한중관계도 최대한 갈등을 부각시키지 않고 현상을 관리하는 정태적(static) 관계에서 벗어나 모든 글로벌 현안을 함께 논의하면서도 한중관계의 도전요인을 극복하면서 발전하는 동태적(dynamic) 안정을 모색하는 전환기에 놓여 있다. 미중 전략경쟁, 코로나 팬데믹, 러시아-우크라이나 전쟁, 디지털·에너지·사회적 전환 과정에서 양국은 새로운 협력을 모색해야 하는 '진실의 순간'을 맞이하고 있는 것이다.

실제로 한국은 대등한 양자관계를 모색하기 위해 '상호존중'과 '화이부동'의 본뜻을 제시하면서 중국이 보다 '규범에 기반한 국제질서'를 준수하기를 바라고 있다. 중국도 '상호존중'을 강조하고 있으나, 주로 자국의 핵심이익에 대한 존중을 의미하고 있고 국제법에 기초한 유엔체제를 지지하면서 미국 주도의 자유주의 국제질서를 우회적으로 비판하고 있다. 이런 점에서 중국은 여전히 '구동존이'를 강조한다고 볼 수 있다. 이는 한중관계에서 인식의 차이, 기대의 차이, 역할의 차이가 나타날 수 있다는 것을 함축한다.

새로운 미래 한중관계 30년을 모색하는 새로운 출발점에서 한중수교 당시의 초심을 기억하면서 그동안의 성취를 객관적으로 평가하고 미래를 위한 공론장을 만들 필요가 있다. 즉 '서로의 차이를 인정하면서도 공동의 목표를 추구하는' 구동존이(求同存異)의 정신과 '같아지는 것을 강요하지 않으면서도 화해와 조화를 추구하는' 화이부동(和而不同)에 기초한 상호존중의 정신이 그것이다. 또한 전방위적 교류협력에서 나타나는 갈등을 회피하지 말고 위기관리 시스템을 가동해 착실하게 문제를 풀고 매듭을 짓는 자세가 필요하다. 이를 위해서는 무엇보다 생산적이고 전략적인 대화가 중요하다. 대화는 오해가 오판을 막고, 의도적으로 상대를 오독(誤讀)하는 위험을 방지할 수도 있기 때문이다.

2. 한중관계의 다양한 궤적

1) 외교 관계의 진화

1992년 수교 당시 노태우 정부와 중국의 양상쿤 정부는 선린우호협력 관계를 맺었다. 이후 한국과 중국의 정부가 바뀔 때마다 관계를 격상하고 협력을 고도화했다. 김영삼 정부 시절인 1993~1997년간 양국은 두 차례의 상호방문과 APEC 정상회담을 포함해 다섯 차례 정상회담을 했다. 1998년 김대중 정부와 장쩌민 정부는 21세기의 협력동반자 관계를 구축했다. 중국 외교에서 동반자(partnership) 관계는 상호존중, 구동존이 그리고 상호호혜를 의미한다. 이어 2003년 노무현 정부와 후진타오 정부는 기존의 협력동반자 관계를 '전면적 협력동반자 관계'로 격상시켰다. 이것은 양국이 전면적이고 다양한 협력을 필요로 하고 한반도 문제 해법에 대한 넓은 공감대를 반영한 것이었다. 2008년에는 이명박 정부와 후진타오 정부는 기존의 전면적 협력동반자 관계를 전략적 협력동반자 관계로 격상시켰다. 이념과 체제 그리고 제도를 달리하는 양국이 '전략적' 동반자 관계로 격상시킨 것은 이데올로기를 넘어 지역과 국제문제를 함께 논의하고 협력한다는 의미를 지니고 있었다.

이어 2013년 박근혜 정부와 시진핑 정부는 전략적 협력동반자 관계의 틀 속에서 양국관계의 내실화와 충실화 방안에 합의했다. 박근혜 대통령이 2015년 9월, 중국 전승절 기념식에 천안문 망루에 오르면서 양국 관계는 '역사상 가장 좋은 관계'를 구축했다는 평가를 받기도 했으나 2016년 7월 주한미군이 사드 배치를 결정하고 중국이 한한령(限韓令)으로 보복하면서 양국관계는 수교 이후 가장 어려운 국면을 맞았다. 이후 문재인 정부도 실질적 전략적 협력동반자 관계를 구축하고자 했다. 특히 북핵 문제해결을 위한 한중협력 방안을 적극적으로 모색했으며, 코로나19 상황에서 상호 인도적 지원 등 상대국의 마음(hearts and mind)을 얻기 위한 공공외교를 활성화했다.

이러한 상황에서 양국의 관계를 빗대어 '옷의 띠만큼 좁은 강(一衣帶水)', '이사갈 수 없는 이웃'이라는 표현이 유행하기도 했다. 그러나 중국의 종합 국력이 증가하면서 한중 양국의 비대칭성도 확대되었고, 한국도 선진국 정체성을 추구하면서 '상호존중'에 기초한 대등한 한중관계 정립을 시도하고 있다.

2) 한중관계의 성과

한중수교 30년 동안 양국 관계의 성과는 경제 분야에서 가장 두드러졌다. 2021년 말 현재 양국의 교역 규모는 3,016억 달러(중국통계 3,624억 달러)로 수교 당시 64억 달러 대비 47배 증가했고, 대중국 교역 비중은 1992년 4.0%에서 2021년 말에는 23.9%로 증가했다. 2021년 말 현재 한국의 대중국 교역 규모는 미국과 일본을 합친 20.1%보다도 높고 한국은 중국의 수입 2위, 수출 4위, 교역대상국 3위(홍콩과 대만 제외)가 되었다. 한편 한국의 대중국 투자액과 중국의 대한국 투자도 꾸준히 증가했고, 시간이 지날수록 투자의 균형이 이루어지고 있으며, 이에 상응하는 다양한 규범과 제도를 만들고 있다. 대표적으로 2005년 한국이 중국을 시장경제 지위를 인정한 이후 한중 자유무역지대(FTA) 추진을 논의해 왔으며, 2015년 12월 20일 한중 FTA가 정식으로 발효되었다. 2016년부터 상품 분야의 관세 인하가 이루어졌고 서비스·투자·금융 분야에서 상호 시장개방 확대를 위한 2단계 논의로 발전했다.

또한, 미중 간 전략경쟁, 코로나 팬데믹, 한중 교류의 단절 속에서도 2021년 말 양국의 교역 규모는 3천억 달러를 기록했고, 반도체와 배터리 산업 등을 중심으로 대규모 대중국 투자가 유지되는 등 중국 시장은 한국경제의 가장 중요한 버팀목의 하나이다. 단기적으로는 한국 상품의 대체 시장을 확보하지 않는 한, 현실적으로 중국 탈출을 전략화하기 어렵다.

그러나 한중 경제 관계는 무역과 투자의 측면에서 성숙단계로 진입했고 보완성보다 경쟁성이 심화되었다. 첫째, 한국 수출의 대중국 비중의 하락, 중국 수입시장에서 한국의 점유율 하락, 한국 수입시장에서 중국의 점유율 상승, 한국의 대중국 교역수지 흑자가 축소되고 있다. 또한, 반도체 등 핵심 산업 분야를 제외한다면 한중 무역은 균형 수준 또는 적자를 기록하고 있다. 둘째, 한국의 중국 시장의 매력이 점차 감소하고 중소기업을 중심으로 탈중국 현상도 나타났다. 무엇보다 미중 전략경쟁의 여파로 인한 공급망 재편도 이를 심화시키고 있다. 셋째, 코로나 팬데믹으로 인한 개방과 협력의 모멘텀이 약화되고 있고 기후변화와 탄소중립 등 새로운 시장변화 속에서 한중 경제 관계도 새로운 도전에 직면했고, 정치 리스크가 경제 리스크로 전환되는 경제 안보의 불확실성도 높아졌다.

양국 경제협력의 고도화를 지원하기 위한 정치적 소통도 활발하게 전개되었다. 2021년 말 기준 양자 정상회담은 46차례 개최되었고, 핵안보 정상회의, APEC, G20, 한·중·일 정상회담 등 다양한 다자회의 계기의 정상급 교류 38회를 포함하면 약 84차례의 정상회담이 있었다. 이러한 정상회담은 소통 부재에서 오는 갈등을 예방하고 양국의 협력을 추동하는 중요한 계기가 되었으며, 위기를 안정적으로 관리하는 데에도 기여했다. 그리고 이러한 정상급 회담 성과를 실무적으로 추진하기 위해 한중수교 이후 2021년 말까지 약 130여 차례 이상의 외교장관 회담과 실무적 고위급 교류가 있었다.

또한, 국회와 정당 차원에서도 한중의원 외교협의회, 한중 의회 정기교류 체제, 정당 차원의 씽크탱크 교류도 활발하게 진행되었다. 주목할 만한 것은 양국 간 정치체제와 제도의 차이로 인해 교류가 제한되었던 군사 분야에서도 인사, 부대, 교육, 국방학술, 체육 교류가 전개되었고 수색구조훈련, 함정과 수송기 방문도 있었다. 특히 한국 국방차관과 중국 부총참모장 간 국방 전략대화 및 국방정책 실무회의와 정보교류회의도 개최했고, 양국 국방교류를 제도화하기 위해 직통전화를 설치하는 양해각서, 국방교류협력 양해각서 등을 체결했다. 또한, 2014년 한국군의 제안에 따라 중국군 유해송환사업이 시작되어 2021년 말까지 총 835구가 중국으로 송환되었다.

사회문화적 차원에서는 인적교류의 확대가 가장 인상적이었다. 1992년 수교 당시 인적교류는 13만 명에 불과했지만, 코로나19로 인해 민간교류가 사실상 중단되기 이전인 2019년 말에는 1,000만 명 인적교류 시대를 열었고 매주 우리 측 73개 노선, 중국 측 71개 노선에서 각각 주 500회 이상, 1,000편 이상의 항공기가 이착륙하기도 했다. 이 과정에서 중국인의 방한 규모가 한국인의 방중 규모를 넘어서면서 인적교류의 균형도 나타났다. 중국에 상주하는 한국인 수는 코로나19 직전 약 50만 명에 달했고 베이징, 상하이, 칭다오 등의 주요 도시에는 '코리아타운'이 형성되기도 했다. 한편 지방정부 차원에서 다양한 교류협력을 전개하여 서울시를 비롯한 대부분의 지방정부가 참여해 228개의 자매 교류를 맺었고, 448개의 우호 도시와 교류를 진행하고 있다.

한중 양국의 가교인 청년 세대, 즉 양국 유학생의 역할이 중요하다. 비록 코로나19와 한국과 중국의 부정적 상호인식으로 인해 규모가 줄었지만, 2021년 말 기준 중국에 체류하는 한국 유학생과 한국의 중국 유학생은 각각 67,348명과 26,949명으로 전체 외국인 유학생 44.2%와 17.2%에 달했다. 한국에서는 '중국어 배우기' 열기가 있었고 실제로 중국어 시험인 한어수평고시 (HSK)를 세계에서 가장 많이 응시하고 있다. 중국에서도 한류 열풍이 있었으며, 한국의 TV 드라마가 인기를 얻으면서 양국 지도자들의 대화 주제가 되기도 했다. 비록 한중간 인적교류는 메르스 사태와 사드 배치로 인해 교류의 폭과 깊이가 줄었으나 양국 관계가 회복될 경우, 과거 값싼 단체관광 패턴에서 개인 관광객, 주제별 관광으로 이전되면서 새로운 교류 방식이 나타날 수 있을 것이다.

한편 중국에서는 K-Pop 공연과 TV 드라마가 중국 팬들을 사로잡았고 다양한 합작 영화 기획과 제작 등도 활발하게 전개되면서 한류 붐이 나타나기도 했다. 2014년 〈별에서 온 그대〉에 이어 잇달아 중국 내 한국 TV 드라마 상영 붐을 형성했다. 그러나 '한한령'이 본격화되면서 신규 한국 연예기획사에 대한 투자 금지, 관객 1만 명 이상 동원하는 한국 아이돌 공연 금지, 한국 드라마 및 예능 협력 프로젝트 체결 금지, 한국 연예인 출연 드라마 중국 내 송출을 금지했다. 그러나 상호인식이 악화되는 것에 부담을 느낀 양국 정부가 물밑대화를 통해 새로운 모멘텀을 만들었다. 한한령 6년만인 2021년에는 우리 영화 〈오! 문희〉가 중국에서 개봉되었고 〈사임당 빛의 일기〉 드라마가 중국의 방송 플랫폼에서 방영되었으며 한국의 게임에 대한 중국의 신규 판호를 발급하는 등 해빙 분위기도 나타나고 있다. 한중 양국은 2021~2022년을 한중문화교류의 해로 선포했고 160개에 달하는 다양한 활동을 전개하고 있으며, 한중수교 30년을 준비하기 위해 한중 양국 정부는 '한중관계 미래발전위원회'를 구성하고 미래 한중 관계 발전 방향을 모색하고 있다. 특히 한중관계 발전을 위해 인문 교류를 확대하고 심화할 필요가 있다는 공감대를 형성했다. 이미 2013년 6월 양국은 정상회담을 통해 인문 유대를 강화하기로 합의한 데 이어 차관급을 대표로 하는 '한중 인문교류 공동위원회'를 구성했고, 한중 인문 교류 촉진위원회도 가동 중이다. 이러한 인적, 물적 교류를 제도적으로 지원하기 위해 한국은 베이징, 상하이, 선양, 칭다오, 광저우, 청두, 시안, 우한, 홍콩 등에 총영사관을, 그리고 다롄에 영사사무소를 설치해 운용하고 있다. 중국도 서울, 부산, 광주에 이어 제주에 영사관을 통해 주재국 국민 보호와 교류 협력 활동을 전개하고 있다.

구동존이(求同存異)와 화이부동(和而不同)의 한중관계

3. 한중관계의 도전요인과 새로운 협력을 위한 준칙

1) 도전요인

한중수교 이후 30년 동안 양자 관계는 교류의 폭과 깊이가 넓어지고 심화되는 과정에서 국가이익을 둘러싼 갈등도 나타났다. 특히 한중 관계에 미중 관계, 북핵, 일본 등과 같은 외생변수 한중 관계 발전에 영향을 미치면서 해결의 난도도 높이고 있다.

첫째, 한미동맹에 대한 인식 차이다. 한국은 정도의 차이는 있으나 한미동맹이라는 기본 축을 줄곧 유지해왔다. 그러나 미중 전략경쟁 특히 미국의 대중국 견제가 본격화되면서 한미동맹에 대한 중국의 부정적 인식이 나타났다. 즉 그동안 중국은 한반도에서 미국의 역외 균형자(offshore balancer) 역할을 현실적으로 수용해왔으나 힘의 분포가 변하면서 동맹을 냉전의 유산으로 간주하기 시작했다. 특히 한미동맹을 지역화하는 데 대해서는 강력하게 반발하고 있다.

둘째, 한반도 비핵화에 대한 방법의 차이다. 중국도 한반도 비핵화 원칙을 여전히 유지하고 있다는 점에서 한중간 목표의 차이 자체는 없지만, 현실적인 방법론의 차이가 있다. 그동안 한국의 대북정책은 관여정책과 엄격한 상호주의를 동시에 사용해 북한의 변화를 유도하고자 했으나, 중국은 북한의 '이유 있는 안보우려'에 동조하면서 북한의 미사일 발사와 한미군사훈련을 동시에 일시 중단하는 '쌍중단'과 한반도 비핵화와 한반도 평화체제를 동시에 논의하는 '쌍궤병행'을 해법으로 제시하기도 했다. 이와는 달리 한국은 국제사회의 대북제재에 참여하면서도 남북한의 대화와 인도적 지원을 통한 문제해결을 시도해 왔다. 이른바 '담대한 구상'도 이러한 논의에서 제시된 것이다.

셋째, 글로벌 가치사슬과 공급망의 성격이 변하면서 경제안보가 부각되었다. 미국은 동맹국과 우호국가(like-minded countries)들과 연대해 미래 전략산업에 대한 자유주의 국가들의 협력을 본격화했다. 미국의 반도체 동맹, 인도-태평양 경제프레임워크(IPEF), 칩4(Chip4) 논의도 이러한 차원에서 전개되었다. 미국은 턱밑까지 추격해 온 중국의 부상을 '지금 여기서' 저지하지 못한다면 패권의 쇠퇴와 글로벌리더십을 잃게 될 것을 우려하고 있다. 한편 중국은 미국과의 종합국력 격차의 한계를 인식하면서도 핵심기술의 자주화를 추구하면서 중국 중심의 가치사슬과 지역공급망을 구축하는 한편 미래산업에서의 새로운 게임체인저를 찾고 있다.

마지막으로 인문 교류이다. 국가 간 교류는 민간이 서로 친해야 하고, 민간이 친하기 위해서는 마음이 서로 통해야 한다. 그러나 한중관계는 광범위한 사회문화적 교류에도 불구하고 양국 간 부정적 상호인식이 확대되고 있다. 2022년 퓨리서치(Pew Research Center) 여론조사에서는 중국에 대한 한국인의 부정적 인식은 80%에 달했다. 한중 인문 교류의 상징으로 여겨졌던 중국 내 '한류'에 대한 이미지도 약화되었고, 중국에서도 민족주의와 애국주의 정서가 팽배하면서 상호 문화교류에도 부정적 현상이 나타났다. 특히 체제에 대한 자신감을 지는 한국과 중국의 청년세대들이 인터넷 공간에서 과거 부정적 기억을 증폭하는 현상도 나타나고 있으나, 이를 논의할 수 있는 공론장이 턱없이 부족하고 인문 전략대화와 같은 높은 수준의 회의 기제도 마련되어 있지 않다.

2) 새로운 한중관계 미래를 위한 준칙들

삼십이립(三十而立)은 스스로 위상을 정립하고 양자 간 현안을 해결하는 한편 한중의 전략적 협력동반자 관계를 발전시켜야 한다는 것을 의미한다.

첫째, 상호존중(mutual respect)의 정신이다. 중국은 그동안 종합국력이 증가했지만, 이에 상응하는 소프트파워와 매력을 갖추지 못했다. 사실 힘을 통한 인위적인 관계 정립은 바람직하지도 않다. 이런 점에서 수교 당시에 이데올로기를 넘어 '대등한 입장'을 견지했던 수교 당시의 초심을 기억할 필요가 있다.

둘째, 공동진화(co-evolution)를 통한 트리플 윈(triple wins)이다. 기후변화와 펜데믹, 디지털 전환의 시대에는 각자도생의 정치는 위험하다. 한중 양국은 함께 가야 멀리 갈 수 있고 멀리 가기 위해서는 함께 가는 제로섬 대신 포지티브 섬(positive-sum)의 길을 찾아야 한다. 더구나 한중이 공동으로 지역통합과 번영을 위한 다양한 플랫폼을 구축할 필요가 있다.

셋째, 창의적 사고(creative thinking)이다. 한국과 중국은 체제와 이념 그리고 제도를 넘어 협력하는 지혜가 필요하다. 중국은 점차 사회주의 정체성을 강조하고 있고 한국도 규범과 가치를 강조하면서 한반도 문제를 보다 국제적 시야에서 접근하고 있다. 한중간 가치의 거리가 넓어지면서 협력의 공간도 좁아지고 있으며, '상대가 원하지 않는 것을 강요하지 않으면서도' 보다 보편적인 규칙과 규범에 기초한 한중관계를 설계할 필요가 있다.

넷째, 미래 어젠다에 대한 협력이다. 세계는 더는 미룰 수 없는 기후변화에 대처하기 위한 국제협력을 강화하고 있고, 한국과 중국도 각각 2050년, 2060년을 탄소중립을 선언했다. 이런 점에서 미중 관계도 대결과 경쟁이 강화되고 있으나, 기후변화, 보건의료, 국제테러, 핵 문제 등 협력의 의제도

남아있다. 한중간에도 대기오염 문제, 코로나 문제 등은 단일 국가가 해결하기 어렵다. 이런 점에서 재생에너지 등 미래산업을 위한 에너지 믹스, 에너지 수송망 연결과 한중 전력망 연계, 미래 에너지에 대한 투자와 협력체계에서의 협력은 새롭고 중요한 과제이다.

한중관계는 그동안 서로를 비춰보고 성찰해온 창과 거울의 역할을 수행해왔다. 차량의 뒷거울을 통해 후방을 살피는 이유는 앞으로 나아가기 위한 것이다. 수교 30년을 맞아 과거를 성찰하면서 미래로 나아가야 한다. 서로의 차이를 인정하면서도 함께 나아가고, 더 나아가 상대에게 강요하지 않는 '구동존이'와 '화이부동'의 자세를 다시 한번 새길 필요가 있다.

제1부

한중 정치·안보

한중 정치외교 관계 30년의 성취와 과제

이동률(李東律)*

1. 서론

한중관계는 30년의 역사에 비하면 짧은 시간에 비약적인 성장을 이루었다. 양국 관계는 과거 40여 년간의 적대와 단절, 그리고 비공식적 교류의 시기를 무색케 할 정도로 수교 이후 매우 빠르게 비약적인 양적 발전이 이루어졌다. 특히 경제와 인문 분야 교류 협력에서의 발전이 두드러진다. 통계에 따르면 양국 교역액은 1992년 수교 당시 63억 달러에서 2021년 3,600억 달러(홍콩·마카오 포함)로 57배 증가하였다. 지난 30년 동안 양국의 인적 교류는 1992년 수교 당시 연 13만 명에서 코로나19가 발생하기 이전인 2019년 말 1,037만 명으로 약 80배 증가하였다. 짧은 기간에 압축 성장을 했다는 사실 그 자체가 한중관계의 중요성을 상징하는 것인 동시에 한국과 중국 모두 관계 발전에 대한 강한 의지와 동기를 가지고 있었다는 것을 의미한다.

---

* 동덕여자대학교 중어중국학과 교수.

반면에 압축 성장이 야기한 한중관계의 내재된 구조적 문제 또한 적지 않다. 특히 2008년 이후 진행된 국제정치의 구조적 변화와 주변 정세의 악화, 예컨대 중국의 가파른 부상, 미국의 아시아로의 회귀와 미중 경쟁 및 갈등의 고조, 북한 체제의 위기와 도발, 역내 국가 간 역사 및 해양 영유권 분쟁 등이 동시다발적으로 전개되면서 지정학적 특수성을 지닌 한반도와 한중관계에 다층적으로 영향을 미치게 되었다. 특히 최근 미중 간 전략 경쟁이 최고조에 이르는 상황에서 북한의 핵, 미사일 도발이 중첩되면서 한반도의 불안정이 고조되고 있다.

경제협력을 기반으로 기본적으로 한반도 안정에 대한 공감과 공조를 유지해왔던 한중관계마저 사드 갈등 이후 관계 회복에 어려움을 겪고 있다. 한중관계는 비약적인 양적 성장이 이루어졌지만 그 이면에 정치적 신뢰를 만들어 가는 관계의 축적이 이루어지지 못했다는 한계를 노출하고 있다. 수교 30년을 맞이한 이 시점에 한중 양국이 '성숙한' 관계로 재도약할 수 있는 동기와 동력을 확보하기 위해서는 양국이 이루어낸 성취와 함께 누적된 구조적 문제들도 직시하는 것이 중요하다. 따라서 이 글은 한중 정치외교관계 30년의 과정을 비판적 시각에서 평가하고 이를 통해 양국이 미래의 건강한 관계 발전을 위해 해결해야 할 과제들에 대해 논의하고자 한다.

2. 한중 정치외교관계 30년의 역정과 특징

1) 한중수교와 우호협력관계: '북정남경(北政南經)'의 정경분리

1992년의 한중수교는 소련 및 동유럽 사회주의 국가의 해체에 따른 탈냉전시대의 도래라는 국제환경의 변화에서 노태우 정부의 적극적인 북방외교와 천안문 사건 이후 중국의 주변 지역 정책인 이른바 '선린외교' 추진이 조우한 결과였다. 한중 수교는 한중 양국의 오랜 적대적 관계를 청산했음은 물론이고 동아시아 냉전 구도에 극적인 변화를 초래한 역사적 사건임에 의심의 여지가 없다. 한중 수교는 한국전쟁 이후 지속되어 온 한중 양국의 대립과 단절의 역사를 청산한 것이며, 더 나아가 1894년 청일전쟁 이후 잃어버린 양국 관계의 역사를 복원하는 것이라고도 평가되었다.

한중 수교는 서로 상이한 전략적 목표와 기대를 내재한 채 양국 간 체제와 이념, 역사의 시련 등을 과감하게 넘어서 이루어낸 성과였다. 그럼에도 한중관계에서 경제와 정치 안보 영역 사이의 발전 불균형은 일정 기간 지속되었다. 양국 관계의 불균형 발전은 사실상 양국이 수교 동기가 상이했던 데에서부터 기인하고 있다. 수교 직후 중국 인민일보는 한중 수교로 양국 간 경제와 무역 관계가 더욱 발전할 것이라는 논평을 내놓았다. 반면에 노태우 대통령은 특별성명을 통해서 한중 수교는 한반도의 평화통일을 촉진시킬 것이고 동북아 안보와 번영에 거대한 진전을 가져올 것이라는 기대를 표명했다. 요컨대 중국은 한국과의 수교에 경제적 의미를, 한국은 정치적 의미를 더 중요시했던 차이가 있었다.

중국은 수교 초기까지도 북한과는 기존의 특수 관계를 유지하고, 한국과는 경제협력에 중점을 두는 이른바 '북정남경(北政南經)'의 정경분리의 기조를 유지해 왔다.[1) 중국은 한중수교 이후 한국과는 경제협력을 적극적으로 추진하는 한편, 북한의 고립과 경제위기로 야기될 한반도의 불안정에 대한 우려, 그리고 미국의 견제 심화라는 동아시아 역학 관계의 변화에 따라 북

---

1) 이동률, 「한중정치관계의 쟁점과 과제」, 전성흥·이종화 편, 『중국의 부상: 동아시아 및 한중관계에의 함의』 (서울: 도서출판 오름, 2008), pp.231-237.

한의 지정학적 가치가 재부각되고 있었다. 1992년과 1994년 한국의 노태우, 김영삼 두 대통령의 연이은 중국 방문 이후, 비로소 최초의 중국 총리의 방한이 성사되었다. 1994년 11월 리펑 총리는 한국 방문 시 기자회견에서 "새로운 평화 체제가 수립되기 전까지는 기존의 정전 체제가 유효하며, 따라서 정전협정이 준수되어야 한다."[2]고 밝혔다. 중국이 정전 체제 전환과 4자회담 개최와 관련 북한과는 상이한 입장을 표명하고 오히려 한국의 입장을 지지한 듯이 보였다. 이는 당시 중국이 한반도 안정화와 미국의 영향력 확대를 견제하려는 전략적 고려에 따른 대응이었다.

2) 동반자관계로의 발전: 외화내빈 관계의 한계 노정

한중관계는 1998년 11월 김대중 대통령의 중국 방문을 계기로 이른바 '동반자관계'라는 새로운 형태로의 관계 발전이 이루어졌다. 김 대통령의 방중 기간 '21세기 협력적 동반자 관계(面向21世紀合作夥伴關係)'로 발전을 공식 선언한데 이어 2000년 10월 주룽지(朱鎔基) 총리 방한 시 한중 양국은 군사안보 분야를 포함하는 협력분야의 다변화에도 합의하였다. 중국 장쩌민(江澤民) 체제는 국제적 위상과 영향력을 제고하고 미국의 일방주의를 견제하기 위한 다극화 전략의 일환으로 다양한 형태의 동반자 외교를 적극적으로 전개하였다.

다른 한편, 한중 양국은 동반자관계로의 발전에도 불구하고 오히려 수교 10년을 즈음하여 갈등이 불거지기 시작했다. 예컨대 탈북자 문제, 조선족 문제, 어로 분쟁, 마늘 분쟁, 그리고 2004년 동북공정 등 잠복되어 왔던 갈

---

2) 「李鵬 총리의 제주도 기자회견에서의 발언 내용」, 劉金質·楊淮生 編, 『中國對朝鮮和韓國政策文件匯編 5(1974~1994)』(北京: 中國社會科學出版社, 1994), p.2672.

등과 쟁점들이 불거지면서 양국의 특수한 밀월관계에 미묘한 파장을 불러일으키기 시작했다. 당시 이들 갈등과 쟁점들은 양국 관계의 발전이라는 대세에 덮여 양국 관계에 큰 장애가 되지는 않았다. 그럼에도 그동안 양적 성장 일변도의 양국 관계에서 간과되어왔던 내적 취약성에 대한 각성을 불러오기에는 충분한 사례들이었다.

한중 양국은 2003년 7월 노무현 대통령의 중국 방문을 통해 2000년 이후 사실상 진행되어온 양국협력 및 교류의 확대를 '전면적 협력 동반자 관계(全面合作夥伴關係)'로 발전시키기로 합의하면서 관계 발전의 큰 흐름을 유지했다. 이 시기 중국은 후진타오 체제가 출범하면서 '평화굴기(和平崛起)'론을 통해 중국의 부상을 공식화하고 북핵문제 해결을 위한 3자 및 6자회담을 주도하는 등 국제사회에서의 '책임대국'으로서의 역할을 적극적으로 모색하고 있었다. 즉 중국은 부상이 본격화되면서 한반도에서의 중국의 입지와 영향력을 점진적으로 확대시키기 시작했다. 그리고 그 과정에서 한중 양국은 불거진 갈등들을 일단 봉합하면서 외형적 관계 발전을 지속하였다.

3) 전략적 협력동반자관계 '격상': 전략적 동상이몽의 노출

한중 양국 관계는 2008년 5월 이명박 대통령의 중국 방문을 계기로 '전략적 협력동반자관계(戰略合作夥伴關係)'로 '격상'되었다. 전략적 협력 동반자 관계라 함은 첫째, 협력의 범위를 지역적, 세계적 차원으로 확대하고, 둘째 양국 간 협력 분야를 군사, 안보 분야까지 포괄하는 다양한 영역으로 확대해간다는 것이다. 셋째, 양국 관계가 당면한 현안과 더불어 중장기적 비전을 갖고 발전을 지향해 간다는 것이었다.

중국은 2008년 후진타오 체제 2기가 출범하면서 베이징 올림픽과 상하이

엑스포를 연이어 개최하고 평화굴기에 이어 평화발전론을 제시하며 강대국화 일정을 더욱 구체화해갔다. 이 과정에서 중국은 주요 외교 대상 국가들과 연이어 기존의 동반자 관계를 전략동반자관계로 '격상' 시켜갔다. 중국이 한국과 전략적 협력 동반자관계로의 '격상'을 추진한 것은 그해 4월 한미 전략동맹관계 강화에 대한 대응의 성격을 지니고 있었다.

그런데 한중 양국은 출발 시에 이미 잉태되어 있던 근본적 체제의 간극, 그리고 전략적 동상이몽은 이후 중국의 가파른 부상으로 인해 예상보다 빨리 양국 관계 발전의 주요 장애로 부각되었다. 한중관계는 2008년 전략적 협력동반자관계로 '격상'된 이후 오히려 한미동맹, 북핵문제 등 중요한 전략적 이슈를 둘러싸고 갈등이 노정되는 역설적 상황이 전개되었다. 중국은 이명박 정부의 '비핵개방 3000'이 사실상 대북 압박 정책이라 인식하고 이러한 대북정책이 한반도를 포함한 중국 주변 정세의 긴장을 고조시키고 있다고 우려했다. 아울러 한미동맹의 강화가 부상하는 중국을 견제하려는 의도가 있는 것으로 인식하고 경계했다. 특히 한중관계는 2010년 천안함 폭침 및 연평도 포격사건 이후 중국의 모호한 입장 표명으로 인해 양국 간의 북핵문제와 한미동맹을 둘러싼 전략적 간극은 더욱 명확하게 표면화되었다. 2010년 천안함 사건 발생 이후, 서해에서의 한미군사훈련을 포함하여 한미군사동맹이 강화되자 중국은 미국의 동아시아 회귀의 연장선상에서 이해하면서 자국에 대한 압박과 견제 의도가 내재된 것으로 판단하였다.

뿐만 아니라, 중국어선의 불법 조업, 탈북자 문제, 김영환 고문사건 등 다양한 현안들이 연이어 불거지면서 양국 간 갈등은 증폭되었다. 특히 북한의 핵실험 등 연이은 도발 공세, 남북한 관계의 경색, 중국의 가파른 부상과 공세적 외교의 전개, 미국의 동아시아 재균형 전략 그리고 동아시아에서의 미중 간 경쟁 등으로 인해 동아시아 정세의 불안정성과 불확실성이 고조되

구동존이(求同存異)와 화이부동(和而不同)의 한중관계

는 상황이 한중 간 전략적 불일치와 중첩되면서 양국 간 긴장 관계는 점차 구조화되는 경향을 보였다.

4) 전략 동반자관계의 내실화 모색과 사드 갈등: 최상에서 최악의 관계로

2013년 한중 양국이 동시에 새로운 정부가 출범하면서 새롭게 관계 개선 의지들이 표출되었으며 2013년 6월 양국 정상회담을 통해 구체화 되었다. 양국은 기존의 전략적 협력동반자관계를 '내실화'하는데 합의했다. 실제로 청와대, 정부, 정당, 전문가 등 다층적인 전략적 소통 채널과 협력 기제 마련을 통해 전략적 관계의 '내실화'를 추진했다. 예컨대, 청와대 국가안보실장과 중국 외교담당 국무위원 간의 고위급 전략대화를 비롯하여 외교장관 간 상호방문의 정례화, 그리고 기존의 차관급 전략대화의 연 2회로 확대, 정당 간 정책대화, 국책연구소 간 합동전략대화 등 상당히 촘촘하고 다층적인 소통 채널을 구성하였다.

2015년 3월에 한국은 중국이 주도한 아시아인프라투자은행(AIIB)에 가입을 했고, 9월에는 박근혜 대통령이 중국 전승절 행사에 참석했으며, 그리고 12월에는 마침내 한중 자유무역협정(FTA)이 비준되면서 양국 간 관계 발전은 정점에 이르렀다. 그런데 '역대 최상의 관계'라던 양국 관계는 2016년 이후 북한의 연이은 핵과 미사일 도발, 그리고 이어진 사드 배치와 보복 조치 문제로 급격히 악화되었다. 내실화를 기치로 구성한 전략대화조차 제 기능을 하지 못하면서 양국 관계의 경색 국면은 지속되었다. 요컨대 한중관계에 내재된 북핵과 한미동맹이라는 전략적 이슈가 수면 위로 다시 불거지면서 양국 관계는 급전직하는 구조적 취약성을 노출하였다.

사드 갈등은 마치 블랙홀처럼 한중관계의 여타 모든 이슈를 빨아들이면서 관계 전반에 어두운 그림자를 드리웠다. 사드 갈등은 미중 경쟁 등 국제 체제와 연동된 문제이므로 한중 양자 차원에서 근본적인 해법을 찾기는 현실적으로 쉽지 않았다. 더구나 미중 간 세력경쟁이 날로 고조되고 북한의 핵과 미사일 위협이 지속되고 있는 상황에서 한중 양국이 접점을 찾는 데는 한계가 있었다. 그럼에도 사드 갈등 이후 한중 정부 간 관계 회복을 위한 시도가 실질적 성과를 내지 못하고 오히려 양국 국민들의 상호 인식은 악화되고 있는 것은 양국 관계의 내실화가 부족하고 근본적인 취약성이 내재되어 있다고 평가할 수 있다.

3. 한중 정치외교관계 30년의 시사와 과제

1) 한중 양자 차원의 구조적 변화와 과제

한중관계는 비약적인 외형적 발전 추세에도 불구하고 중대한 역사의 기로에 직면하고 있다. 양국 관계는 지난 30년 발전이 진행되는 이면에 양국 관계의 성격에 영향을 미치는 구조적 변화가 병행되어왔다.[3] 첫째, 한중 간 국력 격차가 예상보다 빠르게 진행되었다. 지난 30년 한국 역시 세계 10위 권의 경제문화 강국으로 성장했지만 중국은 미국과 경쟁하는 글로벌 강국으로 부상하였다. 한중관계 30년의 역사는 중국의 가파른 부상 일정과 궤를 같이해왔다. 중국이 가파른 부상으로 양국 간 국력 격차가 예상보다 빠르게 확대되면서 다양한 도전과 과제가 제기되고 있다. 특히 미중 경쟁

---

3) 이동률, 「대중정책: 미래지향의 실용외교를 통한 한중관계 재건축」, 하영선·손열 편, 『2022 신정부 외교정책 제언』 (서울: 동아시아연구원, 2021), pp.37–39.

과 대립이 급격히 고조되는 상황과 맞물려 중국에게 한국의 전략 가치는 대미 외교의 연장선상에서 부각되면서 유동적인 상황이 되고 있다.

시진핑 정부는 한국이 최소한 미일 동맹의 대중국 견제에 동참하게 해서는 안 된다는 판단하에 한국의 전략적 가치를 재인식하고 한국에 대한 적극 외교를 펼쳤다. 반면에 한국은 북핵 문제 해결과 한반도 통일 환경 조성에 있어 중국의 적극적인 협력과 역할을 기대하게 되었다. 이러한 양국의 동상이몽의 민낯은 2016년 1월 이후 북한의 연이은 핵과 미사일 도발, 그리고 이어진 사드 배치 문제로 노출되었고 양국 관계의 내재된 취약성도 드러나게 되었다. 국력의 비대칭성 확대로 양국 간 협의할 공통 의제가 줄어들고, 전략 관심사도 상이해지면서 협력의 영역과 공간이 축소되는 방향으로 변화하고 있다. 퇴조하고 있는 기존의 경협 방식을 대체할 수 있는 새로운 협력의 동력이 명확하게 확보되지 못하고 있다. 양국 국민의 상호 인식에도 부정적 영향을 미치고 있다.

둘째, 양국 간 체제와 가치의 괴리가 확대되고 있다. 국력 격차의 확대와 더불어 중국은 공산당 일당 중심의 권위주의 체제가 강화되고 있는 반면에 한국은 촛불 시민 운동 이후 시민 민주주의와 자유주의가 고양되면서 상호 체제와 가치의 괴리가 확대되고 있다. 이로 인해 양국 국민의 상호 인식 간극은 커지고 오해와 왜곡의 공간도 확장되고 있다. 이와 함께 한국에서는 중국에 대한 의존과 경사에 대한 저항 심리가 증대하고 있는 반면에 중국 내에서는 오히려 한국의 미국 경사에 대한 우려와 경계가 고조되는 상반된 상황이 전개되고 있다.

셋째, 양국 관계는 지난 30년의 비약적인 양적 발전에 비해 상대적으로 충분한 실질적 내실화가 동반되지 않은 내재적 취약성을 안고 있다. 사드 사태가 양국 관계에 주는 교훈은 양국 간 갈등이 발생했을 때 이를 해결하는 기제로 작동할 수 있는 대화 채널의 제도화가 여전히 미비하다는 것이다. 양국이 갈등과 위기에 직면하여 교착 상태에 빠졌을 때 해결의 접점을 모색할 수 있는 접촉 창구나 대화 채널이 구축되어 있지 않을 뿐만 아니라 갈등을 본격적으로 대화를 통해 해결한 경험도 축적되어 있지 않다. 요컨대 향후 한중관계는 외형적 발전이 아닌 실질적 내실화에 집중해야 하는 과제를 안고 있다.

2) 한중관계의 외생 변수의 영향과 과제

(1) 북핵과 북한 문제

한중수교 이후, 지난 30년간 북한 및 북핵 문제는 양국의 정치외교 관계 전반을 압도하는 주요 현안이었다. 북핵 문제가 양국 관계를 압도하면서 한중 양국 관계 자체의 내실화는 간과된 측면이 있었다. 한중 양국이 대북 정책에서 수렴하기도 했고 균열이 발생하기도 했다. 그럼에도 기본적으로는 한중 간의 협력을 통해 북한의 도발을 억지하고 한반도의 안정을 유지하는데 일정한 역할을 했다. 그러나 결과적으로 북핵 문제는 해결되지 않았을 뿐만 아니라 북한의 핵무기는 더욱 고도화 되어왔다. 2008년 이후 중국의 가파른 부상과 미국의 아시아 재균형 전략으로 인해 역내에서의 미중 간 경쟁이 고조되는 등 국제 환경과 구조에 변화가 발생하면서 북핵 문제는 한중 양자 차원의 협력을 통해서 해법을 찾기 어려운 과제로 변화되었다. 이미 경험했듯이 한중관계가 '최상의 관계'라고 해서 중국의 대북 정책, 북핵 정책에 긍정적 영향을 미치지는 않았다.[4]

---

4) 이동률, 「정치외교」, 성균중국연구소 편, 『한중수교 25년사』 (서울: 성균관대출판부, 2017), pp.42-44.

중국은 북핵 문제를 상당히 장기적인 맥락에서 관리해야 하는 이슈로 상정하고 있으며, 그 과정에서 한반도의 불안정을 최소화하고 동시에 중국의 영향력이 약화되지 않도록 하는 차원에서 북한과 관계 복원을 시도하고 있다. 특히 현재와 같이 미국과의 관계가 불확실하고, 불가측한 상황에서 북미관계 개선, 한반도 평화 체제 구축 등은 한반도와 동북아 질서의 변화와 연동될 수 있으므로 중국은 오히려 이러한 현상변경 과정이 새로운 불확실성과 불안정성을 초래할 수 있다고 판단할 수도 있다.

중국은 현재 북핵 해결을 위해 과거와 비교할 때 실제 구체적인 역할을 하기보다는 상황을 예의주시하면서 신중한 행보를 하고 있다. 그렇지만 북미, 남북한 간 한반도 비핵화 협상이 교착상태에 빠진 상황에서 '중국 역할'은 지금보다 더 부각될 수밖에 없을 것이다. 요컨대 북한에 대한 중국의 영향력은 분명히 존재하고 북핵 해법을 모색하는데 있어 중국의 역할 또한 부정하기 어려운 것이 현실이다. 그럼에도 한국과 중국 사이의 북핵 해법에 대한 간극은 미래 한반도 전략 지형에 대한 근본적인 이해관계 불일치에서 기인하고 있기 때문에 조율이 쉽지 않은 것도 현실이다. 따라서 이러한 현실적 한계를 인정하고 그 범주에서 한중 간 전략 소통을 강화하고 협력할 수 있는 공간을 찾으려는 노력은 여전히 필요하다.

(2) 미중관계와 한미동맹

90년대 중미의 제한적 경쟁 관계는 한중수교와 그 이후의 한중관계 발전에 오히려 순기능적으로 작용했다. 즉 90년대 중국은 분명한 객관적 힘의 열세에서 미국의 견제에 대응하기 위해 한국의 전략적 가치를 인식하고, 한미동맹에 대해서도 원론 차원 이상의 문제를 제기하지 않았다. 사실상 한미동맹의 현실을 인정한 바탕에서 한국과의 관계 발전을 모색해왔다.

그런데 2008년 미국발 세계 경제위기 이후 미중 역학관계에 중요한 변화가 초래되면서 양국 간 경쟁은 복잡한 양상으로 확장되어갔다. 중국은 부상이 진행될수록 국제사회에서의 세력 관계의 변화에 민감해지고 있다. 중국의 부상을 견제하려는 역학구조의 변화가 일어나고 이것이 중국의 부상에 장애가 될 수 있다는 우려를 하고 있다. 따라서 중국은 한반도를 포함한 동북아의 세력 관계의 변화에 민감하며 이러한 맥락에서 한국과의 관계에서는 북한 체제의 변화, 한반도 통일문제와 더불어 한미 동맹관계가 가장 핵심적인 관심 대상이 되고 있는 것이다.

2013년 이후 한중관계의 극적인 회복과 연이은 정상회담을 통한 관계 발전 과시에도 불구하고 한중 간에는 한미동맹 문제가 내재적으로 잠복되어 있었으며 언제든 국제정세와 구조의 변화에 따라 수면 위로 부각될 소지를 안고 있었다. 실제로 2013년 이후 한중관계 발전의 이면에는 중일 갈등과 미중 간 대리(代理) 세력 경쟁이 있었다. 미국은 한국 등 동맹국을 동원해 중국을 견제하려는 시도를 하는 반면, 중국은 한국 등 동아시아 국가들이 미국의 대중국 견제에 동참하는 것을 저지하고자 자신의 경제적 영향력을 확장시켜가는 '대리 경합'의 동학이 심화되고 있었다. 그 결과 한국의 의지와는 무관하게 미중관계의 맥락에서 한중관계는 다시 긴장 국면으로 전환될 가능성도 커져왔다.

미중 양국은 2018년 치열한 통상 분쟁에 이어서 2020년 코로나19 팬데믹 책임론 공방이 격화되면서 양국 간 갈등과 대립은 금융, 첨단기술, 체제와 가치 등 전 영역에 걸친 전략 경쟁으로 확장되었다. 양 강대국은 자국의 국익 증진을 위한 경쟁을 하고 있으며 그 경쟁에서 자국의 세력권에 견인되도록 동맹과 동반자 국가들을 압박 또는 회유하고 있다. 따라서 미중 전략 경쟁의 파장이 독특한 지정학적 위치에 있는 한반도와 한중관계에 부정적 영향을 미칠 가능성이 날로 커지고 있다. 미국 바이든 행정부에서는 중국을 겨냥한 한국의 동맹 역할 확대 요구가 오히려 증대하고 있으며 한미동맹이 강화될 가능성은 커지고 있다. 중국은 미국이 주도하는 지구적 탈중국화, 국제적 중국 견제 네트워크 형성을 무엇보다 경계하고, 이를 약화시키기 위해 전방위 외교를 전개하고 있다. 중국은 중국대로 한국이 미국 주도의 반중국 국제 연대에 참여하는 것을 저지하려는 외교 공세를 적극 전개하고 있다. 한중 간에는 미중경쟁의 여파로 인한 이해 충돌과 갈등이 재연될 가능성이 커지고 있다. 따라서 사드 갈등을 교훈 삼아 최소한 갈등이 확대 재생산되지 않도록 예방하고 관리할 수 있도록 양국 간 내실 있는 소통 및 협의 체제를 준비하는 작업이 선행될 필요가 있다.

4. 결론

수교 30년에 즈음하여 한중관계는 중요한 갈림길에 서 있다. 지난 30년 한중관계의 비약적 발전을 견인해온 것이 경제협력이었다고 한다면, 북한(핵) 문제는 협력의 중요한 동기였다. 그런데 양국 관계 발전의 주된 동력과 동기 역할을 해온 양대 축, 경협과 북핵 문제 모두는 변화의 기로에 있다. 한중 간 경제협력은 사드(THAAD), 코로나 팬데믹, 그리고 중국 산업의 고도화와 구조 조정으로 인해 중대한 전환기를 맞이하고 있다. 양국 간에는 기존의 경제협력 방식을 대체할 수 있는 새로운 협력의 동력이 아직 준비되지 못하고 있다. 한국이 대중국 외교에서 사실상 가장 공(功)을 들여왔던 북한(핵) 문제에서도 양국 간의 전략적 소통과 이해가 진전되기보다는 오히려 정체 국면에 있다.

한중 양국은 2014년에 이미 인적교류 천만 명 시대에 진입할 정도로 역대 최대의 인적, 문화 교류가 이루어졌고, 코로나19 대응 과정에서도 다른 어느 국가보다도 정부 간 협조가 이루어졌다.[5] 그런데 양국 국민 간 상호인식은 오히려 더욱 악화되는 비정상적 현상이 발생하고 있다. 양국 간 국력의 비대칭성 확대와 더불어 체제와 가치의 괴리도 커지고 있다. 한중 국민의 상호 반감 정서는 역사적, 구조적인 배경을 지니고 있으며 미래 세대로까지 이어지면서 장기화할 가능성을 예고하고 있다.

미중관계는 팬데믹을 경과하면서 급격히 악화되고 있고 미국 바이든 정부의 중국견제에서의 동맹 역할에 대한 기대와 요구가 증대하면서 한국은 복잡한 전략적 딜레마에 직면해 있다. 요컨대 한중관계는 양자 차원에서는 새로운 협력 동력과 동기를 창출하고, 양국 국민 간 부정 정서 악화를 관리해야 하는 과제를 안고 있다. 아울러 북한 및 북핵 문제에서 한중 간의 전략적 소통과 이해를 증진하고 미중 대립의 한반도 영향과 그로 인한 양국 간 갈등 확대를 관리해야 하는 복합 난제에 직면하고 있다.

---

5) 중국 외교부 대변인은 이례적으로 한중 양국은 코로나19 방역협력에 '4개 솔선(四個率先)'을 보였다고 평가했다. 즉 양국은 방역협력 체제 수립, 코로나 19 통제, '신속 통로(입국 절차 간소화)' 개통, 그리고 생산 회복을 위한 협력 강화를 선도했다고 양국의 협조체제를 강조했다. 「外交部發言人華春瑩主持例行記者會」 (2020.11.30). https://www.fmprc.gov.cn/web/fyrbt_673021/jzhsl_673025/t1836636.shtml (검색일: 2020.12.20).

한국의 전략적 선택과 한중관계의 미래

정지융(鄭繼永)*

1. '신냉전' 환경에서의 중국 외교의 전환

1) 세계정세와 미중관계의 변화

　미국과 중국은 한반도의 가장 큰 외부요인이자 가장 큰 영향을 미치는 두 국가로서 한반도의 평화 및 안정과 가장 직접적인 관련이 있다. 미국은 대항, 충돌, 협력을 중국 문제를 다루는 미국의 주요 노선으로 삼고 있다. 미중관계는 충돌을 위주로, 빈번한 대항과 줄어든 협력을 주선율로 할 것이다. 미국의 3분법 해결방안의 근본적 논리는 제로섬인데, 이는 각 국가와 행위자가 협력을 강화하도록 하는 것이 아니라 각자의 논리에 따라 행위하도록 하는 것이다. 이런 상황에서 미중 양국은 서로 상대방에 대한 경쟁

---

* 푸단대학교 한국연구센터 주임.

태세를 강화할 것이고, 그 밖의 행위자들은 대부분 미중과 경쟁할 수 있는 시공간적 조건과 능력을 갖추지 못해 결국 중국이나 미국에 의존해 진영대 결로 이어질 수밖에 없다.

미중의 사실상의 디커플링으로 한국은 물론이고, 손해를 감수하면서 미국의 편에 서야 하는 나라가 적지 않다. 이러한 미국의 정책적 효과는 바로 미국과 중국 이외의 국가들이 진영을 나누도록 압박하여 그들을 더욱 당혹스럽게 하는 것이다. 미중 간 경쟁은 미국이 이끄는 국가들과 그러한 경쟁에 참여하지 않으려는 국가들과의 대결과 경쟁으로 진화하고 있다. 이는 여러 국가들이 가장 우려하는 국면이다.

또한 러시아-우크라이나 전쟁으로 유럽이 더욱 파편화되고, 유럽에 대한 미국의 통제가 더욱 강화되었다. 이로 인해 중국과 유럽의 관계도 과거와는 다른 양상으로 치닫고 있다. 미국의 제안은 다양한 선택지가 있는 것처럼 보이지만, 진정한 목적은 미중 간 전략적 경쟁으로 국내 공감대를 결집시키고, 민의와 의사결정의 부정적 요소를 자극해 대내적으로 당면한 사회경제적 문제를 해결하는 데 있다. 이는 정책적 지향의 편협함을 초래하고, 정책적 선택지를 줄여, 결국 극단적인 정책으로 인해 미중 경쟁을 더욱 격화시킬 수 있다.

미국과 중국의 내부 요인이 모두 변화하고 있다는 점도 주목할 만하다. 경제 문제와 정치적 행사 모두 큰 영향력을 갖고 있다. 따라서 미중이 한반도 문제에서 더 높은 차원의 협력을 모색할 것인지, 아니면 더 큰 불안과 혼란을 야기할 것인지는 올해 11월이 되어야 그 방향을 알 수 있을 것이다. 세계정세는 신냉전이 아니라, '저강도의 전방위적 열전'으로 규정될 정도로 냉전보다 더 복잡한 국면으로 치닫고 있다. 미중이 충돌하고, 나아가 전쟁을 할 수도 있다는 예측이 과거보다 훨씬 높아졌다. 구체적으로 대만해, 남해, 한반도에서의 전쟁 리스크가 과거보다 훨씬 커졌다.

2) 중국 외교의 변화

새로운 질서에 대한 중국의 인식은 역사적 전통과 역사적 경험으로부터의 교훈은 물론, 미국의 해결책에 대한 인식을 바탕으로 한 것이다. 이러한 상태가 미중 간 충돌은 물론 전 세계적인 불안정을 야기할 것인지 더욱 관심이 집중되고 있다. 이처럼 미중관계가 크게 변화하고 있는 가운데, 여러 가지 조건이 각기 다른 변화양상을 보이고 있지만, 그 본질은 크게 달라지지 않았다.

중국의 대내정치와 대외정치가 함께 변화하고 있다. 중국은 세계질서가 변화하여 내생적 성장과 성숙이 교체되는 것이 가장 바람직한 결과라고 본다. 중국의 경험과 역사적 전통은 서구와는 달리 새로운 질서의 성장으로, 체제의 전환에서는 언제나 내생적 성장이 더 안정적이고, 대가가 가장 적고, 폭력과 약탈, 착취의 결과가 더 큰 폭력적이다. 중국은 질서 전환에 따른 전쟁과 동란을 감내할 수 없다. 중국의 외교문제는 최근 몇 년간, 특히 시진핑 주석의 두 번째 임기 동안 국내정치에 초점을 맞춰왔다. 중국의 국내정치와 시 주석의 국정 운영의 기본적 환경이 국내정치를 중심으로 국내정치에 유리하도록 외교를 전개한다는 점을 이해해야, 중국 외교를 이해할 수 있다.

또한 지도자들의 천하관, 세계관, 외교관에 새로운 변화가 생겼다. 중국 지도부는 천하 정서와 약자를 동정하는 마음, 즉 왕도(王道)주의, 구세(救世)적 마인드, 그리고 개인적 의리를 중시한다. 수신(修身), 제가(齊家), 치국(治國), 평천하(平天下)를 추구하며, 외교를 전개할 때, 개인과 지도자들의 경험을 승화시켜 어려움을 극복하는 계기로 삼고, 역경 속에서 강권에 맞선 세계관과 대외관계관을 수립하고자 한다. 그런데 현재 국가 지도자들 간의 공감(sympathy)과 반목이 국가 관계를 좌지우지하고 있다. 특히 미국 지도자가 중공(中共)을 공격 대상으로 삼으면서, 이런 분위기가 더욱 심해졌다.

대미관계관에도 변화가 생겼다. 중국의 외교적 전략판단에서, 미국은 중국이 기존의 시스템 속에서 더 많은 이익을 얻고 있다고 보고, 중국이 공짜로 편승하는 것을 허용하지 않으려 한다. 미국도 현존 시스템 속에서 이익을 보고 있지만, 중국보다는 그 이익이 적고, 느리며, 중국의 수익 속도가 이미 미국의 지위를 위협하고 있기 때문에, 미국은 현재의 시스템을 파괴하고, 새로운 동맹관계로 세계 시스템을 재편하고자 하며, 기존의 국제 시스템과 신용 시스템을 파괴하고자 한다. 이것은 세계적으로 많은 문제를 일으키는 근원이다.

중국은 새로운 질서에 대한 내성이 그리 크지 않다. 다시 말해, 중국은 세계 1위 국가로 세계를 이끌 준비가 되어 있지 않고, 세계를 이끌 수 있는 자질을 갖춘 대국으로 아직 발전하지도 못했다. 중국은 또한 세계 1위 국가가 되고자 하는 심리적 및 물질적 준비가 되어 있지 않다. 중국에게는 세계 제패의 야망이 없고, 현존 세계질서와 세계 정치 및 군사시스템을 존중하며, 아시아·태평양과 세계에서의 미국의 리더십을 존중하고, 미국의 지위에 도전할 생각도, 미국을 대신해 새로운 패자가 될 생각도 없다. 중국도 오늘날 세계질서에 문제가 많고, 혁신의 필요성도 있다고 본다. 그러나 현재의 시스템은 1차 세계대전의 쓰라린 경험과 2차 세계대전 이후 수십 년간 축적된 결과물로, 냉전의 역사와 세계 각국의 발전을 포괄하여 체계적으로 잘 작동하고 있다. 혁신과 재가동은 본질적으로 다르다. 아프가니스

탄에서의 미국의 패배처럼, 미국의 급속한 약화는 현재의 세계질서가 예측할 수 없는 심각한 혼란과 재앙을 초래할 것이다. 중국은 이런 상황을 원치 않고, 미국이 세계질서 전환기에 안정을 유지하기를 원한다.

질서의 전환은 세계적 난제이며, 특히 오늘날과 같은 복잡한 상황에서는 질서의 전환이 가져올 불확실성을 전혀 예측할 수 없다. 중국은 중요한 행위자 중 하나지만, 중국이 질서 전환을 해결할 유일한 해답을 줄 수는 없으며, 미중을 포함한 여러 국가들이 동참해야 세계의 충격을 최소화할 수 있다. 현재 미국은 중국을 해결해야 할 문제로 보고 있지만, 중국을 제거해야 한다는 발상은 극단적이다. 중국을 제거한다고 해서 미국이 직면한 모든 문제가 해결될 수도 없고, 오히려 더 큰 문제가 발생할 수 있다. 중국은 협력 대상이지 청산 대상이 아니다.

세계정세와 미래 질서에 중요한 영향력을 행사하는 중국과 미국은, 새로운 정책의 수립에 있어서 자국뿐 아니라 그 관계가 미칠 부수적 피해까지 고려해야 한다. 아울러 이러한 경쟁관계로 피해를 줄이는 것이 아니라, 세계의 협력과 수익에 대한 기대를 어떻게 높일 것인지 고민해야 한다. 이것이 바로 미중관계를 위한 가드레일과 경계이고, 책임감 있고, 지속 가능하며, 질 높은 정책이다.

2. 한중의 상호 인식과 한국의 전략적 선택

현재 미중 양국은 경제 문제와 국내 정치로 인해 외교와 안보에 있어 뚜렷한 변화를 보이고 있다. 그리하여 몇 가지 리스크가 나타나고 있다. 첫째, 한반도 문제의 탈중심화로, 국내 정치와 경제 문제로 양국이 한반도 문제에 무관심한 태도를 보인다는 점이다. 둘째, 미중 모두 대남과 대북 외교를 카드화해 대결에 필요한 수단으로 삼겠다는 생각이 뚜렷하다는 점이다. 셋째, 한반도의 냉전화이다. 한국은 북한의 군사화와 안보 문제에 관심이 많은 반면, 북한은 중국과 러시아를 적극적으로 끌어들이고 있어, 남3각(한·미·일)과 북3각(북·중·러) 동맹이 재현될 수 있는 리스크가 점점 더 커지고 있다. 이에 대해 한중은 이것이 리스크일 뿐만 아니라, 기회가 될 수도 있다는 생각을 해야 한다.

이런 상황에서 첫째, 미국이 북한에 더 이상 관심을 갖지 않으면서, 중국을 포위하려는 것은 한반도에 있어서 큰일이다. 둘째, 미국은 문제를 해결하려 하지 않는다. 새로운 동반자 관계를 형성하기 위해서는 북한이라는 외부적 요소가 필요하기 때문이다. 셋째, 미국에게 달리 방안이 없고, 새로운 방안은 더더욱 없으며, 낡은 제재는 이미 효력을 발휘하지 못하고 있다. 넷째, 중국을 포위하는 동시에, 중국과 공조하여 북한을 제재하는 것은 사실상 불가능할 수밖에 없다. 따라서 미국이나 한국 모두 북한에 대해 거의 어쩔 수 없는 상황인데, 중국의 협조마저 잃으면 더욱 곤란해질 수 있다. 한중 간에 지금 필요한 것은 리스크의 통제와 위기 요인의 제거다.

첫째, **수정주의**이다. 한국은 심각한 전략적 오판으로 미국 쪽으로 기울고 있다. 미중관계로 인해 한중관계가 삐걱거리고 있다. 한국은 '존중'과 '평등'을 기치로 외교의 수정주의적 태도를 요구하며, 미국 주도의 새로운 국제단체에 참여해 전략적 자산을 한국에 들여오려 한다. 경제 고위 관료들은 중국과의 관계를 끊겠다는 과격한 언사를 쏟아내고 있다. 문화적으로는 반중 감정이 고개를 들고 있다. 그러나 미국과 북대서양조약기구(NATO)의 접근 등으로 중국이 한국에 아첨할 것이라는 기대를 하지 말아야 한다. 냉정하게 언행을 하고, 성급한 결론을 내리지 않도록 한다. 북한 또한 과거의 외교 전략으로부터의 전환을 꾀하며, 중국과 러시아에 가까워짐으로써 스스로의 가치를 높이기 위해 노력하고 있다.

둘째, **기회주의**이다. 한국과 북한 모두 기회주의적인 경향을 보이고 있다. 북한이 상대적으로 기회주의적 경향이 분명하다. 북한은 냉전 시기처럼 '북3각(北三角)' 전략을 앞세워 북한 주도의 북중관계를 재현할 수 있는 시기가 도래하고 있으며, 동북아, 나아가 글로벌 판도에서도 단순한 체스 말이 아니라 '체스 선수+체스 말'이라는 이중적 신분을 가질 수 있는 기회라고 여기고 있다. 한국도 미중 대결에서 미국이 이길 수 있다고 생각하며, 보다 더 미국 편을 들어 단순한 체스 말에서 '체스 선수와 체스 말을 겸비한 행위자로 전환할 수 있다고 생각하는 듯하다.

셋째, **모험주의**이다. 한반도에서의 전략적 모험주의 추세가 갈수록 뚜렷해지고 있다. 한국은 계속해서 미국 쪽으로 기울어 미국의 대중국 포위에 동참하려 하고, 군사적으로는 미군의 힘을 한반도 밖으로 투사해 중국을 자극하는 동시에, 한국과 한미동맹의 영향력을 대만해상과 남중국해에 확대하려 하고 있다. 반면 북한은 국제체제의 선택에 있어서 한국과 대조적으로 중국과 러시아 쪽에 서서 북·중·러 삼각관계를 통해 미중과 한중관계를 갈라놓으려 하고 있다.

이런 상황에서 한중관계에도 전환점이 찾아왔다. 30년 이래 세 가지 심리적 변화가 생겼다. 첫째, 중국의 심리적 변화다. 객관적으로 보면, 역사적으로 오랜 동안 중국인들은 한국을 경시하는 심리가 있었던 것이 사실이다. 이것이 한국이 중국에 '존중'을 요구하는 이유 중 하나이다. 그러나 1990년대 이후 한국의 발전으로 한국에 대한 중국의 생각이 바뀐 것도 사실이다. 현재 중국의 인식은 복잡하며, 때로는 모순적이다. 전반적으로, 한국은 매우 강한 민족적 정서를 갖고 있는 국가이다. 경제력도 강하며, 민족정신 또한 강하다. 이것은 존중할만하다. 그러나 문제를 포괄적으로 보지 않고, 성급하게 판단하곤 한다.

둘째, 한국의 심리적 변화이다. 중국에 대한 한국의 심리는 경계, 존경, 무시, 위협의 혼합체라고 얘기할 수 있다. 6·25전쟁, 개혁개방, 정치체제, 경제발전, 세계 2위의 대국이라는 일련의 키워드가 중국의 변화와 발전에 대한 기본적 인식을 말해준다. 한국은 스스로에 대해 폐허에서 동북아 최대의 자유민주주의국가, 급속한 경제발전, 한류의 세계적 성공으로 전 세계적으로 발언권을 갖게 되었다고 인식하고 있다. 이제 한국의 목표는 중진국이 아니라 미국에 버금가는 세계적 국가가 되는 것이다.

셋째, 한중관계 구조의 변화이다. 한중관계는 3중구조로 되어 있다. (1) 구조적인 한중관계로, 중국이나 한국이 야기하는 변화는 구조적인 관계이다. (2) 미중관계의 변화로 인한 것으로, 이는 필수적 외부 환경이며, 필요조건이다. (3) 북한과 남북관계의 변화에 따른 중한관계의 변화로, 이것은 충분조건이다. 이 세 가지가 서로 영향을 주고받는다. 그러나 지난 30년간 한중관계는 미중관계와 북한 문제로 인한 관계라고 여겨졌고, 가장 핵심적인 한국의 변화를 간과해 왔다. 앞으로는 한중관계의 구조적 동인이 가장 핵심적인 요소가 될 것이다. 즉 한국 자체의 변화가 핵심이다. 한국은 국력에 있어 세계 10위권이며, 군사력은 세계 7위권으로, 민족적 자존심이 전례 없이 강해져있다. 중국이 생각하는 것처럼 한국이 '미국의 막내 동생'도 아니고, 미국의 '노예'는 더더욱 아니며, 또한 한반도에서 부차적인 요인도 아니라고 한국은 생각한다. 그것이 바로 한국이 늘 존중을 강조하는 내적 동기이자 본심이다.

한국은 지금 한반도나 동아시아에서의 위상이 아니라 세계적 위상을 추구한다. 이를 보면 한국의 행보를 알 수 있다. 이를 보지 못하면 오해가 생

구동존이(求同存異)와 화이부동(和而不同)의 한중관계

기기 쉽고, 한국을 얕잡아 보는 일들이 생기기 쉽다. 과거 한반도 정책의 핵심이 북핵 문제였다면, 앞으로는 한국과 북한을 모두 중시하거나, 심지어 한중관계에 더 무게를 두어야 한다. 미중관계 등 세계적 이슈에 영향을 미치는 중요한 변수가 한국 변수이기 때문이다.

3. 한중관계에 대한 제언

향후 10년 이내에 지역의 전략적 구도에 중대한 변화가 있을 것이다. 즉, 현재 상태를 유지하거나, 동아시아 협력이 이루어지거나, 냉전 모드로 진입하는 등 세 가지 가능성을 생각해 볼 수 있다. 세 번째가 비교적 가능성이 크다. 이로 인해 불확실성이 증가할 수 있다. 이런 상황에서 한중 수교 당시의 초심은 무엇인가?

첫째, **한중관계가 변화 국면을 맞고 있는 만큼 초심을 잃지 말아야 한다.** 코로나19, 우크라이나 전쟁, 미중 전략 경쟁 등 일련의 큰 사건이 겹치면서 중국이나 한국은 물론, 큰 변화에 직면한 세계는 복잡하게 얽힌 지정학적이며 정치경제적 환경에 직면해 있다. 중국은 압박을 이겨내고 발전을 도모하면서도, 한국의 정책적 전환과 조정이 변화하고 있다는 점에 주목하고 있다. 한국은 정치적, 경제적, 군사적, 과학적으로 새로운 정책선언을 했고, 중국의 중요한 국가 이익, 나아가 중국의 핵심 이익을 목표로 하는 움직임을 보이고 있다. 이는 양국 우호협력에 불리한 기조이자 '삼십이립(三十而立)'의 한중관계의 향방에 대한 우려를 낳고 있다. 이런 고비에서 우리는 진지하게 고민하고, 교류를 심화하며, 서로를 존중하고, 신중하게 행동해야 한다.

둘째, **지금까지 많은 문제에 있어 양국의 국익이 충돌한 적이 없었다.** 개별 이익보다 공동의 이익이 더 컸으며, 양국 모두의 국가 안보와 경제 발전에 있어 상호 윈-윈 하는 관계였으며, 서로에게 도움이 되었다. 한국은 스스로의 주권 의식과 국가 이익에 대한 인식을 바탕으로, 미국의 대중국 봉쇄에 동참하거나 미국의 동맹체제에 참여하여 중국의 국익을 해치지 않도록 해야 한다. 미중의 대결은 전면적이다. 미국은 자국의 이익에 관계없이, 손해를 보더라도 중국을 억제하려 하고 있다. 이 과정에서 미국은 한국의 이익도 고려하지 않고, 한국의 이익을 희생해 미중 경쟁의 완충장치를 마련하고자 한다. 사드(THAAD), 오커스(AUKUS), 인도-태평양 경제프레임워크(IPEF), 칩4(Chip4)가 모두 그러하다. 한국은 자국의 이익을 우선시하고, 미국인의 복지가 아니라 한국인의 복지를 우선으로 해야 한다.

셋째, **군사안보 분야의 새로운 변화를 중시해야 한다. 특히 전단지 살포 등으로 북한을 지나치게 자극하지 말아야 한다.** 군사관계는 모든 관계의 가장 집중적이고 직접적인 표현이며, 일단 정책이 수립되면 큰 영향을 미칠 수 있는 만큼 심사숙고해야 한다. 솔직히 한국의 일부 움직임은 걱정스럽다. 맹목적으로 미국을 추종하는 경향이 있기 때문이다. 물론 "3불(3不)"은 한국 정부의 입장일 뿐 정책이 아니다. 상황이 바뀌었고, 북한이 여러 차례 도발했다는 등을 이유로 사드를 정상화하고자 한다. 그러나 어쨌든 미군 전략 자산의 도입, '사드' 시스템의 '정상화'와 군사 훈련 등 자극적인 움직임이 너무 많아 신뢰하기 어렵다. 중국은 한국이 세계 주요 강대국이 되고자 하는 야망과 노력을 이해한다. 그러나 더 중요한 역할을 하려면, 외부의 힘에 의존해서는 안 될 것이다. 군사안보 분야에서는 자칫 잘못하면, 모두가 피해를 입게 된다.

넷째, **한중관계의 리스크 요인을 잘 통제해야 한다.** 한국은 미중 사이에서 어느 한쪽을 선택해야 한다는 압박에 직면해 있지만, 그것이 한중관계를 희생시킬 명분이 될 수는 없다. 지금은 한중이 대결로 치닫고 있다고는 할 수는 없지만, 그러한 기세로 인해 많은 한반도 관측통들이 불안해하고 있다. 정책 결정의 구조적인 차이가 한중 문제로 이어지지 않도록 성급한 결론을 내리지 않도록 해야 한다. 한반도 주변 정세는 특히 황해와 동중국해, 북한 요인까지 겹치면서 남북 간 군사적 대치 요인이 복합적으로 작용하고 있다. 미군이나 다른 세력이 개입한다면, 지금과는 전혀 달라질 것이다. 한국은 특히 대만해협 문제에 휘말리지 않도록 해야 한다. 최근 몇 년간 중국을 곤혹스럽게 했던 한국 군함의 남중국해 순항 참여와 한미 정상회담에서 대만해 문제를 거론한 박진 외교장관의 "대만의 현 상황을 무력으로 바꿀 수 없다"는 발언은 위험하다. 이는 중국의 핵심 이익이며, 중국이 타협할 여지가 없고, 미중이 치열하게 맞서고 있는 핵심 문제이다. 한국은 이런 문제에 있어서 어떤 이익도 얻을 수 없으므로, 개입할 것이 아니라 회피해야 한다.

한미가 군사훈련을 대대적으로 하는 상황에서 북중 간 군사훈련이나 중국의 고성능 레이더가 북한에 배치된다면, 한국은 어떻게 생각할 것인가? 한반도는 다시 대결의 시대로 갈 것이다. 이것은 한국이 원하는 것이 아니다. 이것은 미국이 원하는 것이다. 공급망과 반도체 문제도 마찬가지다. 동맹국을 위해 대가를 치르는 것은 그럴만한 가치가 있다. 그러나 미국을 위해 자국의 발전과 한반도의 미래를 희생하는 것이 과연 전략적 가치를 가질까? 미중 대결의 가장 큰 대가를 한국이 감당할 수 있을까?

다섯째, **역사를 교훈으로 삼아야 한다.** 한반도의 이런 상황은 19세기 말 조선의 당쟁과 외교안보전략을 상기시킨다. 조선은 끊임없이 외세를 끌어들여 대한제국의 신속한 수립과 함께 멸망을 초래했다. 100여 년 전처럼 한반도 환경은 악화일로이다. 지금이 한국의 국운의 해라고 해도 과언이 아니다. 그러나 올바른 선택을 할 것인지, 잘못된 선택을 할 것인지 판단하기는 아직 이르다. 분명한 것은 중국이 그다지 인정하지 않는 선택이라는 것이며, 이는 한국의 장기적인 전략적 이익에 반한다는 점이다. 한국의 행보에 중국이 내놓을 카드가 없는 것이 아니라, 이웃나라와의 관계와 역사적 전통을 배려하여 신중을 기하고 있을 뿐이다. 한반도에서 중국이 지나치게 소극적이거나 무관심할 경우, 큰 영향을 미칠 수 있지만, 중국은 한중 간 문제를 어떻게 할 것인지를 고려하면서, 한반도 핵문제와 북한 문제를 균형 있게 다룰지 고민하고 있다. 대국으로서 중국의 정책은 안정적이고 장기적이며, 초심(初心)을 유지하고 있다. 그러나 일단 변화가 생기면, 중대한 지정학적 영향과 세계적 영향이 초래된다는 것도 잘 알고 있다. 한중은 가능한 한 양국 간에 가깝고 우호적인 관계를 유지하도록 노력하면서, 양국 관계의 전반적 상황을 살펴야 한다. 그러나 상대가 손을 뿌리치는 것을 보고만 있을 수는 없다.

4. 결론: 3가지 마음(三心)을 유지하고, 미래로 나아가자

한국과 중국 두 나라는 세계가 주목하는 경제사회적 발전의 기적을 이룬 나라이다. 양국의 발전은 비교적 오랜 기간 평화롭고 안정된 환경에서 이루어졌다. 양국 간 전략적 협력 동반자 관계의 건전하고 안정적인 발전은 양국 국민의 행복인 동시에, 동아시아는 물론 세계 질서와 정세와도 관련이 있다.

한중관계는 많은 변화를 겪어왔다. 한반도에 외세가 개입했던 역사적 교훈은 아직도 선명하다. 은(殷)의 멸망이 그리 먼 본보기가 아니라는 옛말을 깊이 새겨볼 만하다. 동북아시아에서 갈등과 혼란이 발생한다면, 미국, 일본, 중국, 북한보다 한국이 더 큰 비용과 후폭풍을 감수해야 한다는 지적도 많다.

동아시아 전략구도의 전개 과정에 있어서, 중국은 중요한 형성자이자 행위자이다. 중국이 미국과의 관계를 어떻게 처리할 것인가, 아세안, 일본, 한국과의 관계를 어떻게 처리할 것인가는, 지역 전략구도의 변화에 중요한 영향을 미칠 것이다. 한편, 한국은 동북아의 중요한 일원으로서 완전히 수동적이 아니라, 지역 구도에 영향을 미치면서 자신의 전략 환경을 최적화할 수 있는 역할을 할 수 있다. 한국이 직면한 큰 도전은 미중 간 전략적 경쟁이 격화되는 상황에서 미국의 동맹국으로서 중국과의 관계를 어떻게 할 것인가이다. 여기서 주의할 점은 두 가지이다. 하나는 미중 전략 게임의 미래를 정확히 파악해야 한다는 것이다. 앞으로 10년 이내에 미중 간 힘의 격차가 더 좁혀지고, 중국이 세계 최대 경제대국이 될 가능성이 높다. 일부 주요 기술 분야에서 중대한 돌파구가 마련되면, 서태평양에서 미국의 위상은 더욱 떨어질 것이다. 이를 보지 못한다면, 전략적 우를 범하게 된다. 둘째, 중국의 핵심 이익, 특히 대만 문제에 신중해야 한다. 한국이 미국의 유도로 대만 문제에 개입하면, 중국은 강하게 반발할 수밖에 없다. 한국이 대만 문제에서 할 수 있는 역할은 제한적이지만, 중국은 한국의 핵심 이익에 큰 충격을 줄 수 있는 중요한 수단이 많다는 점에서 적절히 대처해야 한다.

따라서 결론을 내리자면, 중국과 한국은 "3가지 마음"을 유지해야 한다. 첫째, 초심(初心)이다. 한중 수교의 초심과 발전의 초심을 잊지 말아야 한다. 그것이 한반도의 평화와 안정의 통일과 번영을 이루는 길이다. 둘째, 조심(小心)이다. 한중은 서로 존중하고 서로 돕고, 어떤 일이든 상대방을 고려해야 한다. 상대방의 입장에서 생각해보고, 한반도 문제와 양자 문제를 조심스럽게 다뤄야 한다. 셋째, 관심(關心)이다. 한중은 서로의 안보 이익, 발전 이익, 경제 이익에 관심을 가져야 한다. 서로 사랑하며, 서로 이익을 나눠야 한다.

한중관계와 한미관계 조화 방향 : 미국요인 중심

신종호(申鍾浩)*

1. 머리말

1992년 수교 이후 비약적인 발전을 거듭해온 한중관계는 2008년 '전략적 협력동반자관계'로 격상되었음에도 불구하고 이후 오랫동안 오히려 소원한 관계를 경험했다. 그리고 수교 30년을 맞이하는 2022년에도 양국 관계의 불안정성은 여전히 지속되고 있다. 수교 이후 한중관계가 여전히 불안정한 관계를 지속하는 이유는 다양한 차원의 대내외적 영향 요인이 상호 작용함으로써 갈수록 복잡성을 띠고 있기 때문이다. 즉, 구조적 차원(미중 전략경쟁 등)과 지역적 차원(한미동맹, 북미관계, 북한·북핵문제, 북중관계 등) 그리고 양자관계 차원(양국 국가정체성 변화, 사회문화 갈등, 역사문제 등)의 영향 요인이 상호 결합하여 한중관계에 복잡성을 더하고 있다.

---

* 한양대학교 ERICA 중국학과 교수.

특히 최근 미중 전략경쟁의 심화 및 장기화 추세는 글로벌·지역적·한반도 차원에서 다양하고 복합적인 리스크를 초래하고 있고, 더 나아가 한국 외교의 전략적 자율성을 제약할 가능성을 높여주고 있다. 2022년 5월 미국 바이든 대통령의 방한을 계기로 이루어진 한미 정상회담 결과 역시 미중 전략경쟁이 장기화·구조화할수록 한국 외교의 전략적 고민은 더욱 커질 것이라는 점을 잘 보여주고 있다.

이 글은 수교 이후 한중관계에 대한 영향요인 중에서 소위 '미국 요인'에 주목한다. 미중 전략경쟁과 한미동맹 등으로 대표되는 '미국 요인'이 수교 이후 한중관계에서 차지하는 중요성과 영향력이 갈수록 커지고 있기 때문이다. 즉, 이 글은 수교 이후 양국 관계에 가장 큰 영향을 미쳐왔고 향후에도 그럴 가능성이 가장 높은 '미국 요인'에 대한 분석을 통해 강대국 리스크에 대한 복합적 대응 방안과 함께 한미동맹과 한중관계를 동시에 발전시킬 수 있는 방안을 모색하고자 한다. 이를 위해 먼저, 그동안 강대국 경쟁의 리스크에 약소국이 어떻게 대응해왔는지에 대한 분석을 통해 한국이 참고할 수 있는 시사점을 도출한다. 다음으로, 한중 수교 30년 동안 양국 관계에 영향을 미친 '미국요인'의 양상과 특징을 몇 가지 사례를 중심으로 분석한다. 마지막으로, 한미동맹과 한중관계를 동시에 발전시킬 수 있는 방안을 제시하고자 한다.

2. '강대국 리스크' 사례[1]

역사적으로 '강대국 리스크'는 국제질서 구조의 변화나 강대국 관계의 변

---

1) 신종호, 「'강대국 리스크'에 어떻게 대응해야 하나」, 『내일신문』(2022. 5. 30); 신종호 외, 『강대국 정치와 관련국의 대응: 역사적 사례와 시사점』(서울: 통일연구원, 2020), pp.59-122 등 참조.

화 등과 같은 상황에서 발생했다. 21세기 초 유럽의 다극 체제에서 두 차례의 세계대전이 발발했고, 냉전 시기 미소 양극체제와 탈냉전 시기 미중 경쟁 체제에서는 지정학·지경학적 리스크를 초래했다. 즉, 냉전 시기 미소 양극체제하에서는 이념대립과 체제경쟁을 중심으로 하는 현실주의적 패권 경쟁이 전개되었다는 점에서, '강대국 리스크' 역시 '제한적 국지전' 혹은 '대리전쟁'과 같은 지정학적 리스크가 많았다. 탈냉전 시기는 초기의 미국 단극체제를 지나 머지않아 미중 경쟁체제로 진입하면서 '강대국 리스크' 역시 냉전 시기보다 다양해지고 복합화하였다. 특히 최근 미중 전략경쟁이 심화되고, 러시아-우크라이나 전쟁도 장기화하면서 지정학·지경학적 리스크 뿐만 아니라 국제 규범 리스크도 새롭게 발생하고 있다.

강대국 리스크에 대응하기 위한 약소국의 선택(options)으로는 '균형'과 '편승'이 대표적이다. 먼저, '균형'은 약소국이 자체 국력 신장을 통해 강대국에 대응하기가 여의치 않을 때 선택하는 정책이지만,[2] 약소국이 안보나 경제 등에서 동맹국인 강대국에 과도하게 의지하면 외교적 자율성이 훼손된다는 단점이 있다. 냉전 시기의 북한은 소위 '자주외교'를 통해 중국과 소련에 전략적으로 접근하면서 자국의 이익을 추구한 것으로 평가받고 있다. 반면, 한국도 오랫동안 미중 간 균형 외교를 추구했으나 오히려 우리의 외교적 자율성에 상당한 제약을 받았다.

'편승'은 약소국이 특정 강대국의 편에 서서 상대국의 위협에 대처하기 위해 취하는 정책이지만, 상대국과의 관계 악화를 감수해야 할 수도 있다. 실제로 '주한미군 사드 배치' 사례에서 한국은 결과적으로 대미 편승 외교를 선택했고 중국으로부터는 경제보복을 받았다. 일본의 경우에는 '중국의

---

2) 이동선, 「21세기 국제안보와 관련한 현실주의 패러다임의 적실성」, 『국제정치논총』 49-5 (2009), pp.55-80.

부상'에 대응하기 위해 미국에 대한 편승 정책을 오랫동안 추진하고 있고, 인도와 베트남은 경제와 안보 분야에서 중국 혹은 미국에 선택적으로 편승하는 전략을 취함으로써 강대국에 대한 과도한 의존은 줄이면서 자국의 자율성은 최대한 확보하고자 노력하고 있다.

결국, 한국 외교가 강대국 리스크에 대처하기 위해 가장 먼저 고려해야 하는 것은 바로 균형 혹은 편승이라는 이분법적 논리를 넘어 우리의 국익에 부합하도록 외교정책 방향을 설정해야 한다는 점이다. 이 과정에서 우리가 지향하는 핵심 가치—평화, 공정, 공영, 자유, 민주주의, 인권, 생태환경 등—에 부합하도록 국가이익의 우선순위를 설정해야 한다.

한국 외교의 자율성을 확보하려는 노력도 중요하다. 미중 전략경쟁이 향후에도 오랫동안 지속되고 장기화될 가능성이 크다는 점에서, 특정 국가에 치우친 외교는 바람직하지도 않고 더 가능하지도 않다. 특히 최근 미중 전략경쟁의 심화와 러시아−우크라이나 전쟁의 장기화는 다양하고 '복합적'인 리스크를 초래하고 있다는 점에서, 우리의 대응 역시 복합적이고 종합적으로 접근해야 한다. 그것이 바로 한국의 전략적 자율성을 확대하는 지름길이기도 하다.

3. 수교 이후 한중관계와 '미국 요인'

1) 한미동맹에 대한 한중의 인식

역대 한국 정부는 한미동맹이 한국의 외교안보 정책의 핵심 축이라는 점을 강조했고, 한미관계를 한중관계보다 더 중시하는 일종의 '전략적 차등화'

구동존이(求同存異)와 화이부동(和而不同)의 한중관계

가 존재했다. 냉전 시기뿐만 아니라 탈냉전 시기에도 한국의 안보 문제에서 한미동맹의 중요성은 매우 중요했기 때문이다. 실제로 한미동맹은 오랫동안 한반도의 평화와 안정에 많은 기여를 한 것으로 평가받고 있다. 즉, 한미동맹은 북한의 위협에 대응하기 위한 군사동맹으로 출발했지만, 시간이 지나면서 가치동맹을 포함한 포괄적 동맹으로 변모하여 다양한 분야에서 협력을 해왔다. 이처럼 한미동맹은 70년 가까이 한반도의 평화와 안정을 유지하는 중요한 기반이 되고, 한국의 국가역량을 높이는 견인차 역할을 수행한 것에 대해서는 의문의 여지가 없어 보인다.

중국은 냉전 및 탈냉전 시기를 거치면서 미국과의 힘(power)의 열세로 인해 한미동맹의 존재 그 자체는 용인해왔지만, 자국의 핵심 이익이나 대외전략 기조에 부합하지 않을 경우에는 강력한 반대 입장을 표명해왔다. 특히 중국은 오랫동안 한미동맹의 존재 그 자체보다는 미국의 대중국 인식과 정책이 한미동맹을 통해 발현됨으로써 자국의 안보를 위협한다는 점을 더 크게 우려했다.[3] 중국이 한미동맹을 '냉전의 산물'이라고 비판하고 있는 것 역시 미국의 영향력이 한미동맹에 투사되는 것을 우려하고 있기 때문이다.

한중 수교 이후 한미동맹의 강화는 중국의 외교안보적 우려를 낳았고, 미중 전략경쟁의 심화는 한중 협력을 저해하는 결과를 초래했다. 대표적인 사례가 바로 '천안함사건'과 '주한미군 사드 배치'라고 할 수 있다. 2000년대 들어서면서 중국의 부상이 현실화 되고 미국의 '재균형(rebalancing)' 정책이 본격화되면서 한국이 '연루'되는 상황이 발생하자, 중국은 한미동맹에 대한 비판 수위를 높이기 시작했다. 예를 들어, 이명박 정부 시기 한미 간 가치동맹 및 한미 FTA를 통한 경제동맹을 강화하자 중국의 비판과 우려는 더욱

---

3) 김영준·신종호, 「한미동맹에 대한 중국의 입장」, 2014년도 국방대학교 안보문제연구소 연구용역보고서 (2014.11) 참조.

거세졌고, 2010년 '천안함 사건'을 계기로 미군이 한반도 주변 해역에 진입하는 것에 대해 강력한 불만을 표출하기도 했다.[4]

2016년부터 시작되어 현재까지 진행되고 있는 주한미군 사드 배치 문제 역시 중국의 한미동맹에 대한 인식을 잘 보여준다. 중국은 주한미군 사드 배치가 북핵 문제 해결에 도움이 되지 않고 오히려 지역의 전략 균형을 깨트리는 것이라는 점을 들어 강력한 반대 입장을 표명했다. 이는 곧 주한미군의 존재 자체에 대한 비판이라기보다는 한미동맹이 북한 도발에 대한 대응에서 벗어나 지역 안보 문제에 대한 대응으로 확대되는 것에 대한 중국의 반발이라고 할 수 있다.

또한 중국은 미국의 한미동맹 강화 조치가 자국의 핵심 이익 중 하나인 대만 문제와 관련되는 것에 대해 강력한 불만을 표출하기 시작했다. 실제로 미국이 동아시아에서 추진했던 전역미사일방어체계(TMD), 주한미군 기지 조정 및 전략적 유연성 추구, 미일 동맹 강화와 한미일 3각 협력 추구 등이 대부분 중국 견제 의도가 있다고 인식함으로써 이에 대한 강력한 반대 의사를 반복적으로 표명해왔다. 2021년 5월과 2022년 5월 한미 정상회담 이후 공동선언문에서 '대만해협의 평화와 안정 유지'라는 문구가 포함된 것에 대해 중국이 강력하게 반발하고 있는 것 역시 미국이 한미동맹을 통해 자국의 영향력을 지역에 투사하려고 한다는 인식을 갖고 있기 때문이다.

2) 미중 전략경쟁과 한국외교

그동안 한국 외교는 강대국 정치의 영향으로 인해 균형 외교와 편승 외

---

4) 「中國再次強烈呼籲朝韓保持冷靜克制 盡快進行對話接觸」, 『新華網』 (2010年 11月 25日).

교를 반복해왔지만, 모두 성공적이지 않았다. 이로 인해 한국 외교는 전략적 자율성을 제약받았다. 더 큰 문제는 미중 전략경쟁이 갈수록 심화되고 장기화하면서 한국이 오랫동안 추구해오던 '균형 외교'를 더 이상 지속적으로 추진하기 어려운 상황에 직면했다는 점이다.

미중 두 강대국 관계는 이미 자국의 사활적 이익 혹은 핵심 이익을 둘러싸고 벌이고 있는 '전략경쟁' 수준에 진입했다. 2008년 글로벌 금융위기 이후 시작된 미중 전략경쟁은 2017년 '미국 우선주의(America First)'를 내세운 트럼프 행정부 출범 이후 본격화되었고, 2021년 바이든 행정부 출범 이후에도 가속화되면서 전략경쟁의 범위가 전방위적으로 확대되고 있다.

2021년 출범한 바이든 행정부는 '글로벌 리더십 회복'을 목표로 다자주의와 동맹 재구축을 강조하고 있고, 다양한 외교안보적 조치—인도·태평양 전략과 미국·일본·인도·호주 4국 안보협의체(QUAD), 호주·영국·미국 3국 안보협의체(AUCUS), 인도·태평양경제프레임워크(IPEF) 등—를 통해 대중국 견제와 압박을 더욱 정교하게 구체화하는 과정에서 한국을 포함한 동맹국과의 포괄적 협력을 강조하고 있다.

이러한 바이든 행정부의 '다자주의'에 대한 강조 및 동맹 재구축 등을 통한 대중국 견제와 압박에 대해 중국은 대미 '장기전' 태세를 유지하면서, 러시아·북한·이란 등 국가들과의 협력관계를 강화하고 있다. 동시에 중국은 미국의 동맹국인 한국과 일본 등에게 '경제협력'을 매개로 이격을 시도함으로써 역내 주도권 확보를 통한 영향력 경쟁을 펼칠 것으로 전망된다. 특히 한국과 같은 '약한 고리' 국가에 대해서는 다양한 방식으로 유·무형의 압력을 행사할 것으로 보인다.

문제는 미중 전략경쟁 심화에 따른 경쟁 혹은 갈등이 특정 분야나 개별 국가에 그치지 않고 동아시아 지역이나 글로벌 차원에서 복합위기로 나타날 가능성이 커지고 있으며 더 나아가 한국 외교의 자율성을 침해할 가능성이 높아지고 있다는 점이다. 미중 전략경쟁 심화로 인해 미국과 중국의 외교정책에서 한반도 문제의 우선순위가 낮아질 수 있고, 한중관계에도 지대한 영향을 줄 가능성이 높다. 미국은 인도·태평양지역을 중심으로 대중국 봉쇄 네트워크를 구축하기 위해 한미동맹을 강화하고 '쿼드(QUAD) 플러스'에 한국의 동참을 요구할 가능성이 있으며, 중국은 한국이 미국 주도의 대중국 견제와 압박에 참여하지 않고 객관적이고 중립적인 입장에 서 줄 것을 강조할 것이다. 특히 중국은 한미동맹과 한미일 협력이 중국을 겨냥하지 않도록 한국을 압박할 수도 있으며, 홍콩·대만 문제 등에 대한 우리의 분명한 입장을 요구할 가능성도 있다.

2022년 5월 바이든 대통령의 방한으로 이루어진 한미 정상회담은 종료되었지만, 한국 외교의 전략적 고민은 깊어지고 있다. 한국은 미국 주도의 인도·태평양경제프레임워크(IPEF)에 참여하고 인도·태평양전략에도 협조하기로 결정함으로써 한미동맹을 공고히 했지만, 중국의 반발이 만만치 않기 때문이다. 물론 IPEF가 정식 출범하기까지 아직 시간이 있고, 우리 정부도 중국의 참여를 배제하지 않겠다고 했지만, IPEF가 그 자체로 미국의 대중국 견제를 위한 경제안보 동맹의 성격이 강하다는 점에서 향후 두 강대국의 한국에 대한 압박은 거세질 것이다. 이번 바이든 대통령의 방한에서도 잘 드러나듯이 미국이 자국의 국익에 기반한 한미동맹을 강조하고 있다는 점에서, 우리도 우리의 국익에 부합하도록 한미동맹을 조정하고 발전시킬 필요가 있다. 또한, 이번 한미 정상회담을 통해 한미동맹을 포괄적·전략적 동맹으로 발전시킬 것에 합의했지만, 미래 지향적인 한미관계를 위해서는 한미동맹이 궁극적으로 한반도 평화와 남북관계 개선에 이바지할 수 있는 방향으로 전개되어야 한다.

4. 한미동맹과 한중관계 동시 발전 방안

1) 안미경중(安美經中) 해법의 불합리성

최근 미중 전략경쟁은 단순히 두 강대국의 경쟁과 갈등에 국한되는 것이 아니라, 글로벌·지역적·양자관계 차원에서 상호 복합적인 영향을 주고받고 있다. 따라서 한국 입장에서는 미중 전략경쟁이 초래하는 리스크에 일희일비하기보다는 새로운 국제질서 구조의 변화에 대한 객관적인 판단을 통해 한국의 외교안보 정책을 수립해야 한다. 특히 분단 국가인 한국의 중장기 국가이익과 정책적 목표 등을 고려할 때 한미동맹의 역사성과 특수성을 충분히 인정한다 하더라도, 중국을 봉쇄하는 미국의 전략에 적극적으로 참여하는 방향으로 우리의 외교안보 전략을 수립하는 것은 합리적인 사고라고 하기 어렵다. 따라서 기존의 '안보는 미국, 경제는 중국'이라는 이분법적 구조에서 벗어나 한반도가 미중 갈등의 대리전 지역이 되지 않도록 하기 위해서는 한미관계를 중심으로 한중관계를 동시에 관리할 필요가 있다.

특히 군사력 차원에서는 여전히 미국이 압도적인 우위를 차지하고 있지만 미중 간 종합국력 차이가 갈수록 축소되고 있는 상황에서 한미동맹과 한중관계를 동시에 발전시키는 방안에 대한 고민이 필요하다. 즉, 한미 간 긴밀한 소통과 조율을 통해 한미동맹을 업그레이드 하고 이를 기반으로 중국과의 우호협력을 동시에 추구해야 한다. 다만, 과거 사드 배치 사례에 나타난 것처럼, 미중 전략경쟁이 한반도에서 전개되지 않도록 할 수 있는 전략적 사고가 필요하며, 중거리 미사일 배치와 같은 민감한 어젠다가 의제화되지 않도록 사전에 소통하고 조율하려는 노력이 필요하다.

2) 한미동맹 업그레이드

한미동맹은 북한의 위협에 대응하기 위한 군사동맹으로 출발했지만, 시간이 지나면서 가치동맹을 포함한 포괄적 동맹으로 변모하여 다양한 분야에서 협력을 진행함으로써 70년 가까이 한반도의 평화와 안정을 유지하는 중요한 기반이 되었다.

하지만 최근 한미동맹을 둘러싼 전략환경이 변화하고 있다. 먼저, 한반도를 포함한 동아시아 지역은 군사력과 같은 전통적 안보 위협뿐만 아니라 테러나 사이버 위협, 재난·재해 등과 같은 새로운 안보 위협을 마주하고 있다. 다음으로, 중국, 일본, 러시아 등과 같은 국가들이 자국의 이익을 내세우며 한반도 주변에서 군사적 활동을 강화하고 있다. 또한, 최근 한반도 정세의 급격한 변화 속에서 북한의 군사적 위협 역시 여전히 해소되지 않고 있다. 이러한 이유로 인해 한미동맹의 내용과 역할의 변화 필요성이 제기되고 있다. 마지막으로, 한미 동맹을 둘러싼 양국 국민들의 인식도 변화하고 있다. 한국 국민 대부분은 한미동맹의 가치와 중요성을 잘 인식하고 있고, 특히 2018년 이후 한반도 평화프로세스 과정에서 한미동맹이 중요한 역할을 하고 있다는 점에 대해서 공감하고 있다. 하지만, 대북정책과 대중국 견제 등의 문제 있어 한미 간에는 여전히 입장 차이가 있는 것도 사실이다.

이처럼 최근 한미동맹을 둘러싼 대외 전략환경의 변화와 한미 양국 국민 간 인식 차이 등을 감안할 때, 보다 균형적이고 상호보완적이며 미래 지향적인 한미관계로의 변화 혹은 업그레이드가 필요한 시점이다. 특히 사드 배치와 같은 사례가 한반도에서 다시 나타나지 않도록 하기 위해서는, 미국의 대중국 군사봉쇄를 위한 네트워크에 한국이 연루되지 않을 방안을 미국과 협의할 필요가 있다.

2022년 바이든 대통령 방한 과정에서 이루어진 한국의 IPEF 참여 결정 등에서도 나타나듯, 미국의 동아시아·한반도 정책에 대해 중국이 반발할 가능성이 여전히 높은 상황이다. 따라서 미중 전략경쟁이 한반도에서의 갈등 혹은 충돌로 비화하지 않도록 하는 것이 중요하다. 특히 미국의 대중국 견제와 압박 시도에 대해 우리 정부가 어느 정도 수준으로 협력하고 공조할 것인가에 대한 전략적 판단이 중요하다.

3) 한중관계의 '장기 전략성' 회복

한중관계가 2008년 전략적 협력동반자관계를 수립했음에도 불구하고 이후 오히려 양국 관계의 불안정성이 커진 이유는 바로 양국 관계가 갖고 있는 '전략성'에 대한 구체적이고 실질적인 합의가 없었기 때문이다. 즉, 2008년 당시 이명박 정부가 한미동맹 강화를 적극적으로 추진하고 북한과도 새로운 관계를 모색하고 있던 상황에서, 중국 정부는 한국과의 전략적 협력동반자관계를 수립함으로써 자국의 입장을 적극적으로 개진하고자 했고, 경제적으로도 한중 FTA 체결을 추진함으로써 역내에서의 영향력 확대를 도모하고자 하였다. 하지만, 한국은 중국과의 전략적 협력동반자관계 수립을 통해 기존의 경제 협력 관계를 한 단계 업그레이드함과 동시에 북한·북핵 문제 해결에 중국의 대북 영향력을 활용하고자 하는 것이 주된 목적이었다고 할 수 있다.

이처럼 한중 전략적 협력동반자관계 수립에 대한 양국의 전략적 의도가 정확하게 일치하지 않은 상황에서, 2010년 이후 한중 간 '정치적 신뢰'를 훼손하는 일련의 사건이 발생하면서 전략적 협력동반자관계에도 부정적인 영향을 미쳤다. 2010년 미국의 '아시아 회귀' 정책은 중국이 북한에 대한 전략적 가치를 재인식할 수 있는 계기가 되었고, 중국은 2010년에 발생한 '천안함 사건'과 '연평도 포격 사건' 등과 관련하여 한국을 포함한 국제사회의 비난을 무릅쓰고 사실상 북한을 두둔하는 태도를 취했다. 이처럼 미국의 '아시아 회귀'는 북중관계 강화 및 한미동맹 강화로 이어진 반면, 한중 전략적 협력동반자관계는 제대로 작동하지 않았고, 2016년 이후 사드 배치 문제를 겪으면서 한중 간 '정치적 신뢰'는 다시 한번 타격을 입었다.

한국 입장에서는 그동안 한반도의 평화와 안정과 관련하여 소위 '중국역할론'에 대한 과도한 기대가 있었던 것도 사실이지만 실질적인 성과는 거두지 못하고 있다. 그리고 북한이 수차례의 도발을 통해 핵·미사일 능력을 고도화하고 있고, 북미 협상은 진전을 거두지 못하고 있는 상황에서, 중국 역시 코로나19 극복과 미중 전략경쟁에 장기적으로 대응해야 하는 한다는 점에서 북핵 해결을 위한 중국의 역할은 제한적일 수밖에 없다. 하지만, 북한의 도발을 억제하고 한반도 평화프로세스의 역진을 방지하기 위한 중국의 건설적 역할에 대해서는 지속적으로 강조할 필요가 있다. 특히 중국은 한반도 평화 정착에 기여할 수 있는 중요한 국가이자 향후 평화협정 추진의 핵심 당사자라는 점에서, 한반도 비핵화와 항구적 평화 체제 구축 논의 과정에 적극적으로 참여시킬 필요가 있다.

한중관계와 관련하여 양국이 공유할 수 있는 이익의 교집합을 발굴할 필요가 있고, 다자안보협력의 틀 안에서 중국과의 협력을 강화할 필요가 있다. 특히 한중 전략적 협력동반자관계의 핵심인 '장기 전략성'을 견지한 상태에서 양자 현안뿐만 아니라 다자 지역협력을 위해 공동으로 노력할 필요가 있다. 한중 전략적 협력동반자관계의 실질적 진전을 위해서는 양국 관계의 '제도화' 진전이 중요하고, 그중에서도 정치적 신뢰 증진을 위해 중요

현안(한미동맹, 대북제재, 북핵 해법 등)에 대한 상호 인식의 차이를 해소할 필요가 있다. 또한 기존의 전략소통 채널 이외에 새로운 소통 채널을 확보함으로써 신뢰 기반을 확대하고 민감한 현안을 관리하려는 노력이 필요하다.

5. 맺음말

한국이 처한 외교안보 환경에 비추어 보면, 한미동맹과 한중관계를 동시에 조화롭게 발전시키는 일은 쉽지 않다. 특히 미중 전략경쟁이 갈수록 심화되고 장기화·구조화·복잡화하고 있는 상황에서는 더욱 그렇다. 그럼에도 불구하고, 한국은 이미 '신흥선진국'으로 부상했고, 이에 부합하는 대내외적 능력과 영향력을 보유하고 있다. 특히 한국이 처한 지정학·지경학적 가치를 자산으로 활용한다면 한미동맹과 한중 전략적 협력동반자관계는 양립할 수 있을 것이다.

변화하는 전략환경에 대응하는 차원에서 한미동맹의 업그레이드가 필요하고 한반도 비핵화와 평화 체제 구축을 위해 한미 양국이 양자 및 다자협력을 위한 전략적 소통을 강화하는 것은 당연한 일이다. 하지만, 한반도의 평화와 안정을 실현하고 한국의 국익 확보 및 한국 외교의 전략적 자율성 확대를 위해서 중국과의 건설적인 협력도 매우 중요하다. 이 과정에서 한반도 평화 실현을 위해 우리가 중국과의 협력을 강화하고자 하는 노력이 '친중 노선'으로의 전환이 아니라, 한반도 비핵화와 분단구조 해체를 위한 노력의 일환이라는 점, 그리고 이러한 노력이 궁극적으로는 역내 평화와 안정은 물론 미국의 이익에도 부합할 수 있다는 점을 설득할 필요가 있다.

한미동맹과 한중관계를 동시에 발전시키기 위해서는 한미중 3국 국가이익의 교집합을 찾는 노력이 필요하다. 예를 들어, 글로벌 차원과 지역적 차원, 그리고 양자관계 차원에서 한미중 3국이 합의할 수 있는 의제를 발굴하고 그 실천을 한국이 주도할 필요가 있다. 즉, 비전통안보 이슈로 대표되는 글로벌 차원의 협력 의제를 발굴하여 각국이 기여할 수 있는 방안을 모색하고, 이를 다시 동아시아 지역 차원으로 확산할 수 있도록 한국이 중추적인 역할을 수행해야 한다. 그 다음에 한반도 비핵화와 평화체제를 논의하기 위한 다양한 형태의 '양자 및 소다자 협의체'를 가동할 필요가 있다.[5]

지역 및 글로벌 차원에서 치열하게 전개되고 있는 미중 전략경쟁이 초래할 수 있는 리스크에 선제적으로 대응하기 위해서는 한국이 처한 지정학·지경학적 이점을 활용하여 우리의 전략적 가치를 제고할 수 있는 방안이 마련되어야 한다. 특히 현재 북미 협상이 장기 교착 국면에 처해 있고, 미국과 중국 역시 포스트 코로나19 시대에 대비하는 과정에서 국내문제에 치중해야 하는 상황이지만, 이는 곧 중견국 혹은 비(非)강대국으로서 한국의 국제적 역할을 확대할 수 있는 기회로 활용 가능하다는 점을 의미한다. 따라서 중견국으로 한국은 가치와 규범 및 이익을 공유하는 비슷한 처지에 있는 국가들과의 연대와 협력을 통해 좀 더 적극적인 소다자 외교를 추진할 필요가 있다.

한반도 평화 실현을 위한 소다자 협력이 좀더 구체화되고 실천력을 갖기 위해서는 대내외 영향요인(변수), 특히 '미국요인'에 대한 고려가 중요하다. 최근 몇 년간 미국 조야(朝野)에서는 한국의 대중국 경사(傾斜)를 우려하는

---

5) 문재인 대통령은 2017년 독일 베를린에서 열린 G20 회담 기간에 개최된 한중정상회담에서 시진핑 주석에게 사드 문제 논의를 위한 '한미중 3자회담'을 제안한 바 있고, 동년 12월 중국 방문 시에도 유사한 협의체를 다시 제안한 것으로 알려져 있다. 이와 관련하여 중국은 아직까지 소극적인 태도로 일관하고 있다. 신종호 외, 『한반도 평화번영의 비전과 전략』(세종: 경제인문사회연구회, 2019), pp.86-87.

분위기가 강했던 것도 사실이며, 그 결과 상대적으로 한미동맹은 이전에 비해 약화되고 있다는 평가가 적지 않았다. 물론 윤석열 정부 출범 이후 '한 미동맹 우선' 기조가 명확해지고 있지만, 이는 곧 한중관계가 어려움에 처할 수 있다는 우려도 동시에 제기되고 있다. 특히 미중 전략경쟁이 심화되고 있는 상황에서 미국이 우리에게 대중국 견제와 압박에 동참할 것을 요구할 가능성도 높아지고 있다. 2022년 5월 바이든 대통령이 방한, 방일 과정에서 강조한 인도·태평양경제프레임워크(IPEF)가 대표적인 사례이다. 이러한 상황에서 한국은 미국이나 중국이라는 '국가'를 선택하는 것이 아니라, 우리의 국익 관점에서 '사안(issue)'별 선택을 함으로써 우리의 전략적 가치를 높여야 할 것이다.

외생변수의 시각에서 본 한중관계 30년

뉴린제(牛林傑)*

2022년은 한중 수교 30주년이 되는 해이다. 한 개인에게 30년은 긴 시간이지만, 한중 양국에게 30년은 역사의 강물 속 짧은 순간일지도 모른다. 지난 30년간 인류사회는 냉전 종식, 경제 세계화, 과학기술의 발전, 코로나19 팬데믹 등과 같은 중대한 사건을 겪었다. 따라서 우리는 한중 수교 30년의 역사를 현실적이면서도 역사적인 안목에 입각하여 평가해야 한다. 또 한중 양국 관계 발전의 내재적 요인과 함께 외부적 요인도 분석해야 한다.

외생변수(exogenous variable)란 계량경제학의 한 용어로, 시스템에 영향을 미치지만 반대로 시스템의 영향은 받지 않는 변수를 일컫는다. 시스템의 작동에 영향을 미치는 정치, 제도, 기술, 자연조건 등 외부 요인을 설명하는 변수를 모두 외생변수라고 할 수 있다. 국제관계에서는 외생변수의 부정적 영향이 많이 부각되어 왔지만 사실 긍정적 영향도 존재하며, 이 두

---

* 산둥대학교 한국학원 원장.

가지 영향이 동시에 작용하는 경우도 존재한다.

한중 수교 30년의 역사를 돌이켜보면 외생변수가 한중관계에 미친 영향은 매우 크다. 따라서 '외생변수' 개념을 통해 한중관계 발전에 영향을 미치는 외부 요인을 검토하는 것은 의미있는 시도일 것이다.

1. 외생변수의 긍정적 영향

지난 30년 동안 한중관계 발전에 긍정적 영향을 가져온 외생변수로는, 냉전 종식으로 말미암은 한중 수교, 경제 세계화로 인한 경제무역 협력 가속화, 인터넷 기술 발전으로 긴밀해진 인문교류 등이 있다.

1) 냉전 종식: 한중 수교 촉진

'냉전(Cold War)'은 1947년부터 1991년까지 미국, 나토를 비롯한 자본주의 진영과 소련, 바르샤바 조약 기구를 비롯한 사회주의 진영 간 정치·경제·군사적 갈등이다. 냉전 시기부터 한국과 중국은 대립했고, 1950년대 6·25 전쟁은 양국 간 불신을 증폭시켰다. 이로 인해 양국 관계는 적대적이었으며, 상호 왕래 또한 전무했다. 한국과 중국의 내부적 요인을 보면, 지리적, 문화적으로 가깝고 오랜 우호적 교류의 역사를 가지고 있어 한중관계를 발전시키는 것이 양국의 이익에 부합했지만, 냉전이라는 외생변수의 영향으로 인해 양국은 오랫동안 외교관계를 수립하지 못했다.

냉전 종식 이후 국제 구조가 변하고 양대 진영 간 대립관계가 완화되었다. 이때 한국 정부는 '북방정책'을 적극적으로 실시하며 러시아 및 동유럽 일부 국가 등 구 사회주의 진영 국가와 외교관계를 연이어 수립했다. 이러한 배경 아래 한국과 중국의 수교 여건도 점차 무르익었다. 한중 양국은 여러 차례의 비밀 협상을 거쳐 마침내 수교 협의를 달성했다. 1992년 8월 24일, 한중 양국은 공식적으로 외교관계 수립을 선포했고 한중관계의 새 역사가 시작되었다. 이처럼 냉전의 대립은 한중관계 발전을 가로막은 중요한 외생 변수였고, 그의 종식은 한중 수교를 촉진한 최대의 외생 변수였다.

2) 경제 세계화: 한중 경제무역 협력 가속화

한중 수교 30년 동안 경제무역 분야에서 거둔 큰 성과는 양국의 전략적 협력 동반자 관계를 뒷받침하는 중요한 기반이 되었다. 한중 경제무역 협력이 이처럼 큰 성과를 거둘 수 있었던 것은 산업구조, 기술수준, 투자능력, 인력자원, 시장규모 등에서 상호보완성이 컸기 때문이다. 그러나 이러한 한중 경제 상호보완성이 가장 큰 효력을 발휘할 수 있었던 것은 다름 아닌 '경제 세계화'라는 외생변수가 존재했기 때문이다.

'경제 세계화'라는 단어는 1985년 시어도어 레빗(Theodore Levitt)이 처음 제시했지만 지금까지 공인된 정의는 없다. 국제통화기금(IMF)은 경제 세계화를 '다국적 상품과 서비스 무역의 증가 그리고 기술의 광범위하고 급속한 확산으로 세계 경제의 상호의존성이 증가하는 현상'이라고 정의했다. 또 OECD는 '경제, 시장, 기술, 통신의 형태가 점점 글로벌한 특성을 띠면서 민족성과 지역성이 감소하는 것'으로 정의했다. 이처럼 경제 세계화는 세계적 차원에서 자원과 생산 요소의 합리적 배치와 이동, 과학기술의 확산, 저개발 지역 경제 발전 등에 유리한 인류의 발전을 촉진하는 현상이다.

1990년대 정보기술의 발전은 국경을 허물었을 뿐만 아니라 세계경제를 점차 하나로 통합시켰다. 한중 양국은 경제 세계화와 함께 경제적 상호보완의 이점을 충분히 이용하고 투자, 무역, 기술협력 등 방식을 통해 한중 경제무역 협력의 규모와 수준을 향상시켰다. 중국 측의 통계에 따르면 2020년 한중 양국의 무역액은 3,600억 달러에 달했고, 한국은 미국과 일본에 이어 중국의 세 번째 교역 상대가 되었다. 현재 성장률로 볼 때, 한국은 내년에 일본을 제치고 중국의 2위 교역국가로 올라설 가능성이 있다. 중국은 한국의 최대 교역 파트너이며, 또한 한국의 대중국 무역액은 이미 일본, 미국, 러시아 등 주요국과의 무역액을 합친 것보다 많다. 한중 경제무역의 성취는 경제 세계화와 불가분적 관계라고 할 수 있다.

지역경제 일체화는 세계 경제 발전의 주요 현상으로, 경제 세계화에 발맞춰 끊임없이 발전한다. 지역경제 일체화의 여러 형식 가운데 다양한 차원의 자유무역협정 발전 사례가 주목할 만하다. 한중 양국은 2015년 한중 FTA를 공식 체결했으며, 동시에 아세안 10개국과 한중일 3국의 '아세안+3' 협력체제, 역내포괄적경제동반자협정(RCEP) 등 동아시아 지역경제 일체화 과정에 적극 참여했다. 이 중 RCEP은 세계 절반의 인구와 무역량의 3분의 1을 점유하고 있는 가장 역동적인 발전이 이루어지고 있는 아시아·태평양 지역 최대 규모의 자유무역지대다. 또한 지역경제 일체화는 한중FTA협상의 발전을 더욱 강화하기도 했다.

경제 세계화는 어느 국가도 피할 수 없는 흐름이다. 이에 각국은 경제 세계화에 어떻게 적응하고 적극적으로 참여할지 고민해야 한다. 그러나 현재 세계 경제는 디커플링이 난무하고 첨단기술 및 공급망 분야에서 서로를 배제하는 '탈세계화'라는 도전에 직면했다. 한중 양국은 탈세계화로 인한 피해를 방지하기 위해 경제 세계화 속에서 한중 경제무역협력을 강화해야 한다.

3) 정보기술 발전: 한중 인문교류의 중요한 통로

인터넷 기술은 서로를 연결하고 정보 획득과 전달의 속도를 높이며 사람들의 생활에 변화를 일으켰다. 한중 인문교류에서 정보통신기술은 양국 간 인문교류를 촉진하는 중요한 외생변수가 되었다.

한중 문화교류는 유구한 역사를 가지고 있다. 이러한 우호적 교류는 서로에게 친밀감을 갖게 한다. 한중 수교 30년 동안 인문교류는 양국 관계의 핵심이었고, 인터넷 기술의 발전은 이를 더욱 강화했다. 한국 드라마 '사랑이 뭐길래'부터 '대장금', '겨울연가', '내 이름은 김삼순', '별에서 온 그대'까지 꾸준히 중국 시청자들의 사랑을 받는 등 '한류'가 중국에서 큰 인기를 끌고 있다. 예를 들면 한국 드라마 '태양의 후예'는 중국 동영상 사이트 '아이치이(愛艺藝)'에 공개된 직후 바로 2억 5,000만 뷰를 훌쩍 넘겼다. 이밖에 중국 인민망, 신화망이 한국어 웹사이트를 연이어 개설했고, 한국의 연합뉴스, 조선일보, 중앙일보, 동아일보, 아시아경제 등 주요 매체들도 중국어 사이트를 개설해 양국 국민이 상대국을 이해하는데 많은 기여를 했다.

최근 코로나19로 인해 한중 간 대면 인문교류가 급감했지만 인터넷 기술을 통한 온라인 동영상 등이 빠르게 보급되면서 한중 인문교류의 중요하고도 새로운 통로가 되고 있다.

2. 외생변수의 부정적 효과

한중 수교 30년 동안 양국 관계는 비약적인 발전을 이룩했고, 지역은 물론 세계의 안정과 번영에 중요한 역할을 했다. 그러나 그와 동시에 양국 관계의 발전을 저해하는 문제도 드러났는데, 그중 내생변수에 속하는 어업분쟁, 고구려사, 단오절, 한복 등 문화 논쟁과 외생변수에 속하는 '사드' 배치, 천안함 사건, 북핵 문제, 미중 전략경쟁, 인도·태평양경제 프레임 등이 대표적인 요인이다. 이러한 외생변수는 내생변수보다 한중관계에 훨씬 부정적인 영향을 미치며 정치외교 분야에서 신뢰의 위기를 초래했고, 경제무역과 과학기술 분야에서 공급망 문제를 일으켰으며, 인문교류 분야에서는 양국 국민 간 부정적 인식을 심화시켰다.

1) 정치외교 분야의 부정적 영향

수교 30년 동안, 한중 정치외교 관계에 부정적 영향을 미친 대표적인 외생 변수는 천안함 사건, 북한 핵실험, 주한미군 사드 배치, 미국의 인도·태평양 전략 등이 있다. 그중에서도 2016년 사드 배치는 한중관계에 가장 큰 영향을 미쳤고 아직까지 회복하지 못했다.

한국은 중국의 이웃국가이자 전략적 협력 동반자이면서 또 한편으로는 미국의 전통적 우방국인 만큼 미중 간 전략 경쟁 심화는 한중관계에 중요한 영향을 미쳤다. 최근 몇 년간 미국은 중국을 '전략적 경쟁자'로 규정하고 중국에 대한 억제정책을 펼치며 우방국들에게 중국에 대한 압박과 억제에 동참하도록 촉구한다. 미국은 중국을 견제하기 위해 미국·일본·인도·호주가 참여하는 쿼드 체제를 조직해 한국에 가입을 요청하는 신호를 보내기도 했다. 또 한국을 미국 주도의 공급망 재건에 참여시키고, 한국 기업의 첨단 핵심기술을 중국으로 이전하는 것을 저지했다.

연합뉴스의 보도에 따르면 최근 한국 정부는 사드 기지 정상화를 서두르기로 하면서 기지 환경영향평가 작업을 계획했다고 밝혔다. 미국의 동맹국가운데 한국은 지리적으로 중국과 가장 가까운 곳에 있다. 사드는 레이더 탐지거리가 2,000~3,000km에 이르는 미사일방어 시스템이고, 이는 중국 본토 깊숙한 곳까지 침투하기 때문에 중국의 전략적 안보와 이익을 위협할 수밖에 없다.

이에 중국은 이미 한국의 새 정부에 여러 차례 우려를 표명했다. 6월 10일 웨이펑허(魏凤和) 국무위원 겸 국방장관은 싱가포르에서 열린 이충섭 한국 국방부 장관과의 회담에서 한국 사드 배치에 대한 중국 측의 우려를 표명했다. 싱하이밍(邢海明) 주한 중국대사도 한국 언론과의 인터뷰에서 사드 배치 문제가 한중관계에 영향을 미치기 때문에 중국은 한국의 안보에 대한 필요를 이해하고 한국 또한 중국의 안보에 대한 우려를 이해해줄 것을 요청했다.

미국의 '인도·태평양 전략'은 자유·개방의 가치를 내세워 배타적 공동체를 구축한다. 또 지역 국가들을 강압하고 특정 국가를 상대로 갈등을 부추긴다. 한중 수교 30주년을 맞아 한중 양국은 양국이 이룬 성과를 소중히 여기고 미래 한중관계에 이로운 일을 모색하여 더 넓은 범위와 더 큰 시야에서 양국 관계를 발전시켜야 한다.

2) 경제무역과 과학기술 분야의 부정적 효과

미국의 '인도·태평양 전략'이라는 외생변수가 한중 경제무역과 기술협력에 미치는 부정적 영향이 점차 악화되고 있다. 이처럼 미국의 인태전략은 한중 정치외교 분야뿐만 아니라, 경제무역과 과학기술 분야에서도 중요한 외생변수이다.

미국은 중국과 무역 전쟁을 본격화하는 동시에 반도체·자동차 배터리·

인공지능 등 신흥 과학기술 분야에서 적극적으로 우방국을 끌어들여 협력을 강화하고, 중국을 배제한 '공급망' 체계를 구축하고 있다. 이는 미국이 앞으로 중국에 대한 기술 봉쇄를 더욱 고도화하기 위한 포석이다. 미국이 첨단기술 분야에서 중국과 '디커플링'을 통해 한국에게 양자택일을 강요했고, 한국은 대중국 통상교역, 공급망 협력, 과학기술 협력 등에서 부정적 영향을 받게 되었다. 일례로 한국의 한 유명 기업이 반도체 칩 생산능력 확대를 위해 네덜란드 ASML사의 극자외선(EUV) 노광장비를 구입해 중국 공장으로 옮기려고 했지만 미국 정부가 제동을 걸었다. 이 계획은 한국 정부의 협조 요청에도 불구하고 결국 실패로 끝났다. 중국의 반외국 제재법 공포에 따라 한국도 일단 미국을 따라 중국 기업에 대한 기술봉쇄에 동참할 경우 한중관계는 새로운 갈등을 겪을 수밖에 없다.

윤석열 정부는 미국이 주도하는 '인도·태평양 전략'에 적극 동참하기 시작했다. 한국 정부가 여러 차례 '인도·태평양 경제 프레임'은 개방적이고 특정 국가를 겨냥하지 않는다는 입장을 밝혔지만 미국이 이 틀을 통해 중국을 견제하려는 의도는 매우 분명하다. '인도·태평양 경제 프레임' 규칙이 제정·시행됨에 따라 한중 경제무역과 과학기술 협력은 많은 부정적 영향을 받을 수밖에 없다.

3) 인문교류 분야의 부정적 효과

최근 몇 년간 한중 인문 교류에 가장 큰 영향을 준 외생변수는 바로 코로나19이다. 코로나 사태 이전만 해도 중국은 한국 국민이 가장 많이 찾는 여행지였고, 한국은 중국 국민이 세 번째로 많이 찾는 여행지였다. 한중 간 왕복 항공편은 매주 1,200여 편에 달했다. 또한 코로나 사태 기간 중 양국 정부와 국민이 협력하여, 세계 최초로 '패스트트랙'을 구축해 양국 인원의 왕래를 용이하게 했다. 그러나 코로나 사태는 여전히 인적 왕래에 악영향을 미쳐 양국 간 왕래 인원의 수가 급감했다.

그 외에도 정치외교, 경제무역 및 과학기술 협력 분야에 영향을 미치는 일부 외생변수가 한중 인문교류에 부정적인 영향을 미치기도 했다. 연일 심각해지는 한중 국민 간 부정적 인식이 대표적인 예시이다. 인터넷 기술의 발전은 한중 양국의 인문교류에 큰 편리함을 가져다주는 반면 잘못된 정보가 언론과 인터넷을 통해 유포되어 오해와 반감을 악화시키는 등의 부정적인 영향을 끼쳤고, 심지어 '혐한', '혐중' 등 부정적 정서까지 나타나고 있다.

2022년 베이징 동계 올림픽 개막식과 경기 중 판정 논란, 러시아－우크라이나 전쟁에 가진 한중 국민 간 입장 차이 등은 한중 상호 인식을 악화시켰다. 한국의 여론조사 기관이 2022년 4월 실시한 주변국 호감도 조사에 따르면 한국인의 중국에 대한 호감도는 24.4%로 최근 몇 년 가운데 최저 수준이었는데, 이는 일본에 대한 호감도 29.9%보다도 낮았다. 또 최근 한국에 대한 중국인들의 호감도 역시 눈에 띄게 떨어지고 있다. 국가의 관계는 국민 간 친밀함에서부터 시작한다. 호감도는 국민 간 우호감정의 지표로서 양국 관계 발전에 중요한 역할을 한다. 양국 국민 사이에 날이 갈수록 심해지는 부정적 인식이 한중관계의 건전한 발전에 걸림돌이 되고 있다.

3. 외생변수에 대응하는 정책 제의

한중 양국이 가까운 이웃인 만큼 한중 우호관계를 발전시키는 것은 양국의 이익과 동북아 지역의 평화와 안정에도 도움이 될 것이다. 양국은 한반도 평화 유지와 경제무역 협력, 그리고 인문교류를 기반으로 이익공동체를 형성하고 있으며, 이러한 이익공동체는 한중관계의 주춧돌이 되었다. 외생변수의 영향과 충격에도 불구하고 양국의 공통 이익에는 근본적인 변화가 없다. 이를 바탕으로 다음과 같은 몇 가지 제안을 제시하고자 한다.

첫째, 한·중관계 발전에 도움이 되는 외생변수를 적극 활용해야 한다. (아세안+3 협력체제, RCEP 등 역내 경제협력)

둘째, 한중관계 발전에 불리한 외생변수에 대해 양국이 함께 극복하여 부정적 영향을 최소화해야 한다.(미중 전략 경쟁, '인도·태평양 전략', '사드' 문제, 코로나19 사태 등)

셋째, 정치외교 분야에서 한중 정상외교의 지도적 역할을 더욱 강화하고 양국의 정치적 신뢰를 지속적으로 강화해야 한다. 한국은 미국과의 동맹에 신중하게 대응하고 한미동맹에서 일정한 주도권을 확보해 정책의 일관성을 유지해야 한다. 대중관계는 '중국의 핵심 이익을 침범하지 않는' 정책 마지노선을 확보해 미중 전략경쟁에서 한국의 전략적 균형을 유지해야 한다.

넷째, 경제무역과 과학기술 분야에서 한중 양국은 실질적 협력을 더욱 강화해야 한다. 양국은 한중 자유무역지대의 질적 고도화와 한중일 FTA 협상 추진, 글로벌 기후변화 대응, 글로벌 공중보건, 글로벌 금융안정 등 다양한 영역에서 적극적으로 협력을 강화해야 한다.

다섯째, 인문사회 분야에서 한국과 중국은 양국 국민 간의 상호 이해와 우호적 감정을 더욱 깊게 해야 한다. 이를 위해 한중 인문사회교류 전략대화 체제의 등급을 한 단계 높이고, 장기적 발전을 위한 인문사회 교류와 협력 제도화를 추진해야 한다. 아울러 인문교류의 새로운 채널, 내용 그리고 방법을 적극적으로 개발하고, 양국의 학술, 문예, 민속, 체육 등의 분야에서 교류와 협력을 더욱 확대하여 한중 인문교류의 수준을 지속적으로 향상시켜야 한다. 그리고 양국 언론은 교류와 협력을 더욱 강화해 한중 전략적 협력 동반자 관계의 심화 발전을 위해 적극적이고 건전한 역할을 수행해야 한다.

동북아 안보 아키텍쳐와 한미일 삼각관계

천자현(千慈賢)*

1. 서론

2020년에 접어들며 동북아시아 지역은 전환기의 국제질서를 경험하고 있다. 21세기 중국의 부상은 예상보다 훨씬 빠른 속도로 진전되어 왔고, 그에 반해 20세기 국제질서의 리더인 미국의 쇠퇴 속도는 더 빨라 보이기 때문이다. 중국은 '어둠 속에서 조용히 힘을 기르겠다'는 과거의 소극적 담론에서 벗어나 '적극적 방어' 전략을 표방하며 미국과 '신형대국관계'를 당당히 논의할 것을 선언하였다. 중국 외교정책의 이와 같은 변화는 미국과의 관계를 비롯하여 향후 동북아시아 질서의 지형을 변화시킬 주요 요인으로 부각되고 있다.

과거 키신저(Henry Kissinger) 질서의 미국은 '경쟁은 피할 수 없으나, 충

---

* 연세대학교 국제관계학과 교수.

돌은 대안이 아니다'라는 관점으로 중국과의 관계 설정을 시도하였다. 일부 공세적 현실주의자들이 주장하는 중국 봉쇄 정책은 성공할 수 없으며, 이는 아시아 문제에 대한 중국의 심각한 저항을 초래하고 충돌 가능성을 높인다는 측면에서 바람직하지 않다고 관측해왔던 것이다. 따라서 키신저는 아시아·태평양 지역에서 미국과 중국이 상호 존재를 인정하고 타협하는 공진(co-evolution)의 과정을 밟아나갈 것을 제안한 바 있다. 또한 미중 간 양자적 차원에서 상호 이해 조정 기제를 구축하고, 태평양 공동체와 같은 보다 포괄적인 틀의 질서 차원에서 미중이 상호 협력할 것을 제시하기도 하였다.

그러나 트럼프 정부의 일련의 정책적 결정들──동맹국에 대한 안보 부담 증대, 환태평양 경제동반자 협정 탈퇴, 파리 기후변화협약 탈퇴, 중거리 핵전력조약탈퇴 등──은 자유국제주의 질서의 쇠퇴를 촉진시키는 계기가 되었다. 이어서 전 세계를 휩쓴 COVID19 팬데믹(pandemic)으로 세계는 국경을 봉쇄하고 자국중심주의, 진영주의 국제정치에 매몰되어 가고 있다. 이러한 국제정치적 배경하에서, 한국·미국·일본은 새 정부를 맞이하며 전임 행정부와는 조금씩 다른 외교정책을 표방하고 있다. 특히, 미국 바이든 대통령의 한미일 삼국 협력 추진 기조에 따라 군사·안보 협력의 가능성을 타진해가고 있는 것이 현재의 동북아시아 상황이다. 이에 본 연구는 미국의 바이든 정부와 한국 윤석열 정부의 동맹 및 안보 정책을 검토하고, 한일관계의 현안을 검토하여 한미일 삼각 협력의 가능성을 타진해볼 것이다. 끝으로 안정적·평화적 동북아 안보 질서를 위한 세 가지 대안──비전통 안보 협력, 다각적·다차원적 유연한 네트워크 추진, 한중일 삼국 협력 촉진──을 제시할 것이다.

2. 미국의 동맹정책

미국의 동맹정책이자 아시아 정책은 '인도-태평양 전략(Indo-Pacific Strategy)'으로 설명할 수 있다. 2019년 6월 1일, 미국방부는 '인도-태평양 전략보고서: 준비태세, 파트너십과 네트워크화된 지역(Indo-Pacific Strategy Report: Preparedness, Partnerships. and Promoting a Networked Region)'을 발표하였다.[1] 인도-태평양 전략은 지리적으로 미국·유럽 중심에서 아시아·태평양 지역을 포함한 인도양 지역으로 국제정치와 세계경제의 중심이 이동하고 있는 세계적 추세를 반영한 미국의 대전략(grand strategy)으로 분석된다. 이러한 전환은 이미 오바마 정부 시기의 아태 재균형(rebalancing strategy toward Asia-Pacific) 정책, 혹은 피봇투아시아(Pivot to Asia)로 나타났다.[2] 그리고 이러한 전략의 변경에는 아시아의 부상, 더 구체적으로는 중국의 부상이 그 배경에 자리하고 있었다. 한편, 미국의 군사 전략 자산을 아태 지역으로 전환하려는 구상도 함께 논의되었다. 이는 중국의 부상을 견제하기 위한 조치로 군사력의 60%를 2020년까지 아시아에 집중적으로 배치하며, 특히 인도양에 근접한 호주의 브리즈번과 퍼스, 인도양의 코코스섬, 필리핀

---

1) 미 국무성은 '인도-태평양 구상'(initiative)이라는 보다 완화된 단어를 선택하였으나, 국방부는 전략(strategy)을 선택하였다. 2017년 이후 인도-태평양은 미국의 주요 외교 및 국방 전략의 하나로 국방부가 보는 '자유롭고 열린 인도-태평양'(free and open Indo-Pacific)의 지리적 범위는 미국의 서해안에서 출발해 인도의 서해안까지를 포함한다. '자유'는 지역 차원에서 국가의 주권 존중을, 국가 내에서는 좋은 거버넌스(governance)와 개인의 권리 및 자유 보장을 뜻한다. '열린'(open)이란 형용사는 전략적으로 항행과 비행의 자유, 분쟁의 평화적 해결, 경제적으로는 투자 개방성과 투명한 합의에 기반한 공정(fair)하며 상호적인 무역을 내용으로 한다.

2) 오바마 행정부는 2011년 당시 힐러리 클린턴 국무장관이 발표한 「미국의 태평양 세기(America's Pacific Century)」라는 글을 통해 21세기 미국 외교안보 정책의 중심이 아시아-태평양으로 넘어올 것을 천명한다. 동시에 아시아-태평양 전략의 6원칙으로 동맹강화, 중국을 비롯한 신흥국들과의 관계 강화, 자유무역질서의 강화, 다자주의 협력, 무력의 전진 배치를 통한 군사 주둔 강화, 민주주의와 인권의 신장을 제시한다.

등에 해병대를 순환 배치시키겠다고 선언하였다. 그러나 당시에는 중국과의 갈등과 경쟁 요소를 인정하면서도 시장 경제와 자유무역에 입각한 상호 의존과 지구적 차원의 문제 해결을 위해 함께 협력해 나갈 것을 강조하였다는 점에서 최근의 대립적 분위기와는 다른 기조였음을 알 수 있다.

전임 트럼프(Donald Trump) 행정부 시기는 인도－태평양 전략이 구체화되는 시기였다. 인도－태평양 전략의 특징은 첫째, 미국의 여전한 아시아 개입, 둘째, 힘을 통한 평화 재확인, 셋째, 미국·일본·인도·호주 4개국을 중심으로 한 자유민주주의 중심의 연합 네트워크 구축, 넷째, 아세안 국가와 한국, 대만, 싱가포르, 뉴질랜드의 참여와 네트워크 확장 시도, 다섯째, 해상뿐 아니라 해저, 공중, 사이버상의 포괄적인 안보 능력 결합으로 분석된다. 중국의 부상에 따라 역내 미국의 패권 유지를 위한 적극적 전략을 고안하게 된 것이다.

2021년에 취임한 바이든(Joe Biden) 대통령은 인도－태평양 전략을 이어가는 한편, 전임 행정부의 미국 우선주의(America First)로 인해 약화된 미국의 글로벌 리더십 복원 추진에 외교적 역량을 쏟고 있다. 전통적 동맹의 복원 및 강화를 대외정책 기조로 한국, 일본, 호주, NATO 등 기존 동맹관계를 바탕으로, 미국·일본·인도·호주의 4자 안보협의체인 쿼드(Quad)와 미국·영국·호주 3자 안보협의체인 오커스(AUKUS) 등 새로운 소다자 협의체들(minilaterals)을 고안해내고 있다. 동맹정책 전반에서 자유, 인권, 법의 지배 등 민주주의적 가치를 공유하는 동맹 및 우방국들과의 협력을 강조하면서 가치와 이념을 기반으로 하는 진영의 형태로 확대해가고 있는 것이다. 2022년 2월 11일, 바이든 행정부에서 발표한 "미국의 인도·태평양전략(Indo-Pacific Strategy of the United States)" 보고서 역시 한국, 호주, 일본, 필리핀, 태국 등 인도·태평양 지역 내 미국의 조약동맹국들과 우방국들과의 공동 대응을 강조하고 있다. 특히, 미국의 동맹국들 간 동맹 네트워크 내 상호 협력을 강조함으로써, 이들이 지역 내에서의 역할을 스스로 강화할 수 있도록 지원하겠다는 의지를 비쳤다.

3. 한국 신(新)행정부의 동맹 정책

2022년 5월 10일 취임한 윤석열 행정부의 동맹 정책은 취임 후 열흘 만에 방한한 바이든 대통령과의 정상회담 결과들의 분석으로 예상해볼 수 있다. 핵심 성과로는 "첫째, 글로벌 포괄적 전략동맹 비전을 확인했으며 보편적 가치, 인권을 포함한 세계 안보·번영·평화라는 한미 동맹을 구현했다는 점, 둘째, 대북 억제를 위해 2018년 이후 중단됐던 고위급 확장억제전략협의체(EDSCG) 재가동, 셋째, 경제 안보 기술 동맹의 구축으로 NSC(국가안전보장회의) 간 '경제 안보 대화'의 신설, 넷째, IPEF(인도태평양 경제프레임워크) 참여 공식화 등 인도·태평양 지역과 국제 현안에 있어 한국의 역할 확대"를 꼽고 있다. 이 중 신설된 IPEF는 바이든 행정부가 중국을 견제하기 위한 인도·태평양 전략의 핵심 정책으로 추진해온 경제협력체로, 디지털 경제 등 공정무역, 공급망 회복, 탈(脫) 탄소 청정에너지, 조세·반부패 등 4개의 축(pillar)으로 이뤄질 것으로 알려져 있다. 미국을 비롯해 한국과 일본, 호주, 뉴질랜드, 싱가포르, 필리핀, 말레이시아 등이 참여를 확정했고 역내 경제적 영향력 확대를 도모할 것으로 보인다. 특히, 북대서양조약기구(NATO) 식 '오픈도어'(open door, 개방) 정책을 도입할 것으로 알려져 있어, 아시아 국가들에 참여 문호를 더 열겠다는 의지의 표출로 해석되고 있다.

한편, 한미 정상회담의 결과물인 공동성명을 통해 한미 동맹이 군사·안보적 협력뿐 아니라 첨단기술·공급망 등 경제 분야, 반부패, 인권 증진 등 가치와 규범의 영역까지 확대되었음을 알 수 있다. "민주주의와 규범에 기반한 국제 질서 촉진, 부패 척결 및 인권 증진이 양국 공동의 가치"라고 선언하고, "공동의 민주주의 원칙과 보편적 가치에 맞게 기술을 개발, 사용, 발전시킬 것을 약속"하고 있다. 특히, 중국이 그동안 내정간섭이라고 반발해온 인권 문제가 처음 등장했다는 점이 눈에 띈다. "인도-태평양 지역의 인권 상황에 관한 상호 우려를 공유하면서 전 세계에서 인권과 법치를 증진하기로 약속했다"는 내용이 공동선언문에 포함된 것이다. 인권 문제는 2021년 문재인 행정부의 한미 정상 공동성명에는 없었던 내용으로 한국 신행정부가 향후 미국과 규범적 측면에서 궤를 같이 할 것으로 예측되는 부분이다.

4. 한미일 삼각관계와 한일관계 현안

바이든 행정부는 출범 이후 지속적으로 한미일 3국 협력의 중요성을 강조해오고 있다. 2021년에는 한미 2+2 회의, 미일 2+2 회의, 한미 정상회담, 미일 정상회담을 연이어 개최하며 3국 협력의 필요성을 강조해왔으며, 2022년 발간된 "미국의 인도·태평양전략" 보고서에서는 한일관계 강화의 필요성을 명기하고 있다. 이와 함께 10개의 행동 계획(Action Plan)에서도 일곱 번째 항목에서 한미일 협력의 확대를 꼽고 있다. 한편, 지난 3년 사이 미 의회에서 3국 공조의 중요성을 재확인하는 결의가 세 차례나 채택되었다는 점도 그 중요성을 의미하는 대목이다. 2019년 4월, 미 상원은 한미일 3국 간 유대와 공조의 중요성을 재확인하는 결의를 채택했고, 이어 하원도 같은

해 9월 상원과의 동반 결의를 채택하였으며, 한일 군사정보보호협정(GSOMIA)을 유지하기 위해 한국 정부의 결정 철회를 촉구하는 결의안을 신속 채택하였다. 특히, 지소미아와 관련하여 2019년 북한의 미사일 도발을 언급하며, "이런 시기에 지소미아 효력이 중단되는 것은 미국의 국가 안보에 직접적으로 해를 끼친다"고 강조하였다. 이를 통해 한미일 협력이 미국의 국익과 직결된 외교 전략으로 인식되고 있음을 알 수 있다.

이와 같은 미국의 동력에 의해 2022년 2월 12일에는 하와이에서 한미, 한일 외교장관 회담과 함께 한미일 외교장관회의가 개최되었다. 경색된 한일 관계로 인해 2017년 2월 회담 이후 개최되지 못하다가, 미국의 드라이브로 5년 만에 한미일 외교장관 회의가 개최되었고, 그 결과로 공동성명이 발표되었다. "다양한 지역 및 글로벌 안보·경제적 우선순위에 걸친 협력과 공조"를 확대하고 "공유된 가치와 역내 평화, 안정 및 번영에 대한 열망에 기초한 한미일 3국 협력에 대한 공약을 재확인하면서, 정례적인 3국 협력을 지속해 나갈 것"임을 발표하였다.

상기한 바와 같이 한미일 3국 협력이 근래에 와서 조금씩 진전되는 듯 보이지만, 그동안 악화일로를 걷던 한일관계를 고려했을 때, 양국 관계의 전환(transformation)이 미국의 기대처럼 쉽지만은 않은 것이 사실이다. 현재 한일관계의 가장 큰 두 가지 현안은 '위안부' 문제와 강제징용 판결이다. 2015년 「한일 일본군 '위안부' 피해자 관련 합의」를 통해 '위안부' 문제의 "최종적" 해결을 시도하였으나, 피해당사자들의 반발과 절차적 정의에 대한 비판, 여론의 악화로 인해 유명무실한 상황이다. 한편, 2017년 강제징용 대법원 판결 이후, 화이트 리스트 배제와 같은 일본의 무역 보복, 초계기 위협 비행 등의 사건이 연이어 발생하였다.[3] 또한 한일군사정보보호협정(GSOMIA, General Security of Military Information Agreement) 역시 일본과 군사 정보를 공유한다는 것에 대한 한국 사회의 강한 거부감으로 의해 쉽게 해결되지 못하고 있는 상황이다.

한일관계의 해결이 어려운 것은 역사의 부정의(不正義)에서 비롯된 문제들이 무역 보복과 같은 경제 문제, 나아가 안보 문제까지 연계되는 중층성 때문이다. 이전까지는 한일 간 역사문제가 첨예하게 대립하고 있는 상황에서도 경제 협력은 원활하게 이루어졌다. 정냉경열(政冷經熱), 아시아 패러독스(Asia Paradox)[4]라는 표현들이 등장하게 된 것도 이러한 이유에서였다. 민감한 사안인 역사 문제와 경제 협력을 투-트랙(two track)으로 접근하는 외교 전략이 활용되었던 것이다. 그러나 2018년 이후의 한일관계는 역사, 외교, 경제, 안보가 복잡하게 얽혀 있어 풀어야 할 숙제가 많은 상황이다. 한일 간 역사 갈등은 양국의 외교, 사법, 정치의 영역을 지배하며 현재진행형의 양상을 보이고 있는 것이다.[5]

미국 역시 한일 간 역사적 갈등의 심각성에 대해 인지하고 있다.[6] 특히, 아베 총리 재임기 동안 두 동맹국의 관계가 악화되어 한미일 삼각협력이 저해되었다고 분석하고 있다. 그러나 역사 문제에서 기인한 한일 간 불화를 해결하기에 미국이라는 제3국의 역할은 한계에 직면한 것으로 보인다.[7] "한국과 일본이 충분히 협력하지 않으면 미국도 덜 안정적일 수 있다"며 한일관계 개선의 중요성을 강조하면서도, 미국이 직접 관계 개선을 중재하는

---

3) 천자현, 「한·미·일 삼국협력의 변화−국가의 기억과 협력의 제도화를 중심으로」, 『동서연구』 제33권 4호 (2021).

4) 동아시아에서 경제 분야의 복합적 상호의존이 심화되고 있는 상황과 반대로, 정치·안보 분야의 갈등이 증가하는 현상을 의미한다.

5) 천자현 (2021), p.287.

6) "We have historical issues between South Korea and Japan. I recognize them but we also have the importance of having a close relationship with those two countries..." 주한 미국대사 인준청문회에서 밥 메넨데즈 상원 외교위원장 발언.

7) 천자현 (2021), p.275.

것에 대해서는 부적절하다고 판단하고 있다. 양국이 스스로 관계를 개선할 수 있어야 한다는 입장인데, 이는 과거 오바마 행정부의 중재 '실패' 경험에서 비롯된 판단으로 분석된다.[8]

과거의 교훈과 현재 한일 간 첨예한 현안들을 고려했을 때, 미국이 구상하는 삼각동맹 수준의 한미일 협력은 가까운 미래에 실현될 가능성이 높아 보이진 않는다. 한일 간 역사 문제에서 비롯되는 상호 불신과 위협 인식의 근본적인 해결이 이루어져야 군사·안보의 측면에서도 제도화된 협력이 가능하기 때문이다. 따라서 미국도 성급하게 삼국 군사·안보 협력을 추진하기보다는 한미일 안보 협력의 목표와 범위에 대한 한국과 일본의 전략적 견해차를 인정하는 자세로 접근할 필요가 있다. 한편, 한국 정부는 한미일 협력 메커니즘이 동북아 지역 질서의 안정에 기여하고 있음을 원칙적으로 인정하고 협력 의제를 개방적으로 논의할 수 있는 열린 자세가 필요하다. 이와 함께 일본 정부는 한일 간 신뢰 회복 조치에 호응하고 현재 납북자 문제에만 초점을 맞추고 있는 대북 정책의 다각화를 위한 노력이 필요하다.[9]

5. 결론

지난 2년여 COVID19 팬데믹 대응에 주력을 다하던 국가들은 이제 '포스트 코로나' 시대를 대비하여 경제 회복과 사회 안정화를 목표로 하고 있다. 그동안 팬데믹 대응에 있어서 '각자도생'과 같이 자국중심주의 양상이 뚜렷

---

8) 2015년 '한일위안부합의' 과정에 미국이 중재 혹은 관여한 것으로 알려져 있다.
9) 「한반도 평화프로세스와 한미일 안보협력: TCOG 사례 연구와 시사점」, 『INSS 전략보고』 145호 (2021.11).

했으나, 포스트 코로나 시대는 글로벌 차원에서 국제협력으로 극복해나가야 한다는 목소리가 높아지고 있다. COVID19로 인한 피해 극복 과정에서 비전통 안보위협에 대한 대응역량을 강화하기 위해 국제협력이 필수불가결한 요소이기 때문이다. 이와 같은 국제질서의 변화를 고려했을 때, 동북아시아 지역의 안정화를 위한 세 가지 정책적 대안을 제시하고자 한다.

첫째, 한미일 삼각협력 역시 비전통 안보에서부터 접근할 필요가 있다. 이를 통해 한일관계에서 비롯되는 저항을 낮출 수 있고, 주변국 특히 중국의 우려를 불식시킬 수 있기 때문이다. 점진적으로 아젠다를 확대하고 협력의 범위를 넓혀 나가는 접근은 한국과 일본 국내에서 예상되는 반발을 최소화하고, 중국을 설득할 수 있는 공간을 확보할 수 있다는 장점을 갖는 것이다. 4장에서 서술한 바와 같이, 당장 높은 수준의 군사 협력으로 확대하는 것은 한일관계의 현안과 국민 정서를 고려했을 때 쉽지 않은 일이다. 그러므로 기존에 시행되던 국방협력을 복원하고, 비전통 안보 분야에서부터 삼각 협력을 도모한다면, 한일 간 현안에 대해 자연스럽게 논의할 수 있는 대화 채널이 열릴 수 있을 것이다.

둘째, 다각적이며 다차원적 네트워크 추진이 필요하다. 국제관계는 독점적 관계가 아니기에, 필요에 따라 다양한 협력 구도를 형성하는 유연성은 외교 전략의 핵심 요소이다. 한미일 삼각 협력과 함께 한국－미국－호주, 한국－미국－아세안 등 필요에 따라 혹은 이슈에 따라 소다자 협의체를 구성할 수 있는 네트워크가 필요하다. 이러한 외교 다변화는 미중 전략경쟁 구도 속에서 미중의 압박을 완화시키는 완충 역할을 할 수 있을 것이다.

끝으로, 동북아 지역에서는 한중일 삼국협력도 중요한 협력의 축이라는 점을 기억할 필요가 있다. 한중일 3국은 저출산, 고령화, 환경 문제 등 공통의 사회문제를 안고 있으며, 이를 위해 보건·과학·의학 등 협력할 수 있는 범위 역시 매우 넓다. 특히, 유럽의 불안정과 미국의 진영화 구도 속에서 동북아 지역 국가들은 이들의 영향을 최소화하고 취약성을 극복하기 위한 자생력이 필요한데, 이를 위해 한중일 삼국 협력이 중요한 역할을 할 수 있기 때문이다. 한중일 3국이 이끄는 동아시아 경제는 유럽연합(EU)과 북미 지역의 뒤를 잇는 세계 경제의 주요 축이므로[10] 이러한 역량을 십분 발휘하여 안정적인 동북아시아 지역질서의 구축을 기대하는 바이다.

---

10) 천자현, 「지방분권화 시대의 한중일 협력과 지방정부 간 교류」, 『통일연구』 제23권 제1호 (2019), p.158.

동북아 안보정세 변화와 한미일 삼각관계

궁커위(龔克瑜)*

100년 만의 대 변화에 코로나19 사태, 러시아와 우크라이나의 충돌이 겹친 상황에서 미중 전략경쟁이 격화되고, 북한의 군사력 향상, 한국의 대통령 교체라는 지역적 요인이 함께 작용하는 가운데 다양한 힘의 주체들이 안보관계에서 서로 연결되고 상호작용하면서 동북아 안보정세는 끊임없이 변화하고 조정되고 있다. 특히 미국 바이든 정부의 출범 이후 동맹관계를 중시·강화하여 동북아에서 한국 및 일본과의 동맹을 강화함에 따라 한미일 삼각관계가 급상승하는 양상을 보이면서 중국을 비롯한 지역 국가들의 관심이 높아지고 있다.

* 상하이국제문제연구원 아태연구센터 부주임.

1. 동북아 안보정세의 새로운 변화

동북아시아 지역은 유라시아 대륙판과 해양지리전략구의 결합부, 또 두 개의 지리적 힘과 갈등이 모이는 지역으로서 줄곧 세계 강대국들이 가장 치열하게 맞붙는 지역 중 하나이자 지정학적 갈등과 이해 충돌이 가장 집중되는 지역 중 하나다. 최근 몇 년 동안 국제적 지역적인 복합적인 요인으로 동북아 안보정세에 새로운 변화가 나타나고 있다.

1) 국제적 배경의 변화

세계는 지금 '뷰카(VUCA)' 시대에 놓여 있다. volatility(변동성), uncertainty(불확실성), complexity(복잡성), ambiguity(모호성)의 네 단어 머리 글자를 딴 약자로 전 세계적으로 변화무쌍하여 예측할 수 없는 시대를 일컫는다.

미중 전략경쟁에서 바이든 정부는 트럼프의 경제정책을 계승하고 글로벌 산업체인 재편을 가속화해 글로벌 무역과 생산분야에서 '중국과 디커플링(de-coupling China)'을 하고 있고, 또 바이든은 미국의 민주적 가치관을 강조하며 이념으로 진영을 나누고 동맹체제 복원과 강화를 통해 인도태평양 전략을 실시함으로 중국에 맞서고 있다. 동북아 지역은 미중 전략이 격화되고 신냉전 구도가 고착화되면서 미중이 협력하여 북한 문제를 해결하는데 불리해지고, 한반도는 양국 갈등의 각축장으로 전락할 수 있다.

2019년 시작된 코로나19 팬데믹은 이미 전 세계 5억 명 이상의 인구를 감염시키고 600만 명이 넘는 사망자를 내면서 1918년 치명적인 독감이 발발한 이후 가장 심각한 팬데믹이 되었다. 특히 코로나 사태는 한때 모든 국제무역과 여행을 중단시켰고 전 세계적으로 거대한 영향을 미치면서 글로벌 산업체인, 공급망이 위험에 처했고 남북 격차, 회복 분화, 발전 단절, 기술 격차 등의 문제가 두드러졌다.

러시아와 우크라이나의 충돌은 2022년 2월 24일 러시아의 우크라이나에 대한 특별 군사행동으로 1945년 이후 유럽 최대의 전쟁을 불러 일으켰고, 북대서양조약기구가 단결하여 러시아에 전례 없는 제재를 가하면서 세계 에너지와 식량 공급에 급격한 동요가 나타났다. 러시아−우크라이나 위기의 파급효과가 뚜렷하고, 글로벌 차원의 대립이 동북아 안보 정세와 질서에 그대로 투영되면서 한반도는 강대국 대결의 냉전 구도로 돌아갈 수 있다.

2) 지역 안보정세 변화

북한의 군사력은 최근 몇 년간 북한의 핵미사일 능력이 꾸준히 향상되어 올해 이미 대륙간탄도미사일(ICBM)과 잠수함발사탄도미사일(SLBM), 극초음속 미사일 등 시험발사를 20차례 가까이 실시했고, 러시아−우크라이나 위기는 북한에 핵무기가 없는 종국을 의식하게 함으로 핵 폐기를 더욱 어렵게 만들었다. 문재인 정부가 과거 거의 모든 외교력을 대북관계 개선에 집중했던 만큼 돌파구가 마련되지 않은 상황에서 지금 북한은 '국제 제재', '코로나 사태', '기근과 수해'라는 세 가지 시험에 직면하였고, 한반도는 또한 '북미 비핵화 협상 중단', '남북관계 정체', '북한 스스로의 고립'이라는 3중고에 직면해 있다.

한국의 새로 취임한 대통령 윤석열은 한국 보수진영의 전통사상을 계승해 전통적 가치와 질서를 강조하고 한미동맹을 공고히 하는 것을 중심으로 하는 전략구상을 제시하였는데, 남북관계, 한중관계 등에 비교적 큰 영향을 미칠 것으로 보인다. 현재 상황으로 볼 때, 윤석열 정부는 문재인 정부의

'전략적 모호성'을 버리고 대미 일변도의 외교정책을 취하고 있다. 즉 첫째, 동맹의 범위를 확대하고 있는데, 한미동맹의 양자에서부터 지역으로, 나아가 전 세계적 차원으로까지 확대될 것이다. 둘째, 동맹 분야를 격상시키고 있으며, 전통적 안보에서 경제 문화, 기후, 공중보건 등에까지 확장시키고 있다. 셋째, 동맹 관계를 보강하여 미국 주도의 민주정상회의, 인도·태평양 전략에 적극적으로 참여하고 있다.

동맹을 중시하는 바이든 정부 대외정책의 핵심은 트럼프와 달리 '다자주의+동맹+국제질서'의 삼위일체다. 바이든의 첫 인도-태평양 순방의 방문국은 한국과 일본이었으며, 방문 기간 동안 미국은 핵과 재래식 및 미사일 방어능력을 포함한 모든 가용 범위 내의 방어 역량을 사용하여 한국과 일본에 대한 안보 공약을 이행할 것이며, 연합군사훈련의 범위와 규모를 확대하여 북한을 억지하고, 한미와 한일 양측의 '군사정보보호협정'(GSOMIA) 통합을 통해 삼국의 정보 공유를 개선하여 북한과 중국에 대한 군사정보협력에 대한 정보 공유를 강화함으로 한미일 3자 안보협력을 크게 향상시킬 것임을 거듭 밝혔다. 이를 바탕으로 미국은 한미, 미일 등 양자 동맹체제를 통합하여 한국·일본의 두 닻—미국·영국·호주의 3자 안보협력—미국·일본·호주·인도의 4자체제(Quad)—미국·영국·캐나다·호주·뉴질랜드의 '파이브 아이즈(Five Eyes Alliance)'로 '2-3-4-5'를 위주로 하는 인도-태평양 안보 틀을 구축하여 '인도-태평양 전략보고서'를 실행에 옮길 수 있다.

2. 한미일 삼각관계의 발전

냉전 기간 내내 동북아 지역에서는 대체로 미국과 일본, 한국을 한 쪽으

구동존이(求同存異)와 화이부동(和而不同)의 한중관계

로 하는 남3각, 중국과 러시아, 북한을 다른 한 쪽으로 북3각이라고 하는 두 개의 삼각 동맹 구도가 형성되었다. 이는 대체로 같은 정치 제도와 이념에 기초한 전략적 동맹관계다. 이 중 남3각은 한미 동맹과 미일 동맹의 두 틀이 지탱하고 있으며, 공식적으로 동맹을 맺지 않은 한일관계도 미국이라는 공동의 동맹국을 통해 안보 협력 관계를 형성하고 있다.

6·25전쟁 종전 후 한미가 체결한 공동방위조약은 한미 군사동맹 관계의 토대를 마련했다. 한국이 보기에 미국과의 동맹은 외교의 '기축'이자 핵심이다. 대외관계에서 한국은 미국을 '동일한 민주주의와 인권의 가치를 가진 국가'이며 '안전을 보장해주는 동맹국과 경제무역 왕래의 중요한 동반자'로 본다. 미국은 동북아 중심에 있는 한국의 전략적 위치가 미국의 전략적 목표를 실현하는데 유리할 것으로 보고 있다. '균형자'이자 '교두보'인 한국으로 인해 미국은 동북아 지역의 힘의 균형을 유지하면서 지역 리더십을 더욱 도모할 수 있다. 한미 동맹은 '북한의 위협'에 맞설 수 있을 뿐 아니라 중국과 러시아 등 지역 강대국의 힘도 견제할 수 있다. 브레진스키는 저서 『거대한 체스판』에서 한국을 미국의 이익에 가장 중요한 5대 지정학적 중심국 중 하나로 꼽았다.

소련이 해체되고 냉전이 종식된 후로 미국은 세계 유일의 초강대국으로서 세계를 자신의 지도력과 통제 아래 두려는 신패권주의를 곳곳에서 펼쳤다. 미국으로선 '아시아·태평양 문제에 대한 주도권을 유지 강화하고 미국 주도의 대국 균형을 확보하는 것'이 아시아·태평양 전략의 핵심이며, 동북아는 더욱이 주목하는 중점 지역 가운데 하나다.

미국의 부단한 노력으로 동아시아의 동맹국인 한국, 일본, 호주 등은 수평적 군사연계를 잇달아 강화하였고, 과거 동맹국과 미국의 양자 간 허브 앤 스포크 시스템(hub-and-spoke system)은 다각적이고 서로 얽혀진 미국 위주 군사동맹 체제로 점차 발전했다.

냉전 종식은 동북아 안보정세에 구조적인 변화를 가져왔다. 그러나 남북한과 주변 4대국의 '교차 승인'이 완성되지 않았고, 한반도 '정전체제'의 평화체제 전환은 진전되지 않았으며, 북한의 핵과 미사일 문제는 지역의 긴장 상태를 더욱 고조시켰다. 미국은 한·일 안보대화와 협력 촉진을 통해 한미일 3각 동맹을 형성하고 동북아 지역의 정치 안보 틀에서 주도적인 지위를 점하고자 한다. 사실 미국의 유럽 동맹체제와 달리 미국의 동아시아 동맹체제는 여러 개의 양자 동맹체제로 형성되어 있고, 한국과 일본 간의 안보 협력은 극히 미미하다.

냉전 종식 이후 미국의 재촉하에 한일 간 안보협력은 획기적인 진전을 이루었다. 안보대화에 관해서는, 일찍이 1979년 한일 양국이 한일 의원안보협의회를 만들었지만 80년대 내내 형식적으로 존재하였고, 냉전 이후로 진정으로 기능을 발휘하면서 양국 참모총장의 단계적인 의례적 상호방문이 성사되었고, 1995년부터는 상호방문이 실질적인 내용을 담기 시작했다. 양국은 유엔 평화유지 훈련을 위한 연합 훈련과 수송기 공동사용을 고려하기 시작하여 1997년에 이르러 참모총장의 상호방문을 상설 참모총장 회담으로 발전시켰고 국방장관급 회담으로 격상시키기 위한 노력으로 1999년에는 양국의 국방장관이 회담을 진행하였다. 안보협력에 관해서는, 1994년 한국 공군과 일본 항공자위대 사이에 핫라인이 설치되었고, 1999년에는 양국 해군이 합동 군사훈련을 실시하였으며, 제3국 선박의 영해 진입과 북한의 미사일 발사 시 정보 공유와 연합행동을 취하기 위해 한국 국방부와 일본 방위청 사이에 핫라인이 설치되는 방안을 검토하기 시작했다. 이와 함께 한미일 3각 안보협력도 모양을 갖추기 시작했다. 1998년 상반기에는 '한미일 안보정책협의회'가 출범하였고 그해 6월과 9월 각각 도쿄와 워싱턴에서 두 차례 회의가 열렸다. 1998년 북한의 '대포동 1호' 발사 이후 한미일 3국은 3국 '공조체제'를 통해 북한의 추가 미사일 시험발사를 저지하기 위한 일련의 셔틀외교를 함께 펼쳤다.

1999년 한미일 3자 안보대화와 협력에 획기적인 진전을 이루면서 '한미일 대북정책조정감독그룹(Trilateral Coordination and Over-sight Group: TCOG)'이 공식 출범했다. 이 협의체는 매년 몇 차례 회의를 열어 한반도 남북문제 발전과 북한의 안보행태에 대해 논의한다. 2002년 북한 핵문제가 다시 발발한 이래 한미일 3국은 이 체제를 통해 잦은 협상을 벌여왔고, 이는 미국이 동맹체제를 이용해 한반도 안보문제를 해결하는 하나의 플랫폼이 되었다.

특히 이명박의 집권과 미국의 강력한 중재로 한미일 '철의 삼각동맹'이 뚜렷하게 강화되었다. 2011년 1월 10일 김관진 국방장관은 기타자와 도시미(北沢俊美) 일본 방위상과 회담을 갖고 안보·방위 협력을 강화하는데 서로 합의하고 국방장관급·차관급 회담을 매년 번갈아 개최하기로 결정했다. 양측은 또 물자용역 '상호군수지원협정(ACSA)'과 '군사정보보호협정(GSOMIA)' 체결 협상도 시작하기로 합의했다. 한일 군사협력협정이 체결된 것은 한일 간에 달성한 첫 군사협정이다.

김정은 집권 이후 핵·미사일 개발에 박차를 가하는 것은 미국이 한국을 끌어들이고 한미일 3각 군사동맹 구축에 속도를 내는데 최고의 구실을 만들어 주었다. 2015년 12월 29일 한일 간 위안부 문제 '최종 합의'가 전격 타결되었고, 2016년 11월 23일에는 양국이 '군사정보보호협정'에 정식 서명하여 북한의 핵·미사일 등을 포함한 군사정보를 한일이 직접 공유할 수 있게 되었으며 양국의 군사협력이 더욱 심화되었음을 의미하고 있다.

한일 양국 간 양자관계의 갈등과 불일치는 여전히 심각하여, 2차 세계대전 한국인 강제징용 문제, 위안부 문제, 야스쿠니 신사 문제, 역사교과서 문제, 영토 분쟁, 레이더 조사(照射) 사건 등 여러 문제를 놓고 마찰이 끊이지 않고 있다.

문재인 대통령 집권 이후 한일관계는 급격히 악화되었고 결국 무역전쟁이 터지면서 양자관계에 심각한 영향을 미쳤다. 2019년 7월 일본 경제산업성은 한국 과학기술계에 일부 타격을 주고자 반도체 핵심 소재 3종의 한국 수출을 제한하겠다고 발표했다. 이에 대응하여 한국은 2019년 8월 한일 군사정보보호협정을 폐기하겠다고 밝혔다.

바이든이 동맹국가들의 연대 강화를 추진하면서 한미일 3자 관계에 온도가 급속히 상승하여 3국의 장·차관급 인사들의 만남이 잦아졌다. 올해 6월 11일 싱가포르 샹그릴라 호텔에서 열린 한미일 국방장관 회담은 2019년 11월 아세안확대국방장관회의(ADMM Plus) 이후 2년 7개월 만이다. 3국 국방장관은 한반도의 완전한 비핵화와 항구적 평화체제 구축을 위해 긴밀히 협력할 것을 약속하고, 국제사회가 유엔 안보리 결의를 전면 이행할 것을 거듭 선언했다. 3국은 자유롭고 개방적인 인도-태평양 지역을 만들기 위한 정보교류, 고위급 정책협의, 연합훈련을 포함한 협력을 할 것이다. 세 나라는 규범에 기반한 국제질서에 부합하지 않는 활동에 우려를 표명하고 항행 및 비행 자유의 중요성을 강조하며 모든 분쟁은 국제법 원칙에 따라 평화적으로 해결돼야 한다는 점을 거듭 천명했다. 3국 국방장관은 또 현 상황을 무너뜨리고 지역의 긴장을 고조시키는 어떠한 일방적인 행위에도 강력히 반대한다는 입장을 표명하고 대만해협의 평화와 안정의 중요성을 강조했다.

구동존이(求同存異)와 화이부동(和而不同)의 한중관계

3. 동북아 안보정세의 변화 속 한미일 3각 관계

미국은 한국에 약 2만 8,500명의 병사를 주둔하고 있고, 일본에 4만 명에 가까운 병사를 주둔하고 있으며, 미국의 인도－태평양사령부는 인도－태평양 지역에 37만 5,000명이 넘는 병사와 사무직 인원을 두고 있다. 한국 국방부는 국방백서에서 북한과 전쟁이 나면 69만 명의 병사와 160척의 군함과 2,000대의 항공기를 파견할 수 있을 것으로 추정하고 있다. 이처럼 공동의 이익을 가지고 잘 갖춰진 규범과 제도적으로 보장된 한미동맹과 미일동맹이 동북아 안보에 미치는 역할은 다음의 네 가지 큰 특징이 있다.

1) 동북아지역 안보구도에서 미국 동맹체제의 주도적 위치

냉전이 종식된 이래로 미국의 글로벌 전략 가운데 아시아 태평양 지역의 지위는 끊임없이 높아지고 있다. 미국의 전략적 목표는 강력한 최전방 군사배치와 양호한 동맹관계로 지탱하고, 양자동맹을 주도로 하여 다자안보체제를 보완하고, 규제주의 원칙을 받들어 이 지역에서 도전적인 강대국의 부상을 방지하고, 지역의 안정태세를 유지하는 능력을 향상시키며, 미국식 자유무역과 민주주의의 확산을 추진하는 것이다.

이를 위해 미국은 미국을 축으로 5개의 공식적인 양자동맹과 다소 비공식적인 안보관계로 구성된 군사협력의 각 분야, 동아시아 전역을 아우르는 허브 앤 스포크 시스템(hub-and-spoke system)을 조정하고 재확립하는 일련의 전략적 조치를 취했다.

오바마를 시작으로 미국은 외교활동의 중심이 아시아·태평양 지역으로 옮겨가면서 이 지역에서의 리더십을 부각시키고 있다. 바이든은 트럼프의 인도-태평양 정책을 이어가며 동북아 지역에서 미일, 한미 군사동맹을 강화하고 양적 확장과 질적 심화에 모두 돌파를 이뤄내면서 동북아에서 미국의 패권질서를 더욱 공고히 했다.

동북아 지역에서 미국이 한국, 일본과 유지해온 동맹은 냉전의 종식과 함께 소멸되거나 약화된 것이 아니라 오히려 끊임없는 강화로 승화되었다. 이처럼 동북아 지역 안보구도에서 지배적인 것은 다자주의가 아닌 미일, 한미의 양자주의적 동맹관계다.

2) 미국의 동맹국에 대한 절대적 통제의 지위

안보의 상호의존적 측면에서 보면, 동북아에서의 미국의 동맹체제는 비대칭적이다. 제공하는 안보의 비용이 다르고, 역할도 다르기 때문에 미국과 일본과 한국은 자연스럽게 계층적이며 지도를 주고 받는 구조가 형성되었고 안보 이익 분배의 차이를 만들었다.

한미동맹의 경우 양국 교역의 문제, 주한미군 비용, 전시작전통제권 전환 등을 놓고 한미 간에 이견이 있었지만 협상 결과는 모두 미국 측의 완승으로 끝났다. 주한미군 비용 문제의 경우 미국은 한국에 방위비 분담금 증액을 요구했고, 한국은 주한미군에 대한 직간접적 경비가 적지 않다고 판단했지만 결국 양보할 수밖에 없었다. 무역 문제에 있어서 트럼프는 한국이 장기적으로 미국에 편승하여 이득을 보고 무역흑자를 냈다고 강조하였고 결국 미국에 유리하게 자유무역협정(FTA)을 재협상하여 체결하였다.

한국에 대한 절대적 통제권을 유지하기 위해 미국은 특별히 '한미 워킹그룹'을 설치하여 2018년 11월 가동하였는데, 남북 협력 및 비핵화 문제 등에 대한 한미 간 이견을 조율하는 등 한미 소통 협의체를 '공식화, 정례화, 체계화'하려고 시도하였다.

3) 동북아 안보체제 구축을 가로막는 미국의 동맹시스템

동북아에서 미국은 '역외 패권'이다. 미국은 동북아에서 멀리 떨어져 있어 상대방의 타격을 상당 부분 피할 수 있다는 지리적 이점이 있다. 지리적 이점은 또한 지역 내의 영향에 대해 미국이 선택적으로 이는 취하고 해는 피하게 할 수 있다. 이는 동북아 국가들이 할 수 없는 것으로 지리적인 상호의존성은 역내 각국이 지역적 영향을 피할 수 없게 한다. 따라서 미국은 원하는 대로 지역 질서를 만들 수 있으면서도 그것이 가져올 어떠한 부정적인 결과도 걱정할 필요가 없으므로 잠재의식 가운데 무책임하고 이해만을 따지도록 하게 될 것이다.

이로 인해 미국은 동북아 지역 통합과 안보협력 질서 구축에 소극적인 태도를 갖고 있으므로 지지하지 않는 태도를 취할 뿐 아니라 온갖 방해와 간섭을 일삼고 있는 것이다. 미국은 동북아 지역이 미국의 글로벌 전략 체제에 편입되어 미국의 중심적 지위에 대한 동북아 국가의 긍정과 종속이 유지 강화되어야 한다고 주장한다. 사실상 미국은 동북아 국가의 미래 질서의 향방이 미국을 제쳐두고 '별도의 문'을 여는 것이 아닌 반드시 미국이 주도하는 '인도－태평양 질서'여야 한다고 보고 있으며, 미국의 동맹체제는 중국이 동북아에서 주도권을 잡고 미국의 주도적 지위에 도전하는 것을 막는 데 도움이 될 것이다.

미국의 패권질서는 지역위기를 해소할 수는 있지만 지역위기의 근원을 해소할 수는 없고, 대국 충돌을 방지할 수는 있지만 지역 내 대국 관계를 분명하게 개선시킬 수는 없으며, 지역 안보 곤경의 악화를 막을 수는 있지만 안보난국을 해소할 수 있는 해법을 제시할 수는 없다. 동북아에서 미국의 동맹은 안보체제 구축을 심각하게 저해하고 있다.

4) 동북아 두 안보관의 비양립성

미국의 시각에서 보면 동맹은 한반도의 긴장 상태를 완화시킬 뿐 아니라 동북아 평화를 실현하고 동북아 각국의 안보신뢰와 군사적 투명성을 높여 다자안보협력체제 구축을 위한 토대를 마련할 수 있다. 또한 동맹은 자유민주주의와 시장경제의 가치를 공유하며 더 많은 분야에서 더 큰 힘을 발휘할 수 있으며 동북아는 물론 전 세계의 전략적 이익을 공유해 세계 평화 정착에 기여할 수 있다.

그러나 중국의 시각에서 볼 때, 동북아 지역 힘의 조합은 이미 냉전시대의 양극 구도, 즉 한미일 대 북중(러)에 상당 부분 가까워졌다. 한미동맹의 주요 임무는 '제3국'의 위협에서 오는 것인데, 북한이 한미동맹의 시급하고 분명한 전략적 지향점이지만 중국은 동맹의 또 다른 잠재적이고 더욱 장기적인 목표다. 많은 중국인들은 미국의 동맹체제가 최종적으로 상대해야 할 것은 중국이라고 믿는다.

중국이 주장하는 신안보는 공동의 이익을 기초로 각국이 상호신뢰체제를 구축하고, 전략적 협력체를 통해 공동의 안보를 쟁취하는 것, 우호적 협상을 통해 분쟁을 평화적으로 해결하는 것, 공동의 이익을 기초로 세계의 다양성을 인정하고 존중하며 서로 다른 문명과 문화적 배경을 가진 국가와 민족 간에 화목한 관계를 유지하는 것, 공동의 이익을 기초로 크고 작은 국가는 모두 평등하며 구동존이(求同存異)하고 국제정치민주화의 경로를 통해 세계와 지역 평화와 관련된 중대한 문제를 해결하는 것이다. 곧 "공동

이익, 공동 존재, 공동 발전, 공동 안보"인 것이다.

미중 안보관의 비양립성과 지정학적 경쟁태세 강화로 인해 미국은 중국을 대비하기 위해 한미 동맹과 미일 동맹에 힘입어 중국을 '제어', '견제'하고 있다. 미국은 전략적으로 동맹국과 관계를 강화하여 동맹국과의 실질과 내실을 심화시키며 동해와 대만해협 및 남해 문제를 빌어 중국에 제약을 만들어내고 있다. 경제적으로는 미국이 무역전쟁의 기치를 높이 들고 중국을 압박하여 미중 경제무역관계의 긴장은 세계경제의 동요를 불러 일으키고, 군사적으로는 미일, 한미동맹을 강화하여 군사안보배치와 개입을 가속화하여 미국 전략의 중심이 동쪽으로 이동하고 있다.

4. 한미일 삼각관계 강화의 영향과 중국의 정책제언

중국이 보기에 사실상 미국 바이든 정부가 한국과 일본 등 국가와 동맹관계를 강화하는 것은 결국 동북아 안보를 '안보 곤경'(또는 '안보 딜레마', '안보 역설')에 빠뜨리는 것인데, 즉 한 국가가 자신의 안보를 보장하기 위해 취하는 조치가 오히려 다른 나라의 안전을 저하시켜 그 나라의 불안이 더욱 가중되는 현상을 초래할 뿐이다. 한 국가의 방어적 목적의 군비 증강이라도 다른 국가에 있어서는 대응해야 할 위협으로 간주될 것이므로 이러한 상호 작용 과정은 국가로서 벗어날 수 없는 곤경이다.

한미일 삼각관계의 강화가 지역에 미치는 영향은 다음과 같다.

첫째, 북핵 문제 해결에 미치는 영향이다. 비록 한미일은 북한과의 대화의 문이 열려 있다고 말하고 윤석열은 비핵화로 번영하는 한반도를 목표로 하여 남북관계를 정상화할 수 있다고 강조했지만, 사실 3국은 북한의 안보

우려를 고려하지 않은 채 '북한의 완전한 핵 폐기'를 선결 조건으로 내걸고, 북한과 협상할 시간도 의지도 가지고 있지 않다. 한미일이 북한의 도발에 대응하고 지역의 평화와 번영을 지키는 수단은 군사협력 강화, 고압적 대북 위협, 추가 제재조치 등으로 사실상 한반도에 긴장과 불안을 조성하고 지역 안보 난국의 늪에 빠지게 할 뿐이다.

둘째, 지역의 평화와 안정에 미치는 영향이다. 바이든 정부가 동맹국 협력 방어와 억지력 확장에 대한 공약을 거듭 천명하고, 연합 군사훈련의 범위와 규모를 확대하겠다고 노골적으로 강조하는 것은 중국의 '쌍중단'(북한의 핵·미사일 실험과 한미의 대규모 군사훈련 중단) 방안에 역행하는 것이다. 미국은 방문 기간 중 '둠스데이'라는 핵 공중지휘통제기를 보내 북한을 억지하였다. 미 정보당국은 북한이 조만간 핵실험을 하거나 대륙간탄도미사일을 발사할 것이라는 소식을 여러 차례 발표해 한반도 정세에 기름을 부었다. 미국의 한일과의 동맹 강화는 지역의 갈등과 분쟁을 격화시켜 한반도의 군비경쟁을 촉발하고, 지역의 취약한 전략적 안보균형을 파괴하여 지역의 안보와 안정에 불확실성을 가중시킬 뿐이다.

셋째, 중국 주변의 외교환경에 미치는 영향이다. 미국이 강력하게 만들고 있는 '인도-태평양판 북대서양조약기구'는 중국의 주변 환경을 심각하게 위협할 것이며, 특히 미국은 당당하게 한일 양국을 끌어들여 대만, 남해 문제에서 크게 문제 삼아 중국을 견제함으로써 중국 주변의 혼란과 위기를 야기하고 중국 평화 발전의 과업을 저해하려 꾀할 수 있다. 한편 미국은 이념으로 선을 긋고, 가치관으로 경계를 짓고 패거리를 만들어 중국이 지역 국가에 '협박'과 '침범'을 가한다고 모함하여 중국과 주변국을 대립시키고 있다. 미국은 산업체인의 '공동의 가치관'을 강조하며 중국을 글로벌 제조·물류 공급망에서 떼어내고 미국 중심의 글로벌 공급망을 재구축하는 인위적이며 강경한 '디커플링', '체인 절단'으로 중국을 주변국과의 경제·무역 관계에서 떼어내고 있다.

'인지－권력－체제'의 3차원적 시각에서 동북아 안보구조의 전환을 해부해 보면 유리한 요서와 불리한 요소가 함께 얽혀 있음을 알 수 있다. 예를 들어 인지적 차원에서, 동북아 지역 국가들은 모두 경제의 지속적 발전에는 안정적인 국제정치와 안보환경이 필요하다는 인식이 있지만, 동북아 각국의 안보 인식과 안보관이 동일하지 않고, 지역의식이 뒤떨어져 '집단 정체성'이 강하지 않다. 권력적 차원에서는, 중국의 역량이 지역의 평화와 안정을 지키는 강력한 안보의 보장으로 발전하였지만 미국은 양자동맹을 강조하며 중국을 미국의 상호제어에 대한 위협과 도전의 힘으로 간주하여 한일 등 국가와 안보 협력을 강화하고 있다. 제도적인 차원에서, 각국은 이미 불안정한 안보 요인을 효과적으로 다루는 다자안보협력체 모델을 시도하고 검토하기 시작했지만 다자안보협력체제에 대한 각국의 인식은 여전히 차이가 크고, 동북아 안보협력체제의 방식이나 기제에 대한 각자의 구상이 있어서 효과적인 안보상호신뢰체제가 시종 구축되지 못하고 있다.

시진핑 중국 국가주석은 2022년 4월 21일 보아오(博鰲) 포럼의 2022년 연차총회 개막식 기조연설에서 "안위를 함께 하는 세계를 추진하기 위해 중국은 글로벌 안보 이니셔티브를 제안한다"고 밝혔다. 이 중 6가지 견지 사항은 특히 주목할 만하며 동북아 국가들로서는 지역 안보정세 변화에 공동 대응할 수 있는 충분한 참고가 될 것이다.

(1) 우리는 공동적이고 종합적이며 협력적이고 지속가능한 안보관을 견지하여 세계 평화와 안전을 공동 수호해야 한다. (2) 각국 주권과 영토 보전을 꾸준히 존중하고 다른 나라의 내부 정치를 간섭하지 않으며 각국 인민들이 자주적으로 선택한 발전 도로와 사회 제도를 존중해야 한다. (3) 유엔

헌장의 취지와 원칙을 꾸준히 준수하고 냉전적 사고를 버리고 독자주의를 반대하며 집단정치와 진영 간 대항을 하지 않아야 합니다. (4) 각국의 합리적 안보 우려를 꾸준히 중시하고 안보불가분의 원칙을 고수하며 균형적이고 효율적이며 지속가능한 안보 구조를 구축하고 다른 나라들을 불안전하게 만든 기반 위에서 자기의 안전을 실현하는 것을 반대한다. (5) 대화와 협상을 통해 평화적 방식으로 나라 간의 분쟁과 갈등을 해소하고 위기의 평화적 해결에 도움이 되는 모든 노력을 지지한다. 이중 기준을 적용해서 안되고 일방적 제재와 확대 관할 남용을 반대한다. (6) 전통·비전통 분야의 안보를 포괄적으로 지키고 지역 갈등과 테러리즘, 기후 변화, 사이버 안전, 생물 안전 등 글로벌 문제에 공동 대응해야 한다.

중국으로서는 동북아 국가들과 인접해 있어 안보협력은 공동으로 필요한 것이다. 중국은 상호신뢰(互信), 상호이익(互利), 평등(平等), 협력(协作)의 신안보관을 견지하고, 포괄안보, 공동안보, 협력안보 이념을 제창하여 주변국과의 안보협력을 추진하고, 지역 및 하위지역 안보협력에 주도적으로 참여하여 관련 협력 체제를 심화하며, 전략적 상호신뢰를 증진해야 한다고 주장하고 있다.

중국은 이념으로 선을 긋고 군사동맹을 수단으로 하여 상대방을 억지하기 위한 목적의 냉전 관념은 이미 때가 지났으므로 각국은 공동의 이익을 추구하고 창조하여 평화적 환경을 조성해야 한다고 생각하고 있다.

구체적으로 동북아 국가, 특히 한국과 중국이 안보 분야에서 협력과 소통을 강화하는 모범을 보일 수 있다.

(1) '체제화 구축': 정전체제를 대체할 한반도 평화체제 구축을 포함한 것으로 6자회담을 지역안보협력체제로 확장한다. 북한의 통제불능에 따른 한반도 및 동북아 지역에 대한 리스크를 줄이기 위한 다자협력체제를 구축한

다. 샹그릴라 안보대화, 서울안보대화, 향산포럼 등 기존 대화 채널을 활용해 갈등을 완화한다.

(2) '군사협력 강화': 각국의 안보협력은 공동의 명확한 '전략적 목표'를 가져야 한다. 군비투명성을 높이고, 잘못된 판단을 피하기 위해 핫라인의 원활한 소통채널을 유지한다. 점진적으로 상호 불신과 의심을 줄인다. 일정한 군사·안보적 차원의 협력을 발전시키고 제도화하려는 노력을 해야 한다.

(3) '예방책 협의': 북한의 급변사태, 사드 추가 배치, 방공식별구역 중첩 문제 등에 대해 위기 수습 원칙, 조기경보시스템, 단계별 판정, 대응절차, 효과성 평가 등 보다 현실적이고 각국이 수용가능한 해결방안을 제시하는 사전 협의가 필요하다.

(4) '비전통 안보': 해상 수색구조 공동훈련, 자연재해 대응, 공동 위생건강 증진 등을 포함하여 반테러, 방역, 사이버 등 비전통적 안보 분야에서의 협력을 강화한다.

한반도 비핵화와 북중관계

이영학(李榮學)*

1. 서론

북한이 핵능력을 고도화하면서, 북한의 비핵화는 현실적으로 어려워졌다는 인식이 팽배하다. 북한이 이미 7차 핵실험 준비를 완료하였고, 이제 김정은 위원장의 결단만 남은 것으로 알려진다. 북한은 지난 1~6차 핵실험을 통해 15kt 안팎 위력의 원자탄, 수소탄을 미사일에 탑재할 수 있는 표준화된 핵탄두로 개발하는데 성공하였고, 현재 북한의 핵개발 수준은 더 이상 연구개발 단계가 아니라 제한적이나마 핵전력을 작전 운용하는 단계에 진입했다고 평가된다.[1] 북한은 핵탄두를 탑재할 수 있는 각종 미사일 시험발사를 지속하고 있다. 2022년에 들어와서 6월 10일 현재까지 각종 미사일

---

* 한국국방연구원 연구위원.
1) 민병권, 「'김정은, 핵방사포·핵야포 만들 것'...윤정부 5년이 '핵남침' 막을 골든타임」, 『서울경제』, 2022년 6월 11일.

발사를 18차례 진행했고, 그중 유엔 안보리 대북제재 결의 위반에 해당하는 탄도미사일만 31기 발사했다. 뿐만 아니라 북한은 시험 발사 유예를 약속했던 ICBM도 3월 24일과 5월 25일 등 두 차례 발사하였다.

한국과 미국을 비롯한 국제사회는 북한의 각종 탄도미사일 발사, 특히 ICBM 실험 유예 파기에 대해 유엔 안보리를 중심으로 대북 추가 제재를 추진하였으나, 중국 및 러시아의 반대로 불발되었다.

중국은 "현재 한반도 정세를 더욱 악화시킬 수 있는 조치들을 취해서는 안 된다"면서 반대 입장을 표명했는데, 이는 중국이 2017년 12월 찬성하여 채택된 유엔 안보리 대북제재 결의 2397호 규정에 배치되는 입장이다. 결의 2397호는 "북한의 추가 핵실험 또는 ICBM 발사 등 추가 도발 시에는 안보리가 대북 유류 공급을 제한하는 추가 조치를 취할 것"이라고 규정하고 있다.

이러한 중국의 입장에 대해서 전문가들은 북중이 밀착하고 있다고 평가하고 있다. 중국은 미중 간 전략 경쟁의 심화 속에서 미국의 대중국 견제에 대응하기 위해 북한을 견인할 필요가 있고, 북한 역시 북미관계의 교착 속에서 미중 간 전략적 경쟁을 활용하여 중국에 편승함으로써 중국으로부터의 지원과 경협을 통해 민생과 경제를 발전시켜 나가는 동시에, 자국의 생존 및 안전 보장을 위해 핵능력을 고도화하고 있는 것으로 분석하고 있다.

그렇다면 이와 같은 북중 밀착은 향후에도 지속될 것인가? 북중 밀착은 중국이 북한의 핵보유를 용인했음을 의미하는 것인가? 중국의 한반도 비핵화 정책은 폐기된 것인가? 북중 간 밀착 관계가 변화될 가능성은 없나? 북중 간 밀착 관계가 변화한다면 영향을 미칠 요인은 무엇인가? 북중관계의 변화에 따라 한국이 북한의 비핵화를 위해 노력할 정책 방향은 어떻게 되는가?

이 글에서는 상기 질문에 대한 해답을 구하기 위해, 우선 미중 경쟁 구도하 북중 밀착을 고찰하고, 향후 북중관계에 영향을 미칠 핵심 변수로서 북한의 비핵화 공식 폐기 여부를 제시하여 다른 변수와의 상호작용에 따른 북중관계의 변화 가능성을 분석 및 전망한 후, 향후 북중관계 변화에 따른 한국의 정책 방향성 내지는 한중 협력 방향을 제시하고자 한다.

2. 미중 경쟁 구도하 북중 밀착

1) 북중 밀착의 구조적 원인

미국 바이든 행정부 출범 후, 미중 간 전략적 경쟁은 심화되고 있다. 2021년 3월 발간된 바이든 행정부의 「잠정 국가안보전략지침서」는 중국을 경제, 외교, 군사 및 기술력을 결합하여 미국 및 국제체제에 도전할 수 있는 유일한 경쟁자로 규정하였다. 22년 5월, 블링컨 국무장관은 바이든 행정부의 대중국 전략을 발표하였다. 중국을 가장 심각한 장기적 도전으로 규정하고, 중국이 국제질서를 재편할 의도와 이를 위한 경제, 외교, 군사, 기술적 역량을 갖추었다고 평가한 후, 미국의 대중국 전략의 핵심은 투자(invest), 공조(align), 경쟁(compete)으로서, 특히 동맹 및 파트너 국가들과 공조하여 중국을 억제할 것임을 공식적으로 천명하였다.

중국은 미국이 동맹 및 파트너 국가들과 대중국 포위망을 구축하여 통합 억제를 강화하는데 대해, 한국, 일본 등이 대중국 억제 포위망에 참여하지 않도록 이들 국가들에 대해 유인 및 압박의 투 트랙 전략을 활용하는 동시에, 러시아, 북한, 파키스탄, 상하이협력기구 국가 및 일대일로 참여국 등과의 전략적 협력을 강화하고 있다. 특히 러시아의 우크라이나 침공 이후, 미국이 중국의 대러시아 지원 및 중러 간 전략적 협력에 대해 강력하게 경고하면서, 동아시아에서는 한미일 대 북중러의 대립 구도가 나타나고 있다.

북한은 트럼프 행정부 시기 북미 정상회담을 통한 관계 정상화 노력이 실패한 이후, 미중 간 전략 경쟁을 활용하여 중국에 편승하고 있다. 북한은 2017년까지 핵무력을 강화하면서 중국과 갈등을 빚었으나, 2018~2019년 다섯 차례의 북중 정상회담을 개최하면서 그간 북한의 핵능력 고도화 및 중국의 대북 제재 동참으로 인해 악화되었던 관계를 전면적으로 개선하였다. 북한은 2018년 6월 싱가포르와 2019년 2월 하노이에서 개최된 북미 정상회담을 전후로 북중 정상회담을 개최하여 대미 협상에서 북한의 협상력을 강화하고자 하였고, 하노이 회담 실패 이후 북미관계 개선이 요원해진 상황에서 중국과의 협력이 긴요하였다. 북한은 미중 전략 경쟁 심화 속에서 중국이 미국의 대중국 견제에 대응하기 위해 자신을 필요로 하고 있다는 인식을 정확하게 갖고 있었고,[2] 자국의 생존 및 안전 보장을 위해 비핵화 방침을 공식적으로 폐기하지 않은 채 핵능력을 고도화해 나가면서, 중국의 지원과 경협을 통해 민생과 경제를 발전시켜 나가려 하고 있다.

2) 북중 밀착의 전개

2019년 말 중국 우한에서 발발한 코로나 감염병의 급속한 확산으로 인해 북한은 2020년 1월 말 북중 간 국경을 봉쇄하였고, 양국 간 인적 교류 및 무역이 급감하였다. 그러나 양국 최고지도부 간 소통은 축전의 형식을 통해 지속되었다. 김 위원장은 2월 1일 중국 내 코로나19가 확산하던 시기에

---

2) 朴東勳·李軍傑, 「朝鮮對華認知與中朝關系發展 – 基於〈勞動新聞〉(2009~2018)涉華報道的分析」, 『東疆學刊』 第39卷第1期 (2022.1), p.66.

시진핑 국가주석에게 위문 서한과 지원금을 보냈고, 5월 7일에는 중국 내 코로나 19 방역에서의 성과를 축하하는 구두 친서를 보냈다. 시 주석도 5월 9일 김 위원장에게 "북측과 방역 협력을 강화하고 힘 닿는 데까지 돕겠다"며 화답하였다. 또한 시 주석은 9월 9일 북한 정권 수립 72주년에 축전을 보내 북중 간 전통적 우의를 강조하였고, 김 위원장은 감사의 뜻을 전하는 답전을 보낸 데 이어, 10월 1일 중국 국경절을 맞아 축전을 보냈다.[3]

2021년과 2022년에도 양 정상은 축전 교환을 통한 소통을 이어갔다. 2021년 1월 조선노동당 제8차 당대회를 개최한 북한은 대중국 관계에 대해서 사회주의를 핵으로 하는 양국 관계가 전략적 의사소통을 긴밀히 하고 있다고 평가하였고, 시 주석은 1월 11일 김정은 총비서 추대에 대한 축전을 통해 "전 세계의 대변화 속에 양당 및 양국의 전략적 관계 강화"가 있었음을 강조하였다. 또한, 7월 1일 중국공산당 창당 100주년을 기념하여 김 위원장은 시 주석에게 보낸 축전에서 "두 당의 공동의 위업인 사회주의 건설이 그 어떤 정세 변화와 도전에도……힘 있게 추동할 것"이라면서 "조중친선을 새로운 전략적 높이로 발전시킬 것"이라고 하였다. 7월 11일 북중 우호협조 및 상호원조조약 체결 60주년을 맞이하여 김 위원장은 시 주석에게 보낸 축전에서 북중 우호조약이 두 나라의 사회주의 위업을 수호하는 데 기여하고 있다고 하였고, 시 주석은 축전에서 "전통적인 조중친선은 새로운 추동력을 받아안고 정치, 경제, 군사, 문화를 비롯한 각 분야에서보다 높은 단계에로 전면적으로 승화발전되고 있다"고 평가하였다.[4]

---

3) 이영학, 「코로나 이후 북중관계 평가 및 안보적 시사점」, 『한국국가전략연구원 국가안보전략』 2020년 11월 9일 (2020). 그러나 10월 10일 북한의 당 창건 75주년 열병식에는 2015년 70주년과 달리 중국 고위급 사절단이 참석하지 않는데, 코로나 상황을 고려한 것으로 해석된다. 70주년 열병식에는 중국공산당 중앙정치국 상무위원이자 권력 서열 5위의 류윈산이 방북하여 열병식을 함께 관람한 바 있다.

4) 이상숙, 「김정은 시기 북중관계와 북한의 대중정책(2012-2021)」, 『국립외교원 외교안보연구소 정책연구시리즈 2021-18』 2022년 1월 (2022), pp.42-43.

뿐만 아니라, 북한은 최근 미중 간 전략적 경쟁 심화에 따른 갈등 이슈에 있어서 중국의 입장을 적극 옹호하고 있다. 북한 노동당 기관지 노동신문은 '북중 우호협조 및 상호원조조약' 체결 59주년을 맞아 2020년 7월 11일 "중국 당과 정부가 나라의 주권과 안전, 영토 완정을 수호하기 위해 취하는 모든 조치들을 전적으로 지지한다"고 밝힌데 이어, 주중 북한 대사와 유엔 주재 북한 대사는 미국이 홍콩 문제와 양안 관계 등 중국 내정에 간섭한다고 비판하면서 홍콩보안법 제정에 대한 지지를 표명하였다.[5]

또한 2022년 5월 북한이 신종 코로나바이러스 변이 스텔스 오미크론 확진자가 발생했다고 공식 발표한 이후, 김정은 위원장은 방역 사업을 최대 비상방역체계로 전환하면서, 중국의 경험을 배우라고 지시하였다. 이에 따라, 중국 의료진이 북한에 입국하였고, 중국산 백신이 제공된 것으로 알려졌다. 북한은 한국 정부나 국제사회의 지원 방침에는 반응을 보이지 않았으나, 중국의 지원을 받고 있는 것이다.

무엇보다 북중 간 밀착을 가장 잘 보여주는 사례는 북한의 연이은 미사일 발사에 대한 중국의 반응이다. 2022년 들어와서 6월 10일 현재까지 북한은 각종 미사일 발사를 18차례 진행했고, 그중 유엔 안보리 대북 제재 결의 위반에 해당하는 탄도미사일만 31기 발사했다. 뿐만 아니라, 북한은 시험발사 유예를 약속했던 ICBM도 3월 24일과 5월 25일 등 두 차례 발사하였다.

중국은 북한의 ICBM 발사에 대한 유엔 안보리의 추가 대북 제재 추진에 대해 "현재 한반도 정세를 더욱 악화시킬 수 있는 조치들을 취해서는 안 된다"면서 반대 입장을 표명하였다. 중국은 북한이 2017년 ICBM급 화성 14형과 15형을 각각 시험 발사했을 때, 미국과 협의하여 유엔 안보리의 대북 제

---

5) 이영학 (2020).

재 결의에 찬성하였다. 특히 2017년 12월 북한의 화성 15형 발사에 대한 유
엔 안보리 대북 제재 결의 2397호는 북한의 추가 핵실험 또는 ICBM 발사
등 추가 도발 시에는 안보리가 대북 유류 공급을 제한하는 추가 조치를 취
할 것임을 규정하고 있다. 중국은 자국이 유엔 안보리에서 동의한 규정에
배치되는 입장을 표명한 것이다. 중국은 지난 2012년 12월 북한이 우주발사
체를 가장한 장거리 미사일 광명성 3호(은하 3호) 2기를 시험 발사했을 때
에도, 북한이 우주를 평화적으로 이용할 권리는 안보리의 관련 결의 등의
제한을 받으며, 북한은 유엔 회원국으로서 안보리의 관련 결의 및 규정을
준수할 의무가 있다고 천명하면서, 유엔 안보리의 대북 제재 결의에 찬성
하였다.

이처럼 중국이 그동안 일관되게 중시해왔던 유엔 안보리의 대북 제재 결
의 준수에 배치되는 입장을 공개적으로 표명한 것은 매우 이례적인 것으로
평가할 수 있다. 이는 북한의 도발이 미국의 약속 불이행 때문이라는 판단
에 기초하여, 미중 간 전략 경쟁의 심화 속에서 러시아의 우크라이나 침공
을 둘러싼 미국의 대중국 경고와 함께 한미일 대 북중러 대결 구도의 형성
이라는 구조적 배경이 자리하고 있기 때문으로 분석된다.

3. 북중관계의 핵심 변수: 북한의 비핵화

현재 북중 밀착에 영향을 미친 중요한 요인은 앞에서 분석한 것처럼, 중
국의 입장에서 북한을 견인할 필요성을 갖게 한 미중 간 전략적 경쟁과 함
께 북한의 입장에서 중국에 편승할 필요성을 갖게 한 북미관계 악화(교착)
를 제시할 수 있다. 이와 함께 고려해야 할 또 하나의 변수는 북한의 비핵

화 공식 폐기 여부이다.

2012년부터 시작된 시진핑 – 김정은 시기 북중관계 변화에 영향을 미친 가장 중요한 요인은 북한의 비핵화 의지 유무였다. 북한이 핵실험을 지속하면서 핵능력을 고도화한 시기에 중국은 분명한 반대 입장을 표명하고 유엔 안보리의 대북 제재 결의에 찬성함으로써 북중관계는 악화되었다. 이와 반면에 북한이 핵실험 중단을 선언하고 비핵화 의지를 표명한 이후, 북중관계는 급속도로 개선되었다.

북한의 비핵화(한반도 비핵화)는 한반도의 평화와 안정 유지, 대화와 협상을 통한 문제 해결과 함께 중국의 대한반도 정책의 중요한 원칙이다. 중국은 과거 6차례 북한의 핵실험에 대해 유엔 안보리의 모든 대북 제재 결의에 찬성하였고, 논쟁의 여지는 있으나 대북 제재를 이행해왔다. 또한 북한의 7차 핵실험 가능성이 제기되고 있는 현시점에, 만약 북한이 추가 핵실험을 강행한다면 중국은 유엔 안보리의 대북 추가 제재 결의에 반대 입장을 취할 것이라는 예상과는 결이 다른, 주요 당국자들의 북한 핵실험 반대 입장이 공개되었다. 장쥔(張軍) 주유엔 중국 대사는 6월 9일 한 언론과의 인터뷰에서, "비핵화는 중국의 핵심 목표 중 하나"라면서 "또 다른 핵실험을 보고 싶지 않다"고 강조하였다.[6] 웨이펑허 중국 국방부장 역시 19차 아시아안보회의(샹그릴라 대화) 참석 계기 6월 10일에 개최된 한중 국방장관 회담에서, "중국은 한반도 평화 유지와 한반도 비핵화 목표를 일관되게 유지해왔다"면서, "한국과 중국이 한반도 문제에 대해 이해를 공유하는 만큼 이를 해결하기 위해 함께 협조해 나갈 것"을 희망하였다.[7]

---

6) Michelle Nicholas, "After veto on North Korea, China says 'let's see' on U.N. action over a nuclear test," *REUTERS*, June 10, 2022.

7) 김지헌, 「韓 '북핵 해결 中 역할 해야'·中 '비핵화에 협조'…국방장관 회담」, 『연합뉴스』 2022년 6월 10일.

북한 역시 2013년부터 2017년까지 핵무력 강화 시기에는 중국과의 관계 악화를 감수하면서 대중국 자주외교를 이행한 반면, 2018년부터 핵실험 중단 및 비핵화 의지를 표명하면서 대중국 협력외교를 이행해오고 있다.

다만, 북한의 비핵화 의지, 또는 비핵화 공식 폐기 여부에 대한 개념 정의가 필요해 보인다. 북한은 2017년 11월 핵무력 완성을 선포한 후, 2018년 4월 핵실험 중단을 선언하였고, 이후 한반도 평화프로세스 과정에서 남북 정상회담 및 북미 정상회담 개최 시 비핵화 의지를 표명하였다. 그러나 2019년 2월 하노이 정상회담의 실패 이후, 12월 조선노동당 중앙위원회 제7기 5차 전원회의에서 "미국의 대북 적대시 정책이 철회되고 항구적이고 공고한 평화 체제가 구축될 때까지 전략무기 개발을 중단없이 계속 줄기차게 진행해나갈 것"이라고 공개적으로 밝혔고,[8] 2021년 1월 조선노동당 제8차 대회에서는 "핵기술을 더욱 고도화하는 한편 핵무기의 소형화·경량화, 전술핵무기 개발 및 초대형 핵탄두 생산 지속"과 함께 핵선제 및 보복 타격 능력을 고도화할 목표를 제시하였다.[9] 이후 북한은 각종 미사일을 시험 발사하면서 소위 핵능력 고도화를 추진하고 있다. 그러나 북한이 공식적으로 비핵화 방침을 폐기한 것으로 볼 수는 없다. 미국, 한국 및 중국 정부 역시 북한의 비핵화를 여전히 정책 목표로서 제시하고 다양한 노력을 하고 있는 이유일 것이다. 단, 북한이 7차 핵실험을 강행한다면 이는 북한의 비핵화 공식 폐기로 간주해야 할 것이다.

결국, 이들 세 가지 변수, 즉 미중 간 전략 경쟁, 북미관계와 북한의 비핵화 공식 폐기 여부 간 상호복합 작용에 따라 북중관계는 변화할 것이다.[10]

---

8) 정상윤, 「윤석열 정부의 북한 비핵화 정책: 도전과 과제」, 『통일연구원 Online Series』 2022년 5월 30일.
9) 「(요약)북한 노동당 8차대회 김정은 사업총화보고 주요 내용」, 『연합뉴스』 2021년 1월 9일.

이를 도식화하면 다음과 같다.

〈표 1〉 북중관계에 영향을 미치는 요인과 북중관계의 변화

유형	영향 요인(독립 변수)			북중관계 변화(종속 변수)	우호 정도
	미중 전략 경쟁	북미관계	북한의 비핵화 공식폐기 여부		
1번	심화	교착	유지	밀착 (중-대북 견인 강함/ 북-대중 편승+비자발 비핵화)	1
2번			폐기	소원 (중-대북 견인+압박 병존/ 북-대중 편승+대미 협상 압박)	5
3번		개선	유지	우호 (중-대북 견인 강함/ 북-대중 헤징+비자발 비핵화)	2
4번			폐기	냉담 (중-대북 견인+압박 병존/ 북-대중 헤징+대미 협상 압박)	비현실적
5번	완화(협력)	교착	유지	우호 (중-대북 유인 제공 등 주도적 노력/ 북-대중 편승+비자발 비핵화)	3
6번			폐기	냉담 (중-대북 압박 등 주도적 노력/ 북-대중 편승+대미 협상 압박)	6
7번		개선	유지	우호 (중-대북 유인 제공 등 주도적 노력/ 북-대중 헤징+비자발 비핵화)	4
8번			폐기	악화 (중-대북 압박 등 주도적 노력/ 북-대중 헤징+대미 협상 압박)	비현실적

위의 〈표 1〉은 학술적 차원에서 북중관계 분석 및 전망을 위해 독립변수와 종속변수를 설정하여 인과관계 모형을 구축한 것이다. 그러나 미중 간

---

10) 박병광 박사 역시 시진핑 시기의 북중관계가 북미관계, 미중관계, 비핵화 진전 여부를 둘러싼 복합 변수에 의해 영향을 받을 것이라고 분석하였다. 박병광, 「시진핑 시기 북중관계에 대한 평가와 전망」, 『국가안보전략연구원 연구보고서』 2020-8 (2020.12), p.112.

전략적 경쟁은 이미 오바마 행정부 2기부터 시작되어 트럼프 행정부를 거쳐, 바이든 행정부까지 더욱 심화되고 있으며, 이러한 추세는 구조적 요인에 기인하는 것이므로 중장기적으로 지속될 가능성이 높다고 판단된다. 따라서 〈표 1〉의 5번부터 8번까지는 현실화 가능성이 높지 않다. 4번 역시 북한이 비핵화를 공식 폐기하고 핵능력을 고도화하고 있음에도 불구하고, 북미 간 관계 개선이 이루어질 가능성이 없기 때문에 비현실적이다. 따라서 여기에서는 1번부터 3번까지 고찰해 보겠다.

1번의 경우가 현재의 북중 밀착과 매우 유사하다. 중국의 입장에서는 북한을 견인할 유인이 매우 강하다. 미국의 대중국 견제에 대응하기 위해 북한을 활용할 필요가 있고, 북한의 비핵화 의지가 있음에도 불구하고 한반도의 긴장이 고조되는 원인을 미국의 약속 불이행 때문으로 비판할 수 있다. 북한의 입장에서는 북미관계 개선이 어려운 상황에서 미중 간 전략적 경쟁을 활용하여 중국에 편승함으로써 미국으로부터의 압박과 제재를 견디어 내고, 민생 및 경제를 유지해 나갈 수 있다. 단, 비핵화는 중국으로부터의 협력을 확보하기 위한 비자발적 비핵화 방침 유지일 것이나, 현실적으로는 북한의 핵능력이 계속 고도화되고 있다.

2번의 경우가 향후 북한이 7차(추가) 핵실험을 강행할 경우로서, 북중관계는 소원해질 것이다. 중국의 입장에서는 미국의 대중국 견제에 대응하기 위해 북한을 활용할 필요가 여전히 있지만, 북한의 추가 핵실험은 결국 비핵화 방침의 공식 폐기를 의미하는 것이며, 이는 중국에게 전략적 부담을 안기게 된다. 핵능력을 고도화한 북한은 중국으로 하여금 북중 간 전략적 불신의 기억을 소환시킬 것이고, 한미일은 미국의 역내 MD 체계 강화를 비롯하여 북한의 위협 억제를 명분으로 중국에 대한 억제를 더욱 강화하게 될 것이다. 중국은 손익 계산상 손해가 더 크다고 판단할 것이다. 북한의 입장에서는 대중 편승의 필요성이 여전히 있지만, 북한의 궁극적인 안전 보장과 제재 해제를 통한 민생 및 경제 발전을 위해서는 미국을 압박하여 협상 테이블로 끌어들여야 하고, 이를 위해서는 추가 핵실험 및 핵능력 고도화가 필요하다고 판단할 수 있을 것이다. 단, 이 경우의 북중관계는 과거 미중 간 경쟁과 협력의 공존 시기, 북한의 핵실험으로 인한 북중 '관계 악화' 보다는 다소 완화된 '관계 소원' 정도일 것이다. 미국의 대중 및 대북 억제 등으로 북중 간 상호 필요성은 여전히 유효할 것이기 때문이다.

3번의 경우는 북중 간 '우호적 관계' 유지 정도일 것이다. 중국의 입장에서는 1번의 경우처럼 북한을 견인할 유인이 매우 강하지만, 북한의 입장에서는 북미관계를 우선하여 집중할 것이고 북중관계는 대미국 협상력 확보 및 협상 실패 시 보호 장치 마련을 위한 헤징 차원에서 관계를 우호적으로 유지해 나가고자 할 것이다. 북한의 비핵화는 미국과의 협상 및 중국과의 협력을 위한 비자발적 비핵화 방침 유지일 것이다. 과거 2018년과 2019년 북미 정상회담을 전후하여 5차례 개최된 북중 정상회담 시기와 유사하다.

4. 한국의 정책적 시사점

첫째, 급선무는 북한의 7차 핵실험 저지이다. 북한이 실제로 핵능력 고도화를 추구하면서도 공식적으로 비핵화를 폐기한 것은 아니기 때문에, 북한을 비핵화 협상장으로 복귀시키기 위해서 가장 우선적으로 북한의 7차 및 추가 핵실험을 저지해야 한다. 이를 위해 국제사회의 대북 압박과 함께 중국이 대북 영향력을 행사할 수 있도록 해야 한다. 금번 한중 국방장관 회담에서 중국 국방부장의 한반도 비핵화 목표와 한중 협력 발언은 의미가 있을 것으로 판단된다.

둘째, 북한의 추가 핵실험 시 대북 압박을 강화해야 한다. 북한이 추가 핵실험을 강행하고 비핵화를 공식 폐기한다면, 유엔 안보리의 대북 추가 제재에 중국이 동참할 가능성이 높은 만큼, 이를 잘 활용하여 대북 압박을 강화해야 할 것이다. 이러한 제재와 압박은 북한의 잘못된 행동 및 약속 파기에 대해 국제사회의 단결된 엄중한 대응을 현시함으로써 북한의 손익 계산을 변경하여 종국적으로 협상장으로 복귀시키기 위한 것이다.

셋째, 북한과의 비핵화 협상을 실질적으로 진전시키기 위해 노력해야 한다. 북한의 추가 핵실험을 저지하였거나, 혹은 북한이 추가 핵실험을 강행한 이후라도 여전히 북한의 비핵화 목표가 유효하다고 판단된다면, 북한을 다시 협상장으로 복귀시키기 위한 한미의 노력에 더하여 중국의 노력을 이끌어 낼 필요가 있다. 단, 미중 간 협력이 매우 제한적이기 때문에, 한국의 주도적 노력이 필요할 것이다. 특히, 지난 2018년과 2019년 북미 정상회담을 통한 북한의 비핵화 노력이 실패했던 교훈을 통해, 북미 간 뿌리 깊은 불신을 해소하기 위해 한중 간 긴밀한 소통과 협력이 필요할 것이다.

넷째, 북핵 억제 및 대응을 위해 현 정부에서 추진하고 있는 한미 확장억제 강화, 한미일 안보협력, 한국형 3축 체계 구축 노력 역시 지속적으로 추진되어야 할 것이다.

급변하는 질서 속의 한반도 비핵화 문제와 중북관계

한센동(韓獻棟)*

대국 간의 전략경쟁, 우크라이나 사태, 코로나19의 복합적인 영향으로 세계 정치경제 상황이 요동치고 있다. 이러한 상황에서 세계 각국은 안보전략과 안보 아젠다를 조정하고 있으며, 이는 지역 안보의제의 설정과 지역 안보질서, 나아가 중북관계 발전에 영향을 미치고 있다.

한반도와 동북아시아 지역은 대국 전략경쟁의 주요 발생지역이다. 미국은 바이든 행정부 출범 이후 해당 지역에 이례적인 외교안보 자원을 투입하여 자신에게 유리한 지역 정세를 만들어가고 있다. 러시아-우크라이나 갈등은 3개월을 넘어 장기화되고 있으며, 궁극적으로 세계 판도에 어떠한 영향을 미칠지는 여전히 예측할 수 없다. 코로나 19도 여전히 이 지역에서 유행하고 있다. 이러한 원인들 모두 역내 각국의 안보전략과 지역 안보의제, 지역질서에 영향을 미치고 있다.

---

* 중국정법대학교 교수, 한반도연구센터 주임.

한반도 비핵화 문제는 미국과 역내 각국의 장기적으로 마주한, 그리고 해결을 요하는 안보의제로, 오랫동안 각국의 안보의제에서 중요하게 다루어졌다. 그러나 변화하는 세계 및 지역 환경 속에서 한반도 비핵화는 체제 내 각국의 공통된 안보의제인가? 아직도 각국의 안보의제에서 중요한 위치를 차지하고 있는가? 이러한 문제는 지역 안보 질서뿐만 아니라 지역 내 중북관계의 발전에도 영향을 미치고 있다.

1. 급변하는 질서 속의 한반도 비핵화 문제

2018년 4월 20일, 북한은 조선노동당 중앙위원회 제7기 제3차 전원회의에서 '2018년 4월 21일부터 핵실험과 대륙간탄도미사일(ICBM) 시험 발사를 중단한다. 핵실험 중단을 투명하게 보장하기 위해서 북부 핵실험장을 폐기한다'는 결정을 내렸다. 이와 같은 결정은 노동당 중앙위원회 전원회의에서의 의결로 이뤄진 것으로 공식적인 것이었다. 그러나 3년 만에 북한은 이 결정을 재고하겠다고 선언했다. 2022년 1월 19일 열린 조선노동당 제8기 중앙정치국 제6차회에서 "우리가 취하였던 신뢰구축조치들을 전면적으로 재고하고 잠정 중지했던 모든 활동들을 재가동하는 문제를 신속히 검토하겠다"고 결정했다. 이어 2022년 1월 30일, 중장거리 탄도미사일(IRBM) '화성-12형'의 검수사격시험을 진행했다. 또한, 3월 16일과 3월 24일에도 신형 대륙간탄도미사일(ICBM) '화성-17형'을 시험발사했고, "잠정적으로 중지했던 모든 활동을 재개한다"는 결정을 행동으로 검증했다.

뿐만 아니라, 국제원자력기구(IAEA)의 2021년 8월 보고서가 발표되면서 북한의 제7차 핵실험 여부는 국제사회의 또 다른 관심사로 떠올랐다. 해당

보고서에 따르면, 북한은 2021년 7월부터 영변 5MW 원자로를 재가동했고, 영변의 방사성 화학실험실은 이미 2021년 2월부터 가동되었다. 이후 미국의 전략국제연구센터(CSIS)도 2021년 12월 영변 5MW 원자로 가동 상황을 포착했다는 보고서를 냈다. 사실상 2019년 2월 하노이 북－미 정상회담이 성과 없이 끝난 이후, 전략국제연구센터(CSIS)는 〈분단을 넘어(Beyond Parallel)〉 사이트를 통해 영변 핵시설의 '이상' 동향을 지속적으로 알리고 있다. CNN의 보도에 따르면, 북한은 20년간 중단되었던 영변의 50MW 원자로 건설 공사도 재개했다. 미국 스탠퍼드 대학교 CISAC(Center for International Security and Cooperation)의 연구보고서에 따르면, 북한은 1만여 대의 원심분리기를 보유하고 있으며 연간 340kg의 고농축 우라늄을 생산할 수 있으며, 이는 20개의 핵폭탄을 제작할 수 있는 양이다. 영변 핵시설의 제약으로 인해 연간 6~10개의 핵탄두를 생산할 수 있다. 영변의 대형 원자로가 건설되고 가동되면, 북한은 33~50개의 핵폭탄을 생산할 수 있다. 북핵 문제가 갈수록 심각해지고 있어 2018년 문재인 정부의 중재로 시작된 한반도 비핵화 프로세스의 앞날은 다시금 막연한 상황이 되었다.

이러한 변화의 주요한 원인은 미국의 정책 조정이었다. 미국의 국내정치 및 정권 교체, 미국의 대중 억제 전략과 중미 게임 등 요인들이 복합적으로 미국의 정책조정에 영향을 미쳤다. 2019년 '홍콩사건', 2020년 코로나 19, 미국의 정권 교체기 등으로 인해 미국은 중국에 대한 억제정책을 경제무역 분야에서 정치체제안보와 이데올로기 분야로 확장했다. 중국의 강력한 대응을 이끌어내 중미관계를 전략 게임의 단계로 끌어올렸다.

미국 아태전략의 중심이 중국 억제의 방향으로 이동하면서 한반도 핵문제에 대한 미국의 관심은 줄어들었으며 한반도 문제의 중요성에 대한 인식과 안보 선택지에서의 우선순위를 떨어뜨렸다. 중국의 요구를 억제하기 위한 다른 자원을 동원하는 전략이 문제를 더욱 복잡하게 만들었기 때문이다. 2021년 9월, 미국-영국-호주의 외교안보협의체(AUKUS)가 정식으로 결성되었으며, 미국과 영국 양국은 호주에 핵잠수함 기술을 이전하기로 했다. 호주는 우라늄 광산이 풍부하고 미국과 영국 양국의 핵잠수함도 고농축 우라늄을 사용한다. 호주가 핵잠수함을 건조할 경우, 그에 사용하는 추진력은 자체 생산인가? 자체 생산이 아니라면 미국과 영국이 이를 공급하는가? 그리고 핵 잠수함 사용에 대한 감독은 어떻게 이루어질 것인가? 이러한 상황은 새로운 문제들을 제기하는데, 호주로의 핵잠수함 기술 이전은 법 규정상 핵확산금지조약(NPT) 위반은 아니지만, 만약 호주가 다른 속셈을 갖고 있다면 이는 해당 규정에 저촉된다. 미국-영국-호주 3국은 핵확산금지조약 자체의 허점을 악용해 아시아태평양 지역의 핵확산 체제의 안정에 새로운 위험을 야기하는 의도를 분명하게 보여주고 있다.

러시아와 우크라이나 충돌도 한반도 비핵화 문제에 영향을 미치고 있다. 러시아와 우크라이나 간의 충돌은 이미 3개월 이상 계속되었는데, 미국과 북대서양조약기구(NATO)는 지속적으로 우크라이나를 지원하며 대리전을 벌이고 있으며, 푸틴 러시아 대통령도 러시아의 핵무기를 특수전을 준비하는 상태로 조정했다고 밝힌 바 있다. 러시아는 전술핵을 사용할 것인가? 러시아와 우크라이나 간의 충돌이 어떠한 방식으로 끝날 것인지는 세계와 동아시아 국제 구조, 각국의 안보 전략에 영향을 미칠 수 있다. 따라서 한반도 비핵화 문제도 영향을 받을 수 있다.

마찬가지로 최근 한미 양국의 한반도 비핵화 관련 동향도 우려가 된다. 바이든 대통령은 한국의 새 정권이 출범한지 열흘 만에 방한했다. 양국의 공동성명에서 한반도 비핵화라는 용어가 사용되었기는 하지만, 한미 양국이 가장 먼저 강조하는 것은 한국에 대한 핵·미사일 보호와 북한에 대한 전략적 억지력의 강화(미국 전략 자산을 한국에 배치하는 등 한미연합훈련의 범위와 규모를 확대)였다. 이러한 정책적 움직임이 한반도 비핵화 프로세스의 재개를 창출하고, 한반도 핵문제 해결을 추진하는 분위기를 촉진시킬 수 있는가? 답은 분명하다. 세계 질서가 크게 변화하고 있는 환경 속에서 한반도 비핵화 문제도 한층 더 복잡해졌다.

2. 한반도 비핵화는 여전히 관련 행위자들이 추구하는 정책 목표인가?

'한반도 비핵화가 여러 국가—특히 미·북·한·중의 정책목표인가'는 현재 중요한 문제이다. 한반도 비핵화 실현과 추진에 대한 각국의 공감대는 아직 남아 있는가?

2018년 4월, 남북이 서명한 「판문점 선언」과 6월 북미 간의 「북미정상회담 공동성명」은 한반도 비핵화에 대한 각 국의 입장을 분명히 보여주었다. 하지만 하노이 정상회담 이후, 북미관계 발전이 정체되면서 북한은 핵 보유를 더욱 선호하는 쪽으로 선회했으며, 트럼프의 낙선 이후, 북한의 입장은 보다 명확해졌다. 2021년 1월, 조선 노동당 제8차 당대회 사업총화보고에서 김정은은 북한의 '핵보유국' 지위, '세계적인 핵 강국'으로의 부상 및 핵기술의 고도화, 핵무기의 소형 경량화와 전술무기화, 초대형 핵탄두의 지속적인 개발 등 핵무력 건설 목표를 세워야 한다고 강조했다. 2021년 4월 말 바이든 정부가 대북정책 검토를 마무리한 지 한 달여 만인 6월에 열린 북한의 조선노동당 중앙위원회 제8제3차 전원회의는 "대화에도 대결에도 모두 준비되어 있어야 한다"고 밝혔다. 그러나 2022년 1월 열린 조선노동당 8기 노동당 제6차 정치국 회의에서는 대미 정책 방향과 안보 전략에서 새로운 조정이 이루어졌다. 이 회의에서 김정은은 "물리적 힘을 더욱 확실하게 공고히 하기 위한 실질적인 행동을 취할 것이다……미국의 날로 우심해지고 있는 대조선 적대행위들을 확고히 제압할 수 있는 물리적 수단들을 지체없이 강화발전시키고, 우리가 선결적으로 취했던 신뢰구축조치들을 전면 재고하고 잠정 중지했던 모든 활동들을 재가동하는 문제를 신속히 검토해봐야 한다"라고 밝혔다. 한반도 비핵화는 북한의 정책 옵션에서 제외되고 있는 것으로 보인다.

이러한 북한 전략의 변화는 바이든 정부 출범 후에 실행한 대북한 '전략적 인내 2.0' 정책과 사실상 관련이 있다. 트럼프 행정부 시기, 북미관계 발전에 대해 북한은 모종의 희망을 갖고 있었다. 김여정 노동당 부부장이 2020년 3월과 7월에 발표한 관련 담화, 김정은 위원장이 2020년 10월 코로나 19에 감염된 트럼프 대통령에게 위로 전문을 보낸 것도 이를 보여준다. 그러나 바이든의 승리와 집권에 따라 북한의 정책은 다음과 같이 변화했다.

바이든 행정부는 출범 후 3개월 동안 대북정책을 검토했으며, 2021년 4월 말 사키(Psaki) 백악관 대변인을 통해 간단히 발표했다. 바이든 대통령을 수행하여 필라델피아로 향하는 전용기 안에서 대북정책 평가 결과를 공식 발표가 아닌 기자 브리핑을 통해 발표한 것이다. 바이든 정부는 '한반도의 완전한 비핵화'를 대북정책 목표로 제시했으며, 이를 실현하기 위해 미국은 "일괄타결(great bargain) 달성에 초점을 두지 않을 것이며, 전략적 인내에도 의존하지 않을 것이고, 정교하고 실질적인 외교방식을 취할 것"이라고 주장했다. 하지만 사키 대변인의 발표는 조지 W. 부시 행정부 이후 형성된 관례를 완성하는 것에 불과하다는 것이 이후 사실로 판명되었고, 바이든 행정부의 실질적인 대북정책은 시간이 지날수록 오바마 행정부의 대북 '전략적 인내' 정책으로 회귀하는 듯한 양상을 보여주고 있다.

'외면+제재+확장억제'는 오바마 정부의 대북 '전략적 인내' 정책의 세 가지 특징이다. 문재인 정부의 비협조적 태도와 코로나 19의 여파로 대북 확장억제의 재개 여건이 아직 갖추어지지 않았다. 이에 바이든 정부의 대북 정책은 주로 '외면+제재'로 나타나고 있다. 2021년 5월 21일, 바이든 행정부는 문재인 정부의 설득을 수용하여 한미정상담을 기회로 삼아 성 김(Sung Kim) 동아시아태평양 차관보 대행을 대북특사로 임명했다. 성 김 특사는 취임 후, 수차례 방한(2021년 6월, 8월, 2022년 4월)하면서 북측에 "언제, 어디서나 북한 측과 대화할 수 있다"고 밝혔다. 그러나 제재와 관련해 바이든 정부는 기존 제재(유엔 안보리 결의와 미국의 일방주의적 제재)를 유지하는 데 강경한 태도를 보이고 있으며, 때때로 일방주의적 틀 내에서 대북 제재도 추가하고 있다. 2021년 12월 10일, 바이든 정부는 '인권 침해' 명목으로 리영길 북한 국방상, 중앙검찰소, 4·26아동영화촬영소를 제재 대상에 올렸다. 2022년 4월과 5월에 세 차례 대북 제재 명단을 업데이트한 데 이어 지난 5월 16일에는 북한 IT기술자에 대한 경고를 선포했다. 북한과의 대화 의지를 고조시키면서 동시에 실제로는 제재를 강화하고 있는 바이든 행정부의 의도는 두 가지이다. 먼저 북한과의 대화를 주장하는 문재인 정부를 다독이면서 한국 정치의 새로운 변화를 기다리는 것이다. 둘째, 핵문제에서 북한이 강경한 방향으로 나아가도록 유도하고, 이러한 북한의 행보가 남한의 정치에 영향을 주며, 남한을 이 정책의 중심으로 끌어들이는 것을 목표로 한다.

2022년 3월 9일, 한국의 대선 결과는 바이든 행정부에게 절대적으로 좋은 소식이었다. 바이든 대통령은 대선 결과가 나온 지 5시간 만에 윤석열 대통령 당선인에게 전화를 걸었다. 이후 21일, 윤석열 정부 출범 열흘 만에 한국에서 새롭게 선출된 대통령이 미국을 방문하는 역사적인 관례를 깨고 바이든 대통령이 먼저 방한했을 정도로 윤석열 정부의 출범에 대한 기쁨과 기대를 드러냈다.

2021년 5월, 문재인 대통령과 바이든 대통령이 워싱턴에서 만나 발표한 〈공동성명〉과 마찬가지로, 2022년 5월 윤석열 대통령과 바이든 대통령은 서울에서 발표한 〈공동성명〉에도 '북한의 완전한 비핵화' 개념이 아닌 '한반도 완전한 비핵화'를 사용했다. 그러나 한미 양측은 〈공동성명〉에서 먼저 한미 양국의 확장 억제, 한반도 및 주변 지역에서의 연합훈련의 규모와 범위 확대, 한반도에서의 미국 전략 자산의 적절하고 조정가능한 방식의 전개 등을 강조했다. 바이든 대통령은 한국의 보수정부가 들어서기를 기다렸고, 그의 대북정책도 결국 '외면+제재+확장억제'라는 복합적 형태로의 회귀로 완성될 것이라 볼 수 있다.

윤석열 대통령과 바이든 대통령은 〈공동성명〉에서 '한반도 완전한 비핵화'라는 개념을 사용했는데, 이는 바이든 정부가 1년 전 문재인 대통령과 함께 발표한 〈공동성명〉에서 해당 개념을 사용해 대북정책의 일관성과 안정성을 과시하려는 의도로 보인다. 다만, 윤석열 정부의 입장은 더욱 강경한 것으로 보인다. 바이든 대통령과의 〈공동성명〉에서 '한반도 완전한 비핵화'라는 개념을 사용했지만, 윤석열 정부가 별도로 발표한 110개의 국정과제에서 한반도 비핵화와 관련해 '완전하고 검증 가능한 북한 비핵화'라는 개념을 사용했다. 해당 개념은 바로 문재인 정부가 미국에 사용을 자제라고 설득한 것이었다.

문재인 정부는 2016년 한미와 북한 간의 '화염과 분노(Fire and Fury)'라는 극단적 대치상황과 내부 정국의 불안을 겪으며 출범하였고, 한반도 평화수호를 최우선 국정과제로 내세웠다. 2018년 평창 동계올림픽 개최를 계기로 문재인 정부는 북미 사이에서 적극적인 중재에 나서 한반도 비핵화 프로세스와 평화 프로세스에 시동을 걸었다. 하지만 미국 내 정치적 제약과 코로나19 여파로 인해 2019년 10월 스웨덴 스톡홀름에서 가졌던 북미 비핵화 실무협상 이후 새로운 진전은 없었다. 북미관계와 북미 간 비핵화 협상에 진전이 없는 상황에서 비핵화 프로세스는 남북관계 차원에서만 추진될 수 없는데, 90년대 1차 북핵위기와 2000년대 초 2차 북핵위기 동안 비핵화를 둘러싼 남북미 3자 관계의 진전 과정에서 이를 충분히 알 수 있다.

그러나 문재인 정부의 입장에서는 이러한 남북관계의 발전이 북핵문제의 해결을 촉진시키는 데에서 그치지 않고 민족의 화해 협력을 이끌어 내는 데 큰 역할을 할 것이라 보았다. 문재인 정부와 북한이 합의한 〈판문점 선언〉과 〈9월 평양공동선언〉은 모두 남북관계에 대한 분명한 관리와 발전, 민족적 과업 성격을 포함하고 있다. '남북관계의 전면적이고 획기적인 개선과 발전을 이룩함으로써 끊어진 민족의 혈맥을 잇고', '민족 경제를 균형적으로 발전시키기 위한 실질적인 대책들을 강구해' 나가기로 하는 등의 내용이 두 선언문에서 모두 비핵화보다 먼저 다루어졌다. 〈9월 평양공동선언〉에서는 '금년 내 동, 서해선 철도 및 도로 연결을 위한 착공식을 갖기로 하였다', '개성공단과 금강산 관광 사업을 우선 정상화하고, 서해경제공동특구 및 동해관광공동특구를 조성하는 문제를 협의해 나가기로' 하는 등 구체적인 조치들을 분명하게 규정했다.

민족 정서와 대의를 책임진 문재인 정부 자체는 민족의 화해협력 추진, 남북관계의 전방위적 개선 및 발전 이슈를 한반도 비핵화 문제와 연결시키지 않았으며 남북 간 교류와 협력 확대를 위해 한반도 비핵화 문제 해결에 있어 어떠한 선결 조건도 설정하지 않았다. 그러나 미국은 북한과의 관계 발전을 위한 비핵화 진전과 문재인 정부의 남북관계 발전을 위한 전제 조건을 모두 설정했다. 미국의 이런 제약으로 인해 문재인 정부는 개성 공단,

금강산 관광 재개를 위한 첫 발도 내딛지 못했다. 문재인 정부 후반, 특히 2020년 6월 북한이 개성공단 내 연락사무소 건물을 폭파한 이후 남북관계는 답보 상태에 빠졌다. 문재인 정부는 포기하지 않고 정권 말년까지 '종전선언' 추진을 돌파구로 삼았으며, 한반도 평화체제 구축하여 비핵화 문제를 진전시키려 했다. 그러나 미국은 시종일관 소극적인 자세를 견지했다.

문재인 정부의 대북정책 실패를 공언한 윤석열 정부는 표면상으로는 여전히 한반도 비핵화라는 목표를 추구하는 것처럼 보이지만, 실제로 그것이 실현될 수 있는 지에 대한 의구심을 갖게 되었다. '나토 식 핵공유', '미국 전술핵 재배치', '독자적 핵개발' 등 다양한 논조의 등장은 의구심이 존재한다는 것을 드러낸다. 윤석열 정부가 대북확장억제를 우선적으로 강조하는 정책의 취지는 바로 이런 현실적인 정책 인식이 반영된 것이며, 실제 정책 목표의 틀에서는 '한반도의 비핵화'라는 옵션은 이미 삭제된 것 같다.

3. 혼란스러운 안보 아젠다

핵확산 문제는 현재 국제사회가 직면한 중대한 안보위협으로, 각 국의 안보이익과도 관련된다. 북핵문제는 북한을 포함한 역내 모든 국가의 안보이익에 영향을 미칠 수 있다. 이에 국제사회가 여러 해 동안 북핵 문제를 지역안보와 안정에 영향을 미치는 중대한 문제로 관리해왔다. 2000년대 6자회담은 이러한 공통된 인식에 바탕을 둔 북핵 관리를 위한 구상이었다. 역내 각국이 북핵문제에 역내 안보 아젠다를 집중시키면서 어느 정도 공동보조를 취할 수 있게 된 것이다. 그러나 미국의 대중국전략이 협력에서 억제로 전환되면서 이 공동 안보 아젠다는 점차 외면 받게 되었다.

오바마 행정부 시기부터 미국은 아태지역에서 미국의 주요 안보 관심사는 중국에 초점이 맞춰졌다. 중국을 견제하는 '아시아 태평양 재균형' 전략의 틀 속에서 동아시아에서 미국의 안보 아젠다는 한미, 미일 동맹 강화라는 주제로 점철되었다. 2009년에서 2017년까지 8년 동안 오바마 행정부는 2011년 하반기부터 2012년 초까지 북한과 단 세 차례 고위급 회담을 가졌으며, 2012년 2월 말 〈2.29합의〉가 이루어졌으나 단 하루도 이행되지 않았다. 오바마 정부는 한국의 이명박, 박근혜 정부(총 9년)와 시기적으로 거의 겹친다. 중국 견제를 목표로 한 오바마 정부의 '아시아 태평양 재균형' 전략은 이 두 정부의 안보전략과 대북정책에 중요한 영향을 미쳤다. 2011년 12월 17일, 김정일 위원장의 급작스러운 사망으로 인해 이 두 정부는 한반도 통일 문제에 더 많은 기대를 갖게 되었다. 미국은 중국 견제를 위해서 한미동맹을 강화했으며, 한국은 대북압박을 강화하고 통일 추진을 위해 미국에 더 많은 것을 필요로 했다. 한국은 한미동맹에 더욱 의존할 것이며, 한미 양국은 각자의 이익을 챙길 것이다.

2013년 초는 중요한 시점이었다. 1월 20일에 오바마 행정부 2기가 시작되었으며, 2월 25일 한국의 박근혜 정부가 출범했다. 3월, 중국은 제12기 전국인민대표대회를 열어 최고 권력 이양을 완료했다. 이런 민감한 시기에 북한은 2월 13일 제3차 핵실험을 감행했다. 하지만 북한의 3차 핵실험으로 각국의 안보 아젠다는 다시 결집되지 않았다. 오바마 행정부는 북한의 핵실험으로 인해 북한에 접근하지 않았으며, 중국이 줄곧 재개를 주장해왔던 6자회담은 재개되지 못했다. 각국의 아젠다는 북한에 대한 제재와 압박에 집중되어 있었다. 이러한 상호작용 패러다임은 2017년 말까지 지속되었다.

2017년 출범한 문재인 정부는 평창 올림픽을 계기로 트럼프 행정부의 특징을 이용하여 역내 각국의 안보 관심사를 한반도 비핵화와 평화프로세스 구축으로 다시 모으려는 진전을 이뤄냈으나, 미국의 대중국 억제전략의 강화로 인해 이러한 시도는 어려워졌다. 현재 바이든 행정부는 중국을 억제하는 '인도태평양 전략'을 추구하고 있으며, 한국의 윤석열 정부와 일본의 기시다 정부는 적극적으로 미국을 따르면서 대북억제를 강화하면서 동시에 대중 억제에 참여하고 있다. 북한은 "잠정 중단했던 모든 활동을 재가동하는 문제를 신속히 검토하겠다"라고 선언하고 대륙간탄도미사일(ICBM) 시험 발사를 이미 마쳤다. 러시아는 우크라이나와의 충돌로 인해 정세가 어지럽다. 각국의 안보에 대한 관심사는 이미 결집되기 어려운 상태이고, 각자의 안보 아젠다는 이미 혼란스러운 상황이다.

4. 복잡한 구조 속의 중북관계

한반도에는 하나의 복잡한 관계 구조가 존재하고 모든 국가와 북한의 관계는 이 복잡한 구조의 영향을 받는다. 다만, 북미관계, 남북관계에 비해 중북관계는 발전의 여지가 크다.

미국은 북미관계의 발전을 위한 선결조건으로 북한이 비핵화를 진전시키기 위한 실질적인 조치를 취한다는 점을 제시하고 있다. 미국은 북한이 핵실험과 대륙간탄도미사일(ICBM) 시험발사 중단을 선언하고 풍계리 핵실험장을 폐기하는 것을 비핵화의 실질적 조치로 보지 않는다. 북한이 실질적으로 핵을 제거하기 전까지는 대북 제재를 완화할 수 없다고 생각한다. 바이든 정부는 출범 후 "언제, 어디서나 북한 측과 대화할 수 있다"고 했지만, 이에 대해 북한은 제재가 완화되지 않은 한 이러한 대화는 무의미하다고 밝혔다.

민족의 공동이익을 중시했던 문재인 정부는, 미국처럼 남북관계의 발전을 위해 비핵화가 진전되어야 한다는 선결조건을 두지 않았고, 한반도 비핵화 문제를 남북관계 발전의 큰 틀에서 대응하고자 했다. 이는 한반도 비핵화 문제뿐만이 아니라, 민족경제 발전, 민족 통합, 한반도 평화유지까지 포괄하는 것이었다. 남북관계를 투 트랙으로 진전시키려는 문재인 정부의 시도는 결국 전제조건을 내세운 미국의 제약으로 더 큰 성과를 거두지 못했다.

중국에게 한반도 비핵화의 추동과 실현은 여전히 추구하는 정책 목표 중 하나로, 중국은 이러한 과정이 좌절되고 어려울 때에도 이 목표를 포기하지 않았다. 2021년 4월, 중국 정부는 북한 주재 대사를 지낸 류샤오밍(劉曉明)을 중국 정부의 한반도사무특별대표로 임명했다. 류샤오밍 대표는 임명된 이후, 적극적으로 각 측과 조율하였는데, 올해 4월과 5월에 스위스, 독일, 벨기에, 프랑스, 영국, 미국, 한국 등을 방문했다. 중국은 한반도 문제와 비핵화 문제에 대해 나름대로의 시각을 갖고 있으며, 이는 마치 왕이(王毅) 국무위원이 2022년 3월 7일 13기 전국인민대표대회 5차회의에서 기자들의 질문에 "병을 고치려면 근원을 고쳐야 하고, 잘못을 고치려면 그 뿌리 뽑아야 한다(治病須治本, 糾錯要糾根)"라고 답한 것과 같다. 그는 "한반도 문제의 '뿌리'는 북한이 직면한 외부 안보 위협의 장기화에 있으며, 북한의 합리적인 안보우려가 근본적으로 해결되지 않고 있다"고 답했다. 이는 중국이 국제문제를 보고 처리하는 일종의 표본겸치(標本兼治, 근본적인 원인과 시급한 증상을 동시에 처리한다)의 철학이념과 사상을 반영하는 것이다. 이 사상은 북한과의 관계를 다루는 데 있어 구체적인 지도원칙으로 정착되었다.

우선, 중북 정치 관계의 유지와 발전은 독자적이다. 중북 양국의 우호와 고위급 상호방문은 오랜 역사적 전통을 갖고 있다. 2018년 3월부터 2019년

6월에 이르기까지 양국 최고지도자는 다섯 차례의 회담을 가졌다. 코로나19의 발발 이후 회담 개최는 어려워졌지만, 양국 정상은 어느 한쪽이 중대한 행사나 중요한 기념일이 있을 때마다 축전을 보내는 방식으로 소통을 유지했다. 또한, 중국 외교부 아주국과 주중 북한대사관 간에도 실무 차원에서의 상시적 소통이 이루어지고 있다. 중국과 북한의 정치관계는 독립성이 있어 한반도 비핵화 진전 여부로부터 영향을 받지 않는다.

둘째, 원칙이 있는 대북 경제관계다. 2022년 이래로, 북한은 대륙간 탄도미사일을 포함한 미사일 시험 발사를 여러 차례 진행했다. 이에 대해 안보리는 3월 25일 이를 규탄하는 의장성명을 채택하려 했고, 5월 26일 새로운 추가 제재 결의를 채택하려 했으나 중국과 러시아의 반대로 무산되었다. 그러나 3월 25일 안보리가 '1718위원회', 즉 대북제재위원회 전문가 패널의 권한을 연장하려고 했을 때, 중국은 찬성했다. 중국은 북한에 대한 추가 제재에 동의하지 않으면서도 안보리가 채택한 관련 제재 결의를 견지하고 이미 만들어진 과거의 약속을 존중하고 있다. 2016년 중북 무역 총액은 일찍이 56억 5,300만 달러가 달성되었지만, 안보리 제재로 2018년 24억 3,000만 달러까지 떨어졌다. 중국은 2018년 중북관계가 호전된다고 하여 안보리 결의를 무시하지 않았다. 중국은 안보리 제재 결의가 스스로를 제한한다고 보지만 제재 결의에서 벗어나 북한과의 경제무역관계를 발전시키지는 않았다. 중국과 러시아는 2019년과 2021년 두 차례에 걸쳐 안보리에서 대북 제재 조치의 일부 해제를 제안했다. 북한의 민생을 고려하고, 핵실험과 대륙간탄도미사일 시험 발사의 유예 선언 이후 북한이 한반도 비핵화를 진전시키기 위한 조치를 계속해서 취하도록 독려하기 위해서였다.

코로나19의 여파로 중북무역총액은 지속적으로 하락하여 2020년에는 5억 3,800만 달러, 2021년에는 3억 700만 달러로 2000년 이후 최저치를 기록했다. 2022년 4월까지 중북교역은 크게 늘어 19억 500만 위안으로 전년 동기 대비 510%가 증가했다. 이와 같은 증가 속도라면 2022년 중북 무역총액은 10억 달러를 넘을 것으로 예상된다. 하지만 이러한 빠른 증가속도에도 불구하고, 올해 중북 무역은 코로나19 이전 수준에 미치지 못했으며, 강력한 제재가 나오기 전의 수치와도 큰 차이를 보인다.

5. 결론

한반도 비핵화는 북한을 포함한 역내 국가들이 공통적으로 직면하는 안보 이슈로 각국의 안보 아젠다에서 중요한 위치를 차지한 바 있다. 다만, 미국의 대중억제전략이 나오면서 한반도 비핵화는 미국 정책 결정자들의 정치 선택지에서 밀려났다. 표면적으로는 그들도 한반도 비핵화와 핵확산 문제에 관심을 갖고 있지만, 실제로는 북핵 문제 해결을 위해 더 많은 안보적, 외교적 자원을 투입하려 하지 않고 있다. 북핵 문제 해결을 위해 북한에 양보와 약속을 하거나 중국과 협력하지 않으려 하는데, 이는 그들이 중국의 대전략 전개를 억제하는 데에 영향을 주지 않기 위해서다.

이러한 상황에서 핵실험과 대륙간탄도미사일 시험발사를 잠정 중단했던 북한은 과거 전략적 선로로 회귀하는 방향으로 정책을 조정할 수밖에 없을 것이다. 이는 문재인 정부의 대북정책에 대한 국내 평가와 한국 정치의 향방에도 영향을 미쳤다. 윤석열 정부의 국정과제와 한미정상회담 〈공동성명〉의 내용에서는 대북 확장 억제의 강화를 우선적으로 강조하고 있으며 비핵화는 정치적 아젠다의 후순위에 있음을 볼 수 있다.

미국, 북한, 한국 3자 간의 이러한 정책적 상호작용은 필연적으로 한반도 비핵화 문제의 전망에 대한 중국의 판단과 외교적 노력에 영향을 미칠 수밖에 없다. 한미 양국이 한반도 비핵화라는 정책적 목표를 사실상 포기하면서, 동시에 중국이 한반도 비핵화 문제에서의 소위 '대국적 책임'을 보여줄 것을 촉구하고 기대하는 것은 책임 회피와 여론 조작에 불과하다.

현재의 이러한 구조와 상태에서 중북관계의 발전은 비록 영향을 받고 있지만, 여전히 발전공간이 가장 크다. 정치관계나 안보리 제재의 틀 밖에 있는 관광업·농업·가공무역 등은 안정적으로 발전할 것이다. 북한과의 관계 발전에 대해 미국과 일본은 큰 관심이 없지만, 한국은 다르다. 한국의 입장에서 북핵문제를 포함한 남북관계 관리는 국가 안보뿐만 아니라 민족과 국가의 통일이라는 거대한 국가 건설 실현과도 직결된다. 이러한 점에서 지금과 같은 추세가 지속된다면, 가장 큰 피해를 볼 국가는 한국이다.

제2부
한중 경제

상호투자를 통한 한중경제 공진화 30년 회고

최필수(崔弼洙)*

1. 한국의 대중투자

한국의 대중투자는 증가－감소 주기에 따라 〈표 1〉과 같이 네 시기로 구분할 수 있다. 기초 탐색기로부터 초기 투자 붐 기간인 1988~1997년, 외환위기 이후 중국의 WTO 가입을 계기로 대중 투자가 폭발적으로 증가하던 1998~2007년, 글로벌 금융위기 이후 소강상태에서 대기업 위주의 투자가 이뤄지는 2008~2016년, 미중 갈등 이후 새로운 국면을 맞아 대규모 투자와 구조조정이 아울러 진행되는 2017년 이후가 그것이다. 각각의 시기를 '사양산업 이전기(移轉期)', '주력산업 이전기', '과도기', '구조조정기'로 이름 붙인다.

---

* 세종대학교 국제학부 교수.

〈표 1〉 對中·홍콩 투자 시기별·업종별 투자액(백만불) 및 회수율(%)

		사양산업 이전기 88~97		주력산업 이전기 98~07		과도기 08~16		구조조정기 17~21	
		투자	회수율	투자	회수율	투자	회수율	투자	회수율
1차	농림어업	24.6	0.0	70.6	9.9	43.0	20.7	77.9	1.4
2차	전기전자	645.5	5.9	5,839.6	16.6	11,287.7	14.6	14,938.2	18.3
	운송장비	246.2	0.4	2,918.8	5.3	6,143.6	16.2	3,090.6	12.6
	석유화학	301.9	0.9	2,303.1	15.8	4,592.4	12.0	3,377.3	23.0
	금속류	528.6	0.9	2,656.8	8.7	2,468.3	22.9	1,043.1	42.6
	기계	148.1	0.1	907.6	5.7	1,499.1	11.1	664.6	25.3
	식음료	189.7	1.7	672.1	16.7	1,377.0	14.7	797.4	33.4
	기타제조	298.0	2.4	682.5	10.6	553.0	18.6	244.1	20.0
	섬유의류	730.9	3.4	1,618.0	8.9	908.1	38.9	210.0	95.8
	의료정밀	72.9	0.4	407.8	25.3	391.1	6.6	293.9	58.9
3차	금융	457.9	0.0	1,897.0	0.0	6,927.1	28.3	6,893.7	25.2
	도소매	316.3	1.8	2,630.9	9.8	4,980.4	9.1	2,518.6	20.9
	부동산	125.6	0.7	734.3	10.0	1,796.3	30.0	833.3	147.9
	임대	1.5	0.0	207.7	16.0	46.6	71.7	35.7	23.0
	전문지식	9.9	1.0	161.1	5.0	475.1	12.3	622.5	14.8
	레저문화요식	185.0	0.0	378.9	36.7	580.2	24.8	378.5	12.2
	운수업	52.9	0.0	175.9	26.9	815.5	13.6	147.8	285.7
	건설관련	137.3	0.0	469.4	36.9	376.6	19.0	32.8	18.0
	정보통신	-	-	58.1	0.9	420.2	3.0	471.3	9.5
	인프라	3.6	0.0	419.6	0.1	577.7	6.7	50.9	3159.5
	환경	0.3	0.0	2.7	25.9	8.9	3.4	1.4	142.9
	우편통신	49.1	0.0	54.0	291.1	27.7	4.0	0.2	50.0
	출판인쇄	2.9	0.0	78.2	6.0	151.4	10.0	315.9	5.9
	보건	0.1	0.0	22.7	1.8	11.7	9.4	35.7	12.9
	기타서비스	6.7	3.0	51.3	3.3	29.5	10.2	51.8	3.5
	N/A	8.4	0.0	4.9	0.0	1.4	85.7	0.2	150.0
합계	평균	4,544.1	0.9	25,423.8	12.0	46,489.4	19.9	37,127.2	24.6

자료: 한국수출입은행 해외투자통계를 이용하여 저자 작성.
주 1: 원(原)자료에서 업종은 '중분류'로 더 상세히 주어지나 필자의 판단에 따라 현재와 같이 정리함
  2: 회수율은 투자금액 대비 회수금액으로 계산
  3: 마지막단 회수율 평균은 100% 이상의 극단적인 값들을 제외하고 단순평균을 구한 것이다.

1) 사양산업 이전기(移轉期)(1988~1997)

첫 번째 시기인 1988~1997년 사이 총 45억 불가량의 대중 투자가 이뤄졌다(홍콩 포함). 한국과 중국이 처음 조우했던 이 시기에는 중국의 낮은 임금을 활용한 주문자 생산방식(OEM)의 투자가 이뤄졌다. 또한 한국에서 생존이 어려워졌거나, 한국에서 한 세대 뒤진 사양산업과 설비들이 이전된 시기이다. 이 시기 최대 투자 업종은 섬유 의류(7억 3천만 불)였고, 이 투자의 주역들은 중소기업이었다.

그러나 이 시기에 중소기업만이 투자했던 것은 아니다. 한국의 대기업들도 이때 저임금 생산을 목적으로 한 산업 설비들을 중국에 건설했다. 가령 삼성전자의 경우 한국보다 한 세대 늦은 생산 설비들을 톈진(天津) 등지에 옮겨 컬러TV, VCR, 오디오, 에어컨 등을 생산했다.[1] 이 시기에 두 번째로 많은 투자가 이뤄진 업종은 전기전자(6억 5천만 불)였는데 삼성전자와 LG전자의 투자가 포함된다. 가령 LG전자는 1994년에 후난성(湖南省) 창사(長沙) 등지에 당시 국내 가전업계 최대 규모인 총 2억 불 상당의 합작투자를 진행했다. 이렇듯 초기에 뜨거웠던 대중투자는 1997년의 외환위기와 함께 소강상태에 빠진다.

2) 주력산업 이전기(1998~2007)

두 번째 시기는 1998~2007년이다. 이때 한국은 외환위기를 극복하고 난 후 중국의 세계무역기구(WTO) 가입(2001)을 계기로 대중 투자가 폭발적으

---

1) 조평규, 『중국을 뒤흔든 한국인의 상술』 (서울: 달과소, 2005), p.123.

로 증가했다. 중국 측 통계로는 2004년(62억 불), 한국 측 통계로는 2007년(76억 불)이 투자 붐의 정점이었다. 이 두 번째 10년 동안 총 254억 불의 대중 투자가 이뤄졌다.

이 시기 가장 많은 투자가 이뤄진 업종은 역시 전기·전자(58억 불)였다. 삼성전자와 LG전자 등은 이제 첨단제품을 도입하여 중국의 고소득 내수시장을 공략하는 전략을 추진하기 시작했다. 저임금 생산기지에서 시장공략으로의 비즈니스 전략 전환이 일어나기 시작한 것이다. 현대자동차를 포함한 자동차 업계의 투자(29억 불)가 이뤄진 것도 이 시기였다. SK와 LG화학 등 석유화학(23억 불) 업종과 포스코 등 제철·금속(27억 불) 업종도 이 시기에 많은 투자를 했다. 이때는 사양산업이 아니라 기업의 주력 설비들이 중국에 투입됐다.

그러나 이 시기에 모든 업종에서 투자회수 현상이 나타나기도 했다. 이전 10년 사이에 투자회수가 거의 없었던(0.9%) 것에 비해 이 시기 평균 회수율은 12.0%이다. 정식으로 투자를 회수하지 못하고 이른바 야반도주를 한 한국계 중소기업들이 중국에서 문제가 되기도 했다.

한편 이 시기는 중국이 WTO 가입 이후 5년간(2001~2006) 시장 개방을 완성한 시기이다. 이를 기회로 한국의 금융(19억 불) 및 도소매(26억 불) 업종도 대중투자를 본격화했다.

3) 과도기(2008~2016)

세 번째 시기는 2008~2016년으로, 글로벌 금융위기 이후 소강상태에서 3차 붐으로 이어지는 기간이다. 이 9년 동안 앞 시기와 같은 폭발적인 투자 붐이 나타나지는 않았지만 비교적 꾸준한 투자가 이뤄져서 총 465억 불의 투자가 이뤄졌다. 반면 투자 건수는 크게 줄어들어서 주로 대기업들의 투자가 이뤄졌음을 알 수 있다.

이 시기에 삼성전자와 SK하이닉스의 반도체 공장이 신설 혹은 증설되면서 전기·전자 부문의 투자가 대규모(113억 불)로 이뤄졌다. 또한 2006년부터 외국계 은행의 위안화 업무가 가능해지는 등 금융 부문의 개방성이 크게 높아지고 내수시장이 커지면서 대형쇼핑몰이 활황을 보임에 따라 금융업에서 69억 불, 도소매업에서 50억 불의 투자가 이뤄졌다. 이밖에도 자동차(61억 불)와 석유화학(46억 불) 등의 분야에서도 대규모 투자가 이어졌다. 현대자동차와 SK에너지, LG화학 등이 기존 설비들을 증설했기 때문이다. 배터리 부문의 신규 투자도 이때 이뤄졌다.

단 이 시기 회수율은 19.9%로 전기보다 높아졌다. 섬유의류(38.9%) 및 금속류(22.9%)의 회수율이 비교적 높게 나타난다.

4) 구조조정기(2017~현재)

네 번째 시기는 2017년 이후 최근 5년이다. 이 기간 동안 371억 불의 투자가 이루어져 명목 투자금액 상으로는 최고치를 경신했다. 그러나 앞서 지적했듯이 최근 5년간은 24.6%라는 높은 회수율을 보인다. 섬유 의류는 투자금액(2억 불)에 맞먹는(95.8%) 투자 회수가 나타났고 금속(42.6%), 식음료(33.4%), 기계(25.3%) 등에서도 비교적 높은 회수율이 나타났다. 부동산(147.9%), 운수업(285.7%), 인프라(3159.5%),[2] 환경(142.9%) 등에서는 사실상 투자 잔

---

2) 5,090만 불의 투자에 16억 불의 회수가 이뤄졌다. 이 회수액은 과거 투자의 총액(약 10억 불)보다 많다. 이는 과거에 우리나라 통계에 집계되지 않는 투자가 현지에서 이뤄졌고, 그 금액이 모두 회수됐음을 시사한다.

액이 감소했다. 최근 3년 동안은 회수 건수가 투자 건수보다 많았다. 대체로 최근 5년은 신규 투자와 투자 회수가 공존하는 구조조정의 시기라고 판단된다.

한편 이 시기에는 중국이 금융 부문과 신에너지 자동차 등 첨단 제조업에 대한 외국인 지분 제한을 없애는 등 중국의 개방 수준이 한 단계 높아지긴 했지만 미중 갈등과 코로나 팬데믹으로 인한 불확실성 때문에 정상적인 투자가 이뤄졌다고 보기 어렵다. 가령 SK하이닉스는 우시(無錫)의 반도체 설비 증설에 필요한 첨단 장비를 네덜란드에서 도입하는 데 애를 먹고 있다. 미국의 제재 때문이다.

2. 중국의 대한국 직접투자

중국의 대한투자는 〈표 2〉와 같이 네 시기로 구분한다. 1992~2001년의 탐색기, 2002~2011의 충돌기, 2012~2016년의 1차 성장기, 그리고 2017년부터 최근 5년의 2차 성장기이다.

수교 이후 첫 10년 동안은 총 2억 불 남짓의 투자가 이뤄졌다. 그나마 도소매업에서 1억 3천만 불의 투자가 이뤄졌으니 제조업을 비롯한 나머지 업종에서 의미 있는 투자가 이뤄졌다고 보기 힘들다.

2002~2011년에는 총 35억 불가량의 투자가 이뤄졌다. 이 시기는 중국 기업이 한국 기업을 인수합병 한 사례가 있었고, 그 투자가 대체로 성공하지 못했기에 중국 자본에 대한 반감이 커진 충돌기였다. 〈표 2〉에 나타나듯 쌍용자동차가 포함된 운송용 기계 업종에서 7억 2천만 불의 투자가 나타난다. 그러나 2004년 인수당한 쌍용차는 결국 2009년 1월에 법정관리를 신청했다.

또한 하이디스가 포함된 전기·전자 업종에서 4억 6천만 불의 투자가 나타난다. 그러나 2002년에 인수당한 하이디스 역시 2006년 9월에 법정관리를 신청했다. 애초에 한국이 기대했던 기업회생은 이뤄지지 않았고, 두 사례 모두 이른바 "기술 먹튀" 논쟁을 낳았다. 이밖에 화공(5억 7천만 불)에서 비교적 큰 투자가 관찰된다. 앞 시기에 이어 도소매(2억 5천만 불) 업종의 투자가 눈에 띄고 부동산(4억 불) 투자도 앞으로 이어질 증가세의 조짐을 보여준다.

〈표 2〉 중국의 업종별 對韓투자

(도착기준, 백만 불)

	92~01	02~11	12~16	2017	2018	2019	2020	2021	17~21
총계	217.8	3,512.5	6,423.8	809.2	2,742.6	974.8	1,991.3	1,888.2	8,406.2
농·축·수산·광업	0.5	62.6	11.3	12.2	2.5	0.9	39.6	0.4	55.6
농·축·임업	0.2	5.3	6.7	10.6	2.0	0.7	39.6	0.4	53.2
어업	0.4	50.8	0.6	0.1	-	0.1	-	-	0.2
광업	-	6.6	4.0	1.5	0.6	0.1	-	-	2.2
제조업	50.2	1,888.0	1,396.1	226.2	866.8	575.4	1,372.9	841.5	3,882.8
식품	5.1	24.3	47.2	1.9	162.5	201.7	228.6	40.8	635.4
섬유·직물·의류	2.2	2.8	28.9	0.1	0.4	1.8	97.5	0.4	100.2
제지·목재	1.8	1.9	2.4	-	-	-	-	0.4	0.4
화공	5.6	573.0	155.0	137.5	5.8	31.6	177.2	398.6	750.8
의약	2.9	0.8	2.3	0.1	6.9	0.2	110.0	1.1	118.4
비금속광물제품	0.7	1.9	31.1	0.4	0.6	-	-	6.1	7.1
금속·금속가공제품	4.5	93.4	213.3	2.7	136.6	5.0	32.2	45.9	222.5
기계장비·의료정밀	2.8	4.8	353.3	7.0	171.0	107.9	104.7	31.0	421.5
전기·전자	20.1	461.7	153.4	35.3	302.9	82.7	539.4	312.2	1,272.5
운송용·기계	2.2	720.6	368.1	3.4	79.9	143.8	82.4	5.0	314.5
기타제조	2.3	2.8	41.1	37.9	0.1	0.6	0.9	0.1	39.6
서비스업	163.6	1,554.6	4,815.8	557.2	1,825.1	394.9	577.9	883.4	4,238.5
도·소매(유통)	126.9	253.7	402.5	124.5	82.7	182.3	173.4	546.9	1,109.9
숙박·음식점	12.9	130.8	473.3	19.4	7.9	9.8	4.0	6.1	47.4

운수 · 창고	2.2	25.2	59.2	1.6	101.6	90.1	101.1	100.5	394.8
정보통신	3.9	30.4	266.5	167.0	71.5	5.8	7.2	11.8	263.3
금융 · 보험	0.6	0.9	1,561.3	3.7	587.0	-	1.5	150.1	742.3
부동산	0.6	404.4	1,618.1	42.1	934.0	54.1	128.6	1.9	1,160.6
사업지원 · 임대	1.8	6.9	33.4	1.9	1.9	3.6	126.6	0.8	134.8
연구개발 · 전문 · 과학기술	1.8	637.1	315.5	73.9	38.2	43.9	19.6	64.5	240.1
여가 · 스포츠 · 오락	10.5	61.0	75.9	121.1	0.1	0.5	5.2	0.3	127.2
공공 · 기타서비스	2.4	4.4	10.0	2.1	0.3	4.7	10.7	0.6	18.3
공공시설 및 건설	3.5	7.3	200.7	13.6	48.3	3.7	0.9	162.9	229.2
전기 · 가스	0.1	1.9	45.0	-	41.9	0.1	0.2	-	42.2
수도 · 하수 · 환경정화	0.7	0.7	35.9	3.2	1.1	2.7	0.2	0.6	7.8
종합건설	2.0	2.9	117.7	10.4	5.2	0.8	0.1	162.0	178.5
전문직별공사	0.7	1.9	2.0	-	0.1	-	0.4	0.3	0.7

자료: 산업통상자원부 데이터를 이용하여 저자 작성.

2012년 이후로는 중국의 대한 투자가 가파르게 상승한다. 첫 5년간(2012~ 2016년) 누적 투자액은 64억 불로 중국의 연평균 10억 불 대한 투자 시대가 열린다. 투자금액이 가장 큰 업종은 부동산(16억 불)이다. '상하이 그린랜드 (綠地)'의 제주헬스케어 투자(9억 불), '안휘 랜딩(藍鼎)'의 제주신화월드 투자(11억) 등이 반영된 것이다. 또한 이 시기 15억 6천만 불의 투자가 금융보험에서 나타나는데, 2015년 안방(安邦)보험의 동양증권 지분 63% 인수(10억 5천만 불)와 2016년 우리은행 지분 4% 인수(2억 6천만 불) 등이 포함된다. 이밖에 화공(1억 5천만 불) 부문의 투자는 2013년 중국항공유(China National Aviation Fuel)가 여수 오일허브(Oilhub Korea Yeosu)의 지분 26%(1억 3천만 불)를 인수한 사례가 포함된다. 이상과 같은 투자 례는 〈표 3〉에 정리돼 있다.

2017년 이후 현재까지 5년 동안은 84억 불의 투자가 중국으로부터 한국으로 시행됐다. 특히 2018년은 27억 불로 사상 최대 투자를 기록했다. 업종별로는 도소매(11억 1천만 불)와 부동산(11억 6천만 불)이 변함없이 가장 큰 투자 부문이다. 금융 부문에서는 2018년에 5억 9천만 불의 투자가 집계되는데 여기에 2017년 이뤄진 알리바바의 카카오페이 구축 투자(2억 불)이 포함됐을 가능성이 있다. 안방보험 이후 중국의 금융업 투자는 그리 많지 않다. 제조업에서는 전기·전자(12억 7천만 불), 화공(7억 5천만 불), 식품(6억 4천만 불)에서 중국 투자가 크게 나타났다.

<표 3> 최근 중국의 한국기업 지분투자 사례

연도	중국기업	백만불	취득 지분	투자대상	업종	비고
2010	Tianyu Group	990	100%	Lippo Incheon Development	부동산	인천경제자유구역 미단시티 개발
2010	Shanda Interactive	100	100%	Eyedentity Games	게임	
2012	Shanghai Greenland	900	100%	제주헬스케어타운	부동산	
2013	China National Aviation Fuel	130	26%	Oilhub Korea Yeosu	석유	한국석유공사 29%
2013	Shanghai Greenland	980	41%	제주드림타워	호텔	롯데관광개발 59%
2014	Anhui Landing	1,100	50%	Genting Singapore	부동산	제주신화월드 개발
2014	Tencent	500	28%	CJ Games	게임	
2015	Anbang	1,030	63%	동양증권	증권	
2015	Jumei	130		It's Skin	화장품	
2015	China Mobile Communications	280	40%	코리아텔넷 (KTNET)	이동통신 사업자	
2016	Anbang	260	4%	우리은행	은행	
2016	Anhui Landing	420			Tourism	?
2017	China Net Center	190	98%	CDNetworks	정보통신	CDN 서비스 제공
2017	Alibaba	200	39%	카카오	금융	카카오페이 구축
2017	Huarong	1,830			Tourism	?
2017	China Aerospace Science and Technology	180	51%	Erae Auto	자동차 부품	SDAAC(Shanghai Delphi Automotive Air Conditioning)와 Erae가 합병하여 ESTRA 설립

2018	Qingdao Doublestar	600	45%	Kumho Tire	타이어	
2020	Shanshan Technology	760	70%	LG화학	디스 플레이	LCD편광판 사업 인수

자료: China Global Investments Tracker,[3] 이승신 외(2018),[4] 각종 언론기사를 이용하여 보충.

한편 〈표 3〉에 나타난 2018년 '칭다오 더블스타(雙星)'가 금호타이어의 지분 45%를 6억 불에 인수한 것이나 2020년 'Shanshan Technology(上海衫衫)'가 LG화학의 LCD편광판 사업 지분 70%를 7억 6천만 불에 인수한 사례 등은 〈표 2〉에서 통계로 확인하기 힘들다. 그것은 아마도 계약 시점(〈표 3〉)과 투자도착 시점(〈표 2〉)의 차이이거나, 우회 투자처를 경유하여 중국 자본으로 포착되지 않았기 때문일 수 있다.

3. 한국 기업 대중투자의 영향 평가

1) 한국의 무역수지

한국의 대중 투자는 대중무역수지와 밀접한 관계를 가진다. 1988년부터 2021년까지의 34년의 시계열 데이터를 이용하여 두 변수 사이의 상관관계를 측정해보면 〈그림〉과 같은 결과를 얻는다. 중국만을 고려했을 때 투자액과 무역수지 사이의 계수는 7.72이고($R2=0.56$), 홍콩을 합쳤을 때 계수는 9.36이다($R2=0.71$).

---

3) China Global Investments Tracker. www.aei.org/china-global-investment-tracker(검색일: 2022.3.30).

4) 이승신·현상백·나수엽·조고운, 「중국기업의 인수합병을 통한 해외진출 전략과 정책 시사점」, 『KIEP 연구보고서』 18-32 (2018).

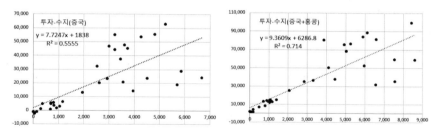

〈그림〉 對중국 투자액과 무역수지 사이의 상관관계

자료: 한국무역협회5)와 한국수출입은행6) 데이터를 이용하여 저자 계산.

　이렇듯 투자와 무역수지의 관계는 상당히 밀접한데, 그것이 단순히 현지 투자기업이 모국으로부터 수입을 하기 때문이라고 해석해서는 곤란하다. 한국수출입은행이 매년 발행하는 「해외직접투자 경영분석 보고서」에는 국가별 투자 잔액에 대한 무역수지 개선 효과가 계산되어 발표된다. 현지법인이 본국(한국)으로 얼마나 수출과 수입을 하느냐를 따져서 무역수지가 얼마나 늘고 주는지 계산하는 것이다. 이를 수집한 〈표 4〉에 따르면 재중 한국기업의 무역수지 개선효과는 줄곧 마이너스(−)이다. 현지 투자법인 한국에서 수입하는 것보다 한국에 역수출하는 금액이 더 크다는 뜻이다.

　현지와 모국 사이의 이러한 무역역조는 교역의 구조 때문인 것으로 짐작된다. 한국에서 부품·소재를 수입하여 한국으로 가공품(완제품 혹은 가공품)을 수출하기 때문에 필연적으로 수입가격이 수출가격보다 높게 마련인 것이다. 그러나 부가가치 무역을 계산하면 현지와 모국 사이에서 모국이 흑자를 볼 것으로 예상된다. 모국의 부품·소재가 더 부가가치가 크기 때문

5) 한국무역협회 무역데이터. www.kita.net (검색일: 2022.5.1).
6) 한국수출입은행 해외투자통계. www.koreaexim.go.kr (검색일: 2022.5.1); 한국수출입은행, 『2010 회계연도 해외직접투자 경영분석』 (2011); 한국수출입은행, 『2015 회계연도 해외직접투자 경영분석』 (2016); 한국수출입은행, 『2020 회계연도 해외직접투자 경영분석』 (2021).

<표 4> 재중 한국기업 매출·매입 비중 및 무역수지 개선효과(%)

	매출비중			매입비중			무역수지 개선효과
	현지매출	한국수출	제3국수출	현지매입	한국수입	제3국수입	
2020	61.6	33.7	4.6	62.2	31.6	6.1	-29.5
2019	57.1	37.1	5.8	59.0	34.3	6.7	-42.0
2018	56.7	36.6	6.7	57.0	33.4	9.6	-38.8
2017	59.4	35.5	5.1	58.8	30.9	10.3	-50.9
2016	63.7	31.1	5.1	60.3	29.1	10.6	-41.0
2015	62.2	31.6	6.2	56.4	30.1	13.6	-55.6
2011	59.0	32.9	8.1	58.0	30.0	11.9	-74.4
2006	48.5	15.8	35.7	42.8	40.5	16.7	-154.6

자료: 한국수출입은행(2021; 2016; 2011)

이다.

어쨌듯 통관기준 명목상 한국은 중국에 대해 매년 수백억 불의 무역수지 흑자를 보지만(2021년의 경우, 중국 243억 불, 홍콩을 합치면 595억 불), 그 직접적인 원인이 재중 한국기업은 아니다. 그보다는 중국 본토 기업과 외자기업들을 포함한 종합적인 밸류 체인이 작동한 결과라고 해야 할 것이다.

한 가지 주목해야 할 추세는 재중 한국 기업들이 매출과 매입을 현지화 했다는 것이다. <표 4>에 따르면 현지 매출 비중은 2006년 48.5%에서 2020년 61.6%로 높아졌다. 현지 매입 비중도 같은 기간 42.8%에서 62.2%로 크게 높아졌다. 즉 판매와 조달이 현지화 되면서 모국과의 관계가 약해진다는 뜻이다. <표 4>의 무역수지 개선효과가 개선되는 현상도, 모국과의 관계가 약화 되면서 그 절대값이 작아지는 과정이라고 이해할 수 있다.

<표 5> 한국 해외투자 기업의 한국 투자자 배당금 및 로열티 지급액(백만 불)

	2016		2017		2018		2019		2020	
	배당	로열티	배당	로열티	배당	로열티	배당	로열티	배당	로열티
미국	376	376	250	326	384	336	455	555	449	398
베트남	131	177	251	490	247	631	199	467	203	602
중국	1,835	1,286	1,646	1,039	1,417	1,112	1,080	922	788	781

출처: 한국수출입은행(2021)의 자료를 이용하여 저자 작성

2) 한국의 해외요소 소득

해외직접투자를 하는 것은 그로 인한 무역유발 효과를 노리기 때문이기도 하지만 현지에서 이윤을 창출하여 본국으로 과실 송금을 하기 위함이기도 하다. 투자에 대한 배당금과 기술특허에 대한 로열티가 이러한 과실 송금 내용 중 일부이다.

〈표 5〉에 나타난 대로 중국이 한국 투자자에게 지급한 배당금은 주요국들 중 압도적인 1위이다. 2020년의 경우 중국은 7억 9천만 불인 반면 2위인 미국은 4억 5천만 불이다. 즉 대중투자의 수익이 다른 나라에 비해 좋다는 뜻이다. 중국이 한국에 지불한 로열티도 주요국들 중 1위이다. 2020년의 경우 중국은 7억 8천만 불인 반면 2위인 베트남은 6억 불이다.

<표 6> 재중 한국기업 매출액(백만 불) 및 영업이익률(%)

	2006	2011	2015	2016	2017	2018	2019	2020
매출액	41,023	165,380	213,639	187,032	175,845	142,015	147,538	125,234
영업이익률	2.0	3.9	4.8	4.7	3.9	3.2	2.1	2.2
당기순이익률	1.9	3.4	2.7	4.0	2.9	2.3	0.8	1.4

자료: 한국수출입은행(2021; 2016; 2011)

이렇듯 현재 중국은 가장 중요한 해외 요소 소득 발생국가이다. 그러나 추세를 보면 비관적이다. 중국에서 발생하는 배당금과 로열티가 감소하고 있기 때문이다. 2016년 대비 2020년 배당금은 18억 4천만 불에서 7억 9천만 불로, 로열티는 12억 9천만 불에서 7억 8천만 불로 줄었다. 이러한 감소의 원인은 매출 자체도 줄고 영업 이윤률도 낮아졌기 때문이다. 〈표 6〉에 의하면 재중 한국기업의 매출액은 2015년 정점(2,136억 불)을 지나 줄곧 하락하고 있다(2020년 1,252억 불). 영업이익률도 같은 기간 4.8%에서 2.2%로 줄었다. 당기순익률도 비슷한 추세를 보인다.

3) 중국 산업 업그레이드

한국 기업의 대중국 투자는 중국 산업 업그레이드에 일정한 기여를 했다. 삼성전자의 쑤저우(蘇州) 공장은 중국의 발전단계에 따라 저부가가치형 가전과 부품으로부터 휴대폰과 고급가전으로 차례대로 진화했다. LG의 후난(湖南)과 광둥(廣東) 공장 역시 끊임없이 자체 업그레이드를 했다. 초기에는 한국의 부품을 가져다가 재수출하는 모델로서 중국에 남겨진 부가가치가 많지 않았지만 점차 조달과 판매를 현지화하면서 중국 내부의 밸류 체인을 형성하게 됐다. SK하이닉스는 우시(無錫)에 설비를 확충하면서 현지에 반도체 클러스터를 형성하기 위해 지방정부와 밀접히 협조하고 있다. 현대자동차의 협력사들도 초기에 현대차만 바라보고 동반 진출을 했지만 점차 현지에서 납품을 하고 현지에서 조달하는 체제를 갖추고 있다. 그렇게 한 기업은 살아남고 그렇지 못한 기업은 철수했다고 보는 것이 정확하다.

한국의 대중 투자 설비는 그 시효를 다하면 중국 현지 기업에게 매각되곤 하는데 이 역시 중국 산업 업그레이드의 한 방법이기도 하다. 앞장에서 살펴본 중국의 대한(對韓)투자 현황에 잘 나타난다. 자세한 평가는 이어지는 장에서 이어간다.

4. 중국의 대한(對韓)투자 평가

한국의 대중투자가 주로 그린필드(Green Field, 법인과 설비를 신설)형이라면 중국의 대한투자는 대부분 브라운필드(Brown Field, 기존 법인의 지분과 설비를 인수)형이다. 중국이 한국 기업을 인수했을 때 어떤 일이 벌어졌고 그것을 어떻게 평가해야 하는가?

중국이 한국 기업을 인수한 최초의 두 사례는 기술만 빼앗기고 사회적 부가가치는 창출하지 못했다는 비판을 면하기 힘들다. 앞서 살펴본 쌍용차 사례와 함께 2002년 BOE가 하이디스를 인수한 것은 BOE의 부상과 한국 디스플레이 몰락의 씨앗이었다. 2021년 현재 BOE는 이 부문의 기술력과 생산량에 있어 한국을 압도하고 있으며, OLED라는 최첨단 부문에도 진출하기 시작했다.[7]

그러나 이는 자의적인 후일담일 수 있다. 당시 중국은 최적의 인수후보였고, 그보다 더 좋은 조건을 제시한 곳은 없었다. 설사 중국이 기술 흡수만을 노렸고 한국이 그것을 짐작했다고 해도 더 나은 인수자가 나오지 않는 한 중국의 인수를 막을 수 있는 제도는 없었다. 그리고 중국의 기술 탈취에 대해서도, 디스플레이의 경우 하이디스 인수 후 10년 가까이 지난 다

---

7) 최필수, 「2021년 한중 경제관계: 미중갈등과 산업경쟁력 변화의 도전과 대응」, 『2021 중국정세보고』 (서울: 국립외교원 중국연구센터, 2022), p.323.

음에야 한국이 중국에게 추격당했다면 그것은 선방했다고 볼 수도 있다. 쌍용차의 경우 고용승계가 이뤄지지 않았다고 비난할 수도 있지만 다만 몇 년이라도 고용을 유지했다고 평가할 수도 있다.

앞서 살펴봤듯이 2000년대 초 이러한 인수합병 소동을 겪은 후 한동안 중국 기업의 한국 투자는 뜸했다. 그 후 2010년대에 들어 중국의 투자는 재개됐는데 주로 부동산·금융·게임·서비스업을 그 대상으로 한다. 이러한 최근 10년간의 투자는 과거 기술탈취 논란과 다른 차원의 특징을 보인다.

첫째, 부동산 개발 등을 통해 실질적인 부가가치 창출이 벌어진다. 한국 사회가 필요로 하는, 적어도 지역사회가 필요로 하는 개발 프로젝트가 수행되는 것이다. 물론 이것조차도 중국인이 수행하는 것에 대한 불만이 있는 것이 사실이나, 이는 편견에 불과하다고 간주해야 옳다. 미국이나 유럽 자본이 같은 부동산 개발을 했다면 그런 불만은 없었을 것이기 때문이다.

둘째, 중국의 선진기술과 노하우가 한국에 전수되기도 한다. 2017년 알리바바가 카카오페이 구축에 2억 불을 투자했을 때 단순히 자금만 투입한 것은 아니다. 알리바바가 중국에서 먼저 구현한 모바일 생태계를 한국에서 구현하고자 하는 카카오와 그것에 참여하고자 하는 알리바바의 전략적 만남이었던 것이다. 39%의 지분을 인수해 카카오페이의 2대 주주가 된 알리바바는 많은 부문에서 카카오페이를 성사시키기 위해 카카오와 협업했다. 또한 중국의 전기자동차 업체인 바이톤과 지리자동차는 최근 전라북도 군산의 산업단지에 투자하여 각각 전기 승용차와 전기 트럭을 생산하고 있다. 이는 지역 경제에 활력을 줄 뿐 아니라 전기차 생산과 운용의 노하우도 한국에 이식시킬 수 있다. 앞으로도 자율주행, 안면인식, 인공지능 등 중국이 앞서 있는 분야에서라면 중국의 대한국 투자가 한국의 기술 수준을 끌어올리는 촉매제가 될 수 있다.

셋째, 중국 기업에게 인수되는 것은 중국 시장에 진출하는 방법이기도 하다. 게임 업체가 중국에 인수되면 우리의 게임 아이템과 개발자가 중국 시장에 진출할 수 있다. 잇츠스킨이 쥐메이에 인수됨으로서 우리의 디자인과 기술이 중국에서 결실을 맺을 수 있다. 우리 스스로의 기술과 자본으로 중국에 그린필드 투자를 하여 같은 효과를 얻는다면 최선이겠으나, 그렇게 하기 어려울 경우 중국에게 브라운필드 투자를 받아서 같은 효과를 누리는 것이 차선이다.

넷째, 경제 안보적으로 도움이 될 수 있다. 2013년에 중국의 국영 항공유 회사(China National Aviation Fuel)이 전남 여수의 석유저장 시설에 지분 투자를 했다. 이러한 기회를 효과적으로 활용하면 중국이 우리의 비축유에 접근하는 동시에 우리도 중국의 비축유에 접근할 수 있는 길이 열릴 수 있다. 계약조건을 잘 설계하면 가능하다. 에너지를 해외에 의존하는 공통된 입장에서 한국과 중국은 상호 투자를 통해 이러한 안보 리스크를 상쇄할 수 있다.

5. 한국기업의 구조조정과 정치 리스크 최소화

한국 기업들은 중국에서 어려움을 겪을지언정 중국을 포기하지 않고 있다. 2021년 한국기업의 중국 비즈니스 현황을 정리한 〈표 7〉에 따르면 한국 기업들은 중국 시장 개척과 생산 합리화를 위해 고군분투하고 있다. 앞서 구조조정(투자회수)과 투자가 동시에 이뤄지는 현황을 데이터로 확인했지만, 그 비즈니스의 실체는 이와 같다. 한국 기업이 중국의 밸류 체인에 녹아들어가는 노력을 한다고도 할 수 있다. 이러한 노력이 성과를 거둔다면 한중 경제 관계는 다시 새로운 국면을 맞을 수 있다.

이런 상황에서 기업의 경제협력이 정치적 영향을 받는 사태를 최소화해야 한다. 2017년 이후 사드 사태, 미중 전략적 경쟁의 격화, 코로나 팬데믹 등 대내외적 요인에 의해 우리 기업이 직면한 통상환경이 그다지 좋지 못했다. 특히 최근 들어 효율을 중시하는 글로벌 가치사슬(GVC)이 공급망의 안정을 중요시하는 방향으로 전환되고 있다. 한중 양국 간 무역과 투자의 관계도 이러한 일련의 변화를 반영하여 재편될 것이다. 그러나 무역에 있어 대중 의존도를 줄이고, 대중국 투자를 줄이는 축소지향형 구조 개편이 아니라 효율과 안정성을 동시에 담보할 수 있는 전략적 포트폴리오의 구축이 필요하다. 이를 위해서 기본적으로 시장이라는 현장에서 사업을 하는 기업이 주도적으로 변화된 통상환경에 능동적으로 대응해야 한다.

〈표 7〉 2021년 우리나라 주요 기업들의 재중국 활동

	확장	구조조정
반도체	• 삼성전자의 낸드 플래시 공장 확장 • SK하이닉스의 중국 사업 확대	
전자	• LG전자 난징 자동차부품 설비 확장 • 삼성전자 DX본부 중국사업혁신팀 출범	• LG전자의 구조조정
디스플레이		• BOE의 OLED 진출
배터리	• LG에너지솔루션의 지분인수를 통한 자원 확보 • 포스코케미칼의 설비 확장	
석유화학	• 중한석화 설비 지속 확장	
철강	• 포스코 자동차강판 합작사업 추진	• 현대제철 중국 사업 구조조정
자동차	• "Rising again, For China" • HTWO 광저우(廣州) • 포스코인터내셔널, 쑤저우 모터코아 설비 확대	• 현대차의 중국 공장 매각 및 구조조정
원전설비	• 두산중공업 지진자동정지설비 납품	

자료: 최필수(2022), p.346.

이러한 기업 차원의 노력의 최대 복병은 정치적·이념적 조급함이다. 정치적 담론에만 몰두하면 미중 간에 당장이라도 디커플링이 벌어지고, 한중 경제 관계도 그 흐름을 따라야 할 것 같은 조바심을 느끼게 된다. 그러나 2020년과 2021년 미중 간 교역과 투자는 전혀 감소세를 보이지 않았다. 밸류 체인은 생각보다 튼튼하고, 이윤을 추구하려는 기업의 동기는 정치적 반목을 우회하고 있다. 대표적으로 애플과 테슬라 모두 중국 시장 진출과 중국 생산 확대를 지향하고, 실천하고 있다. 미국 무역대표부(USTR) 캐서린 타이 대표도 이러한 추세를 인정하고 디커플링이 아니라 리커플링(Recoupling)을 언급한 바 있다. 한중 디커플링은—그런 것이 필요한지는 둘째 치고—미중 디커플링보다 앞서가선 안 된다.

중국 산업구조 변화와 중한 경제 공진화

허시유(何喜有)*

1. 서언

중한수교 이래 30년간 양국 경제관계는 눈에 띄는 성취를 이루었지만 최근 수년간 그 기세는 주춤하고 있다. 기존의 협력패턴의 효과가 저조해진 반면, 새로운 협력패턴은 아직 정착하지 못하고 있어 모멘텀이 약해지고 무력감은 심화되고 있다. 코로나 팬데믹이 만연하고 미중 분쟁이 지속되고 있으며 RCEP이 발효되고 있는 현재 국면에서, 중한 양국의 정부, 기업, 민중 그리고 학계는 글로벌 거버넌스 시스템의 재편 및 지역화 추세 등 여러 변수들을 마주한 채 새로운 환경에서의 경제협력 방식에 관심을 두고 있다. 변화된 상황 속에서 협력의 시작점 또한 과거와는 다를 것이다. 따라서 양국 경제협력이 공생과 공진화의 길로 나아갈 수 있을지 판단하기 위해, 외

* 무단대학교 경제학원 교수.

부환경과 내부조건 및 관련 요인들을 새롭게 인식하고 분석하는 것이 요구된다고 하겠다.

구체적으로 이 글은 아래의 질문들에 대한 답을 제시해 볼 것이다. 중국 산업구조 변화는 새로운 시대의 중한경제 공생 및 공진화에 어떤 기회요인으로 작용할 것인가? 양국은 어떻게 경제협력을 심화할 것인가? 이 질문에 대해, 특출한 규모의 중국 경제와 시장을 전제로 하여 중국 산업구조 변화의 추세와 특징을 분석하고 양국 경제협력의 성취와 경험적 교훈을 정리해 본다. 이를 통해 중한협력의 심화가 지닌 잠재력과 저력을 찾아내고 중한 양국 경제 공생 및 공진화의 접점, 메커니즘, 패턴을 확인한 후 그 바탕 위에 몇 가지 제언을 덧붙일 것이다.

2. 중국 산업구조 변화의 추세와 특징

1) 산업구조 변화의 전반적 추세

개혁개방 이래 중국 1, 2, 3차 산업구조가 국민경제에서 차지해 온 주체적 지위를 비중 순으로 구분해 보면, 1978~1984년의 '2-1-3' 구조가 1985~2011년의 '2-3-1' 구조를 거쳐 2012년 이후 현재까지의 '3-2-1' 구조로 변천해 왔다. 이러한 추세는 산업구조 변화의 보편적 원리에 부합하는 것이기도 하다. 보다 구체적으로 각 산업의 비중을 역사적 연도에 따라 구분해 보면, 1978년의 산업별 비중은 '27.7%−47.7%−24.6%'였는데 2차 산업이 압도적 비중을 점한 가운데 1차 산업이 3차 산업보다 높은 상태였다. 1985년의 산업별 비중은 '27.9%−42.7%−9.4%'로 2차 산업 비중이 여전히 수위를 유지했으나 그 비중은 줄어들었고, 3차 산업이 1차 산업을 역전하고 있다. 2012년의 산업별 비중은 '9.1%－45.4%－45.5%'로 3차 산업이 처음으로 2차 산업을 넘어선 동시에 1차 산업 비중은 가장 낮았다.

2021~2025년 사이(14차 5개년 규획 시기)에 중국 경제의 고품질 발전 추세는 한층 강해질 것이고 산업구조 전환 및 업그레이드 역시 두드러질 것이다. 1차 산업 비중은 점차 내려가겠지만 향촌진흥 전략 및 농산품 가격 상승에 따라 1차 산업 비중 축소는 소폭에서 그칠 것이다. 그리고 차세대 과학기술 및 산업변혁, 혁신 위주 발전, '탄소피크제 및 탄소중립' 목표라는 조건 속에서 공업의 혁신발전역량이 대폭 상승하여 고부가가치 발전과 녹색발전이 새로운 단계로 접어들고 2차 산업 비중은 안정적으로 줄어들 것이다. 마지막으로, 산업구조 업그레이드와 신형 도시화 및 소비수준 상승 등 배경 속에서 3차 산업은 새로운 발전의 전기를 맞게 될 것이며, 주도 산업으로서의 지위가 부각되면서 비중이 상승할 것이다.

〈그림 1〉 중국 산업구조 변화 추세 (1978~2025)

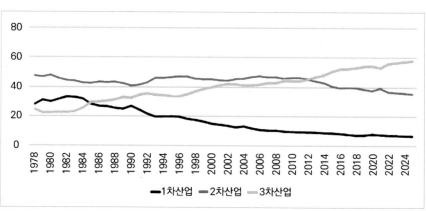

자료: 국가통계국 데이터 활용하여 작성.
* 2022~2025년 데이터는 예상치

2) 중국 제조업의 지위와 문제점

중국이 지닌 제조업 대국으로서의 지위는 매우 공고하다. 2010년 이래 중국 제조업은 이미 12년 연속으로 세계 1위를 차지하고 있다. 그 구체적 면면은 다음과 같다.

첫째, 규모 면에서 막대하다. 2012~2020년 사이, 중국의 공업 부가가치는 20.9조 위안에서 31.3조 위안으로 증가했고 그중 제조업 부가가치만 보면 16.98조 위안에서 26.6조 위안으로 증가했다. 중국 제조업 부가가치가 세계에서 차지하는 비중 또한 지속 상승해 왔는데 2001년에 독일을 추월하고 2007년에는 일본을 추월했으며 2010년에는 미국을 추월한 이래로 12년 연속 수위를 차지하고 있는데, 구체적인 비중은 2010년의 18.2%에서 2012년의 22.5%를 거쳐 2021년 근 30%까지 상승했다.

둘째, 완결성 높은 시스템을 구축했다. 중국 공업은 41개 대분류, 207개 중분류, 666개 소분류로 구성되며, 이는 세계 공업 시스템 중에서도 가장 완결성이 높은 수준이다. 500종의 주요 공업생산품 중 40% 이상의 상품생산량이 세계 1위를 차지하고 있다.

셋째, 상품경쟁력이 강하다. 현재 중국의 태양광, 신에너지 자동차, 가전제품, 스마트폰, 상용 드론 등 중점 산업은 이미 세계 선두권에 올라섰으며, 통신장비, 공작기계, 고속철 등 대량 고부가가치 브랜드들이 세계에서 경쟁하고 있는 등 제조업의 고부가가치화가 꾸준히 추진되고 있다.

그러나 "크지만 강하지 않다"라는 점이 중국 제조업이 시급히 해결해야 할 문제이다. 특히 핵심 기초부품, 핵심 소프트웨어, 핵심 기초소재, 선진 원천기술 등의 문제들이 두드러진다. 그리고 중국은 산업 공급망 안보에 있어 네 가지 방면의 문제를 지니고 있는데, 바로 핵심기술 부족, 산업 가치사슬 생태계의 불완전성, 고급 인재의 부족, 지역 산업 가치사슬 내 수평적 경쟁이다. 현재 제조업을 필두로 하여 중국 실물경제는 효율화가 부족하다는 문제가 노정되고 있고, "산업구조는 변환되고 있지만 업그레이드는 되지 않는" 현상 또한 존재한다. 그 주요한 원인은 바로 '제조업의 서비스화'가 충분치 않고 고부가가치 서비스 역량이 부족한 데 있다.

3) 중국 산업구조 전환 및 업그레이드의 방향

2021~2025년 중국이 현대적 산업시스템 구축을 위해 설정한 주요 임무는 경제발전의 주안점을 실물경제 위에 두고 흔들림 없이 제조강국 건설을 도모하는 것으로, 구체적으로는 산업기반의 고급화와 산업 가치사슬의 현대화를 추진하고 실물경제, 과학기술혁신, 현대적 금융, 인적자원이 협동발전되는 현대산업 시스템을 구축하고, 경제의 질적 효용 및 경쟁력을 제고하는 것이다. 그 구체적 조치들은 다음의 사항들을 포함한다.

① '제조강국' 전략을 심화하여 실시한다. 이는 곧 자주적으로 통제가능하고 안보 효율 또한 높은 산업 가치사슬 및 공급망을 구축하고, 제조업 비중을 기본적으로 안정시키면서 제조업 경쟁우위를 증강하며, 제조업의 고품질 발전을 추진하는 것을 의미한다.

② 전략적 신흥산업을 강화발전 시킨다. 이는 곧 미래 산업발전의 기선을 제압하고 선도적이고 중심적인 산업을 육성하여 전략적 신흥산업의 융합화, 집체화, 생태화를 꾀하는 것이다.

③ 서비스산업 발전을 촉진한다. 이는 곧 산업 전환과 업그레이드, 소비수요의 업그레이드에 초점을 맞춰 서비스 산업 공급의 안정화와 효율 및 품질을 제고하는 것으로, 우수하고 고효율이며 최적화된 구조와 강한 경쟁력을 갖춘 서비스 산업의 새로운 시스템을 구축하는 것이다.

국가발전개혁위원회를 비롯한 13개 국가부처는 2021년 3월 16일 〈제조서비스업 고품질발전의 가속 추진에 관한 의견(關於加快推動制造服務業高質量發展的意見)〉(이하 〈의견〉)을 연합 반포하였다. 이는 중국에서 처음으로 채택된 제조서비스업(制造服務業)에 관한 전문적 정책문건으로 새로운 발전단계로의 진입, 새로운 발전이념의 투사, 새로운 발전형국의 구축을 담지한 중요한 조치이다. 이 〈의견〉에서 제시하고 있는 발전목표는 2025년까지 제조서비스업이 제조업을 품질과 효용, 혁신 능력, 자원배분효율 등 측면에서 업그레이드시키는 작용을 유의미하게 증강하고, 제조업 고품질발전의 버팀목이자 견인차로서의 역할을 더 부각하는 것이다. 중점영역 제조서비스업의 전문화, 표준화, 브랜드화, 디지털화, 국제화 수준이 명확하게 업그레이드되면, 특색이 선명하고 우위가 부각되는 일군의 제조서비스업 클러스터 및 시범기업들이 등장할 것이다.

2016년 공업정보화부가 최초로 발표한 〈제조업 업종별 챔피언기업 육성 및 업그레이드 특별행동 실시방안(制造業單項冠軍企業培育提升專項行動實施方案)〉 이래로 6차에 걸쳐 848개의 제조업 기업들이 챔피언 기업으로 선정되었다. 2025년까지 단계별 기본 형태를 더욱 강화 발전시켜 1만 개의 '전정특신(專精特新)' 기업, 즉 '작은 거인(小巨人)' 기업들과 1천 개의 업종별 챔피언 기업 및 '산업 가치사슬 선도기업(産業鏈領航企業)'을 육성할 것이다.

3. 외국인 투자기업의 중국 내 투자상황과 전략조정

1) 현재 중국 외국인투자정책의 방향과 형세

중국은 2012년 이래 외자이용(주로 FDI유치의 의미 - 편집자 주)을 통해 개방형 경제라는 새로운 체제 및 고품질 발전의 시대로 접어들게 되었다. 2021년 12월 상무부가 발표한 〈'14차 5개년 규획' 외자이용 발전규획("十四五"利用外資發展規劃)〉(이하 〈규획〉)은 2021년에서 2025년의 총 목표를 다음과 같이 명시하고 있다. 즉, "외자이용 규모에서 세계 선두주자가 되고 외자이용 대국의 지위를 공고히 하며, 외자이용 구조를 지속적으로 최적화하고 해외투자와 무역 및 소비촉진과의 연동작용을 강화하며, 국내경제 대순환의 촉진과 국내－국제 쌍순환의 연계를 위해 한층 적극적인 작용을 하는 것"이다. 그 외에도 '2035년 장기비전 목표'로 △외상투자(이하 FDI) 유치에서의 더 명확한 종합 경쟁우위, △외자이용 수준의 현저한 제고 및 질적 업그레이드, △국제 일류의 기업경영 환경, △초국적투자의 주요한 목적지, △동아시아 혁신 및 고부가가치 제조업의 중심지, △국제경제협력 및 경쟁에의 참여강화를 제시했다.

이 〈규획〉은 "외자이용 구조의 진일보한 개선"이라는 발전목표를 제시하고 있다. 이는 곧 △FDI 투자 산업구조의 최적화, △하이테크기술 산업, △전략적 신흥산업, △현대적 서비스업 등 FDI 질적 수준이 높아지고, FDI특구가 합리적으로 배치되며 FDI 에이전트 구조가 더욱 완벽해짐을 의미한다. 외자 이용 구조의 지속적 최적화에 관해, 〈규획〉이 제시하고 있는 목표는 "외자가 디지털 전환, 에너지 절약 및 환경보호, 생태환경, 녹색 서비스 등 산업에 투입되도록 하고, 신형 인프라 시설 건설에 참여하게 한다. 또 FDI 기업에게 R&D 지원, 금융서비스, 현대적 물류, 공급망 관리, 정보서비스 등 생산자서비스와 의료, 건강, 양로, 육아, 여행, 가사관리 등 생활 서비스를 제공한다. 그리고 FDI 기업의 글로벌 및 지역 본부와 R&D센터 설립을 지원하고 국가의 과학기술 프로젝트 참여를 장려한다. 2025년 하이테크 산업의 외자유치율을 30%로 올린다" 등이다.

뿐만 아니라, 국가발전개혁위원회와 상무부는 2021년 12월 27일 〈외상투자 진입 특별관리조치(네거티브 리스트)(2021년판)〉와 〈자유무역시험구 외상투자 진입 특별관리조치(네거티브리스트)(2021년판)〉를 배포하고, '네거티브리스트'를 각각 31조와 27조로 축소했는데 이는 각각 6.1%와 10% 만큼 줄어든 수치이다.

중국의 외자이용 규모는 30년 연속으로 개발도상국 중 수위를 차지했고, 2017년에서 2021년 사이에는 5년 연속으로 세계 2위를 기록했다. 2022년 6월 9일 유엔무역개발기구(UNCTAD)에서 발표한 〈World Investment Report 2022〉에 따르면, 중국의 FDI 유치가 두드러지고 있는데, 2020년에 6% 증가한 이후 2021년에는 21%까지 증가폭을 올려 총 규모가 1,810억 달러에 달하고 있다. 그리고 서비스업 및 하이테크 산업으로의 강한 투자세 속에서 2022년 중국의 FDI 유치 전망은 더욱 낙관적이다.

〈그림 2〉 중국의 실제 FDI 이용액(도착 기준) 및 그 성장률 추세(단위: 1억$)

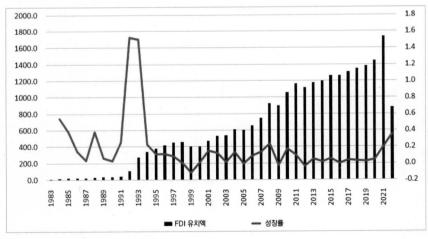

자료: 상무부 통계데이터 활용하여 작성
*주: 2022년 데이터는 1~5월 수치

구동존이(求同存異)와 화이부동(和而不同)의 한중관계

2021년 중국 외자 이용 구조는 계속하여 최적화되고 있다. 하이테크 산업의 외자유치액 성장률은 17.1%이고 전체 대비 비중은 30.2%이다. 또 2017년에서 2021년 사이, 중국 하이테크 제조업의 실제 외자이용액은 98.9억 달러에서 120.6억 달러로 상승했으며, 이는 전체 제조업 대비 29.5%에서 35.8%로 상승한 수치이다. 특히 하이테크 제조업 가운데 전자산업 전용설비 및 상용 계측기 제조의 외자이용률이 가장 빠르게 성장했는데, 2020년 성장률의 2배인 64.9%였다. 그리고 하이테크 서비스업 중 전자상거래 서비스 및 과학기술 성과확산 서비스의 외자유치액 역시 2020년 대비 2.2배 상승한 25%를 기록했다.

최근 자료인 2022년 1월에서 5월 사이의 데이터 또한 발전 추세를 보이고 있다. 중국의 외자이용 규모는 877.7억 달러로 동기 대비 22.6% 성장했다. 실제 외자이용액 역시 동기대비 성장했는데, 업종별로는 서비스업이 10.8%, 하이테크 산업이 42.7%, 하이테크 산업 중 제조업이 32.9%, 하이테크 서비스업이 45.4%를 기록했다. 투자국으로 분류하면 한국과 미국, 독일이 각각 52.8%, 27.1%, 21.4% 증가세를 보였다.

2) 외자기업의 재중 고부가가치 산업 가치사슬 투자 및 구성비율의 조정

초국적기업은 언제나 중국을 글로벌 투자의 중요한 대상국으로 삼아 왔다. 대중 투자를 지속하여 늘리는 한편 투자구조를 최적화하고 경영효율은 향상시키며 투자에 대한 확신을 늘려오고 있다. 상무부가 2022년 6월 20일 배포한 〈중국에서의 초국적기업: 글로벌 공급망 재편 속에서의 재선택(跨國公司在中國 : 全球供應鏈重塑中的再選擇)〉 연구보고서에 의하면, 현재 글로벌 공급망이 새로운 재편 단계로 들어선 가운데 중국은 글로벌 공급망의 지역 중심 중 하나이다. 뿐만 아니라, 거대한 시장규모와 완결성 높은 산업 가치사슬, 그리고 부단한 과학기술혁신 및 경영환경 개선은 공급망에서 중국의 새로운 우위의 근거가 되며 동시에 초국적기업 대중 투자의 중요한 요소가 되고 있다.

현재 초국적기업의 대중 제조업 투자는 하이테크 및 고부가가치 생산단계로의 전환, 대형화, 전체 산업 가치사슬 단위 투자의 추세를 보이고 있다. 특히 초국적기업은 중국 하이테크 제조업 산업 가치사슬에의 투자를 중시하고 있는데, 현재 그 중점은 R&D, 스마트 제조, 다운스트림 정밀가공(下遊精深加工) 등 영역으로의 투자 강화에 있다. 그 밖에도 반도체, 자동차, 화학공업 등 영역에서 산업 가치사슬의 혁신 및 발전을 위한 투자에 치중하고 있다. 중국 제조업의 디지털 전환 과정 역시 현재 가속되고 있다. 2025년 규모 이상 공업기업의 핵심공정 디지털 제어화율과 디지털 R&D 설비 보급률은 각각 68%와 85%로 상승할 것으로 예상된다. 이는 장차 초국적기업이 중국 제조업에 투자하게 만들 중요한 요인이 될 것이다.

중미 경제마찰, 코로나 팬데믹, 러시아-우크라이나 전쟁 등 요인들로 인해 글로벌 공급망의 순조로운 소통에 충격이 가해졌다. 많은 초국적기업들이 공급망 안전과 안정에 대한 고려를 바탕으로 글로벌 공급망 재편과 조정에 나섰고, 글로벌 공급망의 다원화, 니어쇼어링, 리쇼어링이 가속되고 있다. 그러나 중국의 방대한 시장수요, 특히 날로 성장하고 있는 중산층은 여전히 초국적기업들이 중국으로의 공급망 연계를 심화하는 주요한 요인이자 중국시장의 수요에 어필하고 시장 선점을 위해 노력하게 만드는 레버리지로 작용하고 있다.

4. 중한 산업협력 과정과 한국의 대중 직접투자

중한 산업협력은 주로 한국의 대중 직접투자에서 잘 드러나고 있다. 다음 논의는 '한국 수출입은행 해외직접투자통계'(2022년 수치는 1분기 수치)에 근거하고 있다. 이를 바탕으로 한국 대중 직접투자의 전반적 추세와 최근의 구조적 분포 등을 고찰하고 한국 해외직접투자에서 중국의 지위 변화를 분석한다. 그리고 이는 양국 산업협력의 현주소와 잠재력 및 향후 추세를 판단하는 데 유용할 것이다.

1) 한국 대중 직접투자 추세

한국의 대중직접투자는 1992년에서 2022년의 30년 동안 총 투자액 측면에서는 등락이 있었지만 규모의 측면에서는 전체적으로 상승하는 추세였다. 그리고 투자 건수에서는 상승 추세가 점차 하락하는 추세로 변모하였으며 2005년의 2,364건이 최고치였다. 최근 5년간(2017~2021) 투자액은 2020년의 하락세를 제외하면 지속적으로 상승세를 보였으며, 특히 2021년에는 전년 대비 47.8% 증가한 67억 달러를 기록하며 역사적 고점을 기록했는데 이는 2007년의 57억 달러와 2013년의 52억 달러를 넘어서는 역대 최고 투자액이다. 나아가 2017년에서 2021년간 투자 건수는 538건에서 262건으로 줄어들었는데, 이는 곧 단위 건수당 금액이 증가했고 단일 투자 규모가 증대했다는 특징을 의미한다.

〈그림 3〉 한국 대중 직접투자의 추이(1992~2022) (단위: 건수, 1억 달러)

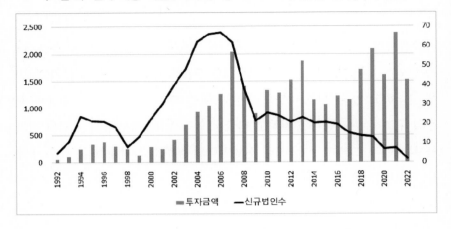

2) 한국 해외직접투자에서 중국의 지위

중미 양국은 한국 해외직접투자의 양대 주요 도착지이다. 아래는 중미 양국이 한국 해외직접투자의 투자금액 및 투자 건수에서 차지하는 비중을 고찰하며 한국 해외직접투자에서 중국이 지니는 지위의 변화를 분석해 본다.

먼저 투자금액의 측면에서 살펴보자. 1992년 중한수교 이래 한국의 대중 직접투자액이 전체 해외직접투자금액에서 차지하는 비중은 대체로 두 차례의 변동기를 거쳤다. 그중 전기(前期)는 1992년에서 2009년으로 M자 형의 추세를 보이고 있고, 후기(後期)는 2009년에서 2022년으로 완만한 하향세를 그리고 있다. 1994년과 1995년, 그리고 2002년부터 2007년 사이의 기간 중 중국은 한국의 해외직접투자의 최대 도착지였다. 특히 2003년에서 2005년 사이에 두 차례나 39%의 비중을 기록했다. 그러나 2015년에서 2021년간 한국의 대중 직접투자 비중은 10% 이하로 내려갔다. 다만 2022년 1분기는

17%로 반등했다.

한편 한국의 대미 직접투자액은 1996년에서 2001년까지의 기간과 2008년 이후 현재까지 2010년을 제외하고는 한국의 전체 해외직접투자 금액에서 최대 비중을 차지해 왔다. 이 기간 동안 한국의 대미 직접투자 비중은 대체로 20~30%를 기록했는데 10% 전후인 대중 직접투자 비중을 크게 상회하고 있다. 또 2016년과 2017년간 대미 직접투자 비중은 34%를 기록했고, 2021년에는 36%에 달한다. 이로부터 중국이 한국 해외직접투자에서 차지하는 지위가 2006년 이후로 점차 하락했음을 알 수 있으며, 또 북미 및 아세안 등지로 향하는 한국의 해외직접투자가 점차 늘어나고 있고 국가별로 다원화하고 있음을 알 수 있다.

〈그림 4〉 한국 해외직접투자 금액 중 대미투자와 대중투자의
비중 변화(1988~2022) (단위: %)

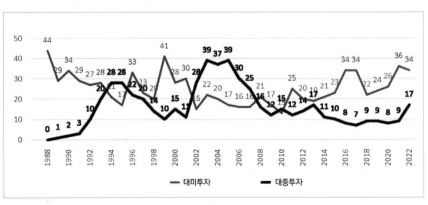

다음으로는 투자 건수의 측면에서 살펴보자. 1992년 중한수교 이래로 한국의 대중 직접투자 건수가 전체 해외직접투자 건수에서 차지하는 비중은 전체적으로 M자 형을 그리고 있다. 그중 1992년에서 2017년의 26년 동안 중

국은 한국 해외직접투자의 최대 도착지 지위를 공고히 점하고 있으며, 1993년에서 2005년 사이에는 그 비중이 50%를 상회하고 있다. 그러나 2003년에 59%로 고점을 기록한 이후 비중이 점차 하락세로 접어들어 2004년의 56% 비중이 2016년에는 21%로 하락했으며, 2017년의 16%를 거쳐 2022년 1분기에는 11%까지 감소한 상태이다. 반면, 한국의 대미 직접투자 건수는 2002년 이래 20% 정도로 안정적인 상태를 유지해 왔고 2018년 이후 상승세를 보이고 있는데, 2018년에 15%였던 한국의 전체 투자 건수 대비 대미 투자 건수 비중은 2022년 1분기에 27%까지 상승하여 중국의 비중을 넘어섰다.

〈그림 5〉 한국 해외직접투자 신설법인 건수 중 대미투자와 대중투자의
비중 변화(1988~2022) (단위: %)

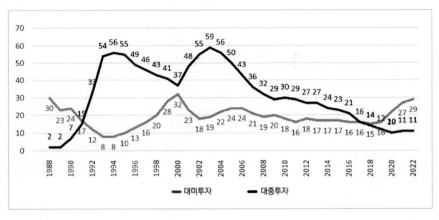

3) 한국 제조업 해외직접투자에서 중국의 지위

최근 한국 해외직접투자의 업종별 분포는 다음의 특징을 지닌다. 첫째, 투자금액 측면에서 보았을 때 2017년부터 2021년간 금융과 보험업이 1위,

제조업이 2위를 차지하고 있으며, 2020년의 하락세를 제외하고는 기본적으로 증가세를 보이고 있다. 또 부동산업과 정보통신업, 도소매업이 안정적인 추세를 보인다. 2022년 1분기의 경우 전체 투자액은 254억 달러로, 동기 대비 123.9%의 증가율을 보였다. 각 업종들의 투자 규모는 금액 기준으로 제조업 95.5억 달러, 금융보험업 77.6억 달러, 부동산업 24.8억 달러, 정보통신업 17.1억 달러, 전기 및 가스업 12.7억 달러 순이다. 그중 대미 직접투자액이 최다로 87억 달러였고 그 다음으로 대중 직접투자가 42.6억 달러, 카이만 군도로의 투자액이 20.6억 달러, 룩셈부르크로의 투자가 16.1억 달러를 기록했다.

둘째, 투자 건수의 측면에서 보았을 때 2017년에서 2021년 사이에 제조업이 단연 수위를 기록했고, 다음으로 도소매업이 뒤를 이었다. 투자 건수는 2017년에서 2019년간 기본적으로 안정적이었고 2020년에 하락세를, 2021년에는 안정세를 유지하고 있다. 기타 업종으로는 정보통신업, 금융보험업, 부동산업, 전문과학기술업 등이 있으며 이 업종들 역시 안정세를 보인다. 다만 유념할 부분은, 총량의 측면에서 한국 해외직접투자에서 중국이 주요 도착지임은 분명하나, 금융 및 보험업에 있어서 중국은 주요 도착지가 아니며 심지어 7위 밖에 있다는 사실이다. 한국은 금융업 해외직접투자에서 미국, 카이만군도, 룩셈부르크, 캐나다, 인도네시아, 싱가폴의 순으로 투자하고 있다.

셋째, 한국의 제조업 해외직접투자 중 국가별 유량은 중국이 수위를 점하고 있다. 2017년에서 2021년간, 한국 제조업의 주요 해외직접투자 대상국은 중국, 미국, 베트남, 헝가리, 인도네시아, 말레이시아 순이다. 그러나 2021년 미국의 지위가 중국에 근접했다. 한편 2018년 이후 한국의 아시아 해외직접투자액에서 중국이 안정적인 1위를 점하고 있으며, 그 뒤로 베트남, 싱가폴, 인도네시아, 일본, 홍콩이 뒤따르고 있다.

한국의 대중 직접투자에서 제조업은 계속하여 주도적 비중을 차지하고 있다. 그중 금액 비중은 전체적으로 80% 정도를 유지하고 있다. 구체적으로 1992년의 83%에서 2021년의 89%로 변화했으며 특히 2018년에서 2021년 간에는 90% 정도를 유지하고 있다. 제조업 비중은 2004년에서 2008년 사이에 하락한 후 등락을 반복하고 있다. 제조업 직접투자 건수의 비중은 점차 하락하는 추세인데, 1992년의 94%로부터 2021년의 47%까지 줄어들었다. 최근 품목 면에서는 칩셋과 신재생에너지 자동차 관련 중간재 및 부품이 주를 이룬다.

〈그림 6〉 한국 대중 직접투자 총액 및 제조업 투자액 변화 추이(단위: 1억 달러)

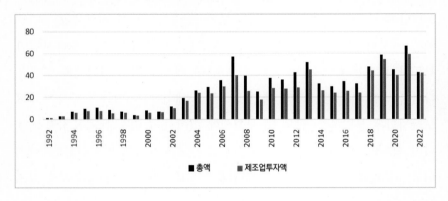

4) 최근 한국 대중 직접투자의 목적

2006년 말 중국의 WTO 가입 후 5년의 과도기가 끝났고, 2008년에는 미국발 글로벌 금융위기가 발생했으며, 2012년에는 중국 경제가 중속성장으로 전환하였다. 이러한 배경들 속에서 한국기업 대중 직접투자의 목적은 점차 중국 국내시장으로 진출하는 방향으로 변화했다. 최근 5년 동안 한국의 대중 직접투자의 주요 목적은 현지시장 진출 및 수출 촉진이었으며, 선진기술 도입은 3번째 순위였다. 투자금액 면에서 중국 시장 진출 목적의 투자유형 비중은 2017년 78%, 2018년 70%, 2019년 59%, 2020년 93%, 2021년 67%였다. 선진기술 도입 목적의 투자유형은 2017년 단 1건의 3억 달러 투자였으나 점차 늘어나 2018년에는 4건 합계 3억 달러, 2019년에는 1건 6억 달러, 2020년에는 8건에 0.13억 달러, 2021년에는 3건에 19억 달러, 2022년 1분기에는 총 32억 달러를 기록했다.

〈표 1〉 한국의 대중 직접투자 목적 분포 (2017~2022) (단위: 건, 1억 달러)

	2017		2018		2019		2020		2021		2022.1Q.	
	건수	금액	건수	금액	건수	금액	건수	금액	건수	금액	건수	금액
합계	538	32	490	48	466	59	246	45	262	67	64	43
-	16	0	10	0	4	0	4	0	3	0	4	0
기타	0	0	0	0	0	0	0	0	0	0	0	0
보호무역타개	3	0	1	0	0	0	2	0	0	0	0	0
선진기술도입	1	3	4	3	1	6	8	0.13	3	19	0	32
수출촉진	78	2	72	10	67	15	26	1	32	2	9	0
원자재확보	0	0	0	0	0	0	0	0	0	0	0	0
자원개발	4	0	2	0	5	0	1	0	2	0	1	0
저임활용	27	1	19	1	22	2	15	1	7	1	1	0
제3국진출	2	0	3	0	1	0	1	0	2	0	0	0
현지시장진출	407	25	379	34	366	35	189	42	213	45	49	10

5) 최근 한국 대중 직접투자의 방식, 지방 및 투자 주체

2017년에서 2022년 사이 한국의 대중 직접투자 방식은 투자금액과 건수에서 '신설법인 설립'의 방식이 주를 이루고 있다. 한국 대중 직접투자의 지

방별 분포의 경우, 2017년에서 2021년까지의 투자액은 장쑤(江蘇)성이 1위였으나 2022년에 2위로 내려갔다. 광둥(廣東)성은 2018년에서 2020년까지 2위였고, 랴오닝(遼寧)성이 2021년에 2위로 도약한 데 이어 2022년에 1위에 올랐다. 한편 한국의 대중 직접투자 주체는 대기업이 압도적 1위였다. 대기업과 중소기업의 비율은 2017년에 80 : 19, 2018년에 85 : 14, 2019년에 83 : 16, 2020년에 89 : 11, 2021년에 93 : 6, 2022년에 98 : 2를 기록했다.

〈그림 7〉 한국 대중 직접투자 방식별 금액 구성(2017~2022) (단위: 1억 달러)

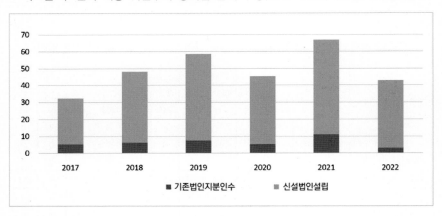

5. 결론 및 제언

중국의 산업시스템은 완결성 있는 체계와 거대한 규모라는 기초를 지니고 있다. 여기에 더해 최근 산업구조의 전환 및 업그레이드, 디지털화, 네트워크화, 스마트화 등의 추세를 보인다. 그러나 산업 가치사슬의 고부가가치 단계에서 취약성을 지니고 있고, 향후 고부가가치 산업의 세부 영역 투자를 통한 산업 가치사슬의 '보완'과 '강화'가 요구되고 있으며, 특히 산업서비스 영역에서 더욱 그러하다. 중국의 경쟁환경이 어려워지고 있는 것은 사실이나, 중국의 투자 및 경영환경은 선진국 기업에 여전히 강한 매력을 가지고 있다. 이에 따라 중국 내 외국인투자기업은 투자 및 경영전략을 조정하고 있으며 중국의 외국인투자는 증가 추세에 있다.

한국의 대중 직접투자는 중국의 외자이용에서 중요한 지위를 점하고 있다. 최근 5년 동안 사드(THAAD) 배치와 중미경쟁, 코로나 팬데믹 등 다중적 장애 요인들 속에서 기업들의 대중 투자는 피동적으로 관망 혹은 조정의 경향을 보였고, 특히 하이테크 산업에서 더욱 그러했다. 그러나 이와 함께 중한 FTA의 3대 시범지구가 경쟁적으로 추진되고 있기도 하다.

한국의 대중 직접투자 규모와 업종을 살펴보면, 전체적으로 최근 5년간 규모가 기본적으로 증대되었고 그중 제조업의 주도적 지위가 공고했다. 이로 인해 중한 산업협력은 제조업 영역에서 대규모화, 업종의 안정화, 장기적 추세화라는 특징을 드러내고 있다. 그러나 한편으로 금융과 보험업의 절대적 규모 및 한국 전체 해외직접투자에서 차지하는 비중은 충분히 높지 못했다.

향후 중한 산업협력의 공생과 공진화에서 양국은 다음 두 가지 현실에 기초할 수밖에 없다. 첫째, 중한 경제협력의 이점에 있어서 지리적 인접성, 문화적 유사성, 제도적 가까움, 경제적 긴밀성은 불변의 요소이다. 둘째, 그럼에도 불구하고 중한 경제협력의 난이도는 점차 높아지고 있는데, 이는 경제 관계의 상호보완성이 점차 경쟁성으로 바뀌고 있다는 사실과 중국의 경쟁환경이 지닌 강한 동태적 요소(높은 수준의 개방화 추진, 산업 업그레이드 및 디지털화, 기업환경 급변, 소비패턴의 다중적 변화)에 기인한다. 이로 인해 현재 양국 경제협력은 "익숙함 속의 오해, 협력 속의 신중함, 우호감 속의 경계감"과 같은 기류를 띤다고 할 수 있다.

【제언】

　양국의 경제협력의 심화와 중한 산업협력의 공생 및 공진화, 그리고 양
국 경제협력의 이점과 기회요인을 잘 활용하기 위해 아래와 같은 제언을
제시하고자 한다.

① 양국정부가 경제협력 협상 기제를 구축하는 것이다. 양국 경제는 이미
　　고도로 융합된 공생관계를 이루고 있고 중한 전략협력동반자관계의 의
　　미가 여전히 충실히 유지되고 있다는 사실, 그리고 양측의 발전계획과
　　산업정책 및 대외경제전략의 중요성 등을 감안하면 양국 정부 간의 경
　　제협상을 위한 기제를 업그레이드할 필요성이 제기될 수 있다. 이는 양
　　국 간의 심화된 협력을 이끌 것이다. 비록 최근 양국 정부의 여러 부문
　　간에 협상 기제들이 수립되기는 했으나, 그 심도와 빈도 면에서 부족한
　　것도 사실이다. 따라서 여기에 더해 총괄적 협조를 증대하고 사전(事前)
　　소통과 사중(事中) 협상, 사후(事後) 정리를 증진하며 협상 기제의 효과
　　를 제고할 필요가 있다.
② 양국 산업계의 다원적 공생모델을 개발하는 것이다. 양국의 산업협력이
　　지닌 오랜 기반이 여전히 유효하지만 또한 협력방식의 변화가 절실해진
　　상황에서, 양국은 각자의 산업 가치사슬 상의 생산단계, 지역, 주체 등
　　측면에서의 특장점에 근거하여 다원적인 공생 구조를 개발할 필요가 있
　　다. 이는 가치사슬 상에서 심도 있는 상호보완성을 실현하는 과정으로,
　　생산자서비스업(스마일 커브의 양 끝단), 상품개발, 금융 및 보험, 시장

조사연구, 물류센터 등 생산단계에서의 협력과 제조업 간 협력사항의 시장적용성을 증진하는 영역 등이 있다.

③ 양국 기업계의 초국적 경영규범을 정리하는 것이다. 중한 양국은 각각 세계경제 대국과 동아시아 지역경제강국으로서의 지위를 지니고 있다. 그러나 중미 전략경쟁의 지속과 탈세계화 및 날로 복잡해지는 지역협력 구도 등 배경 속에서, 현재 기업들은 새로운 초국적 경영규범에 부합해야 하는 압력과 리스크에 노출되어 있다. 이러한 다중적 프레임 속에서 양국이 밀접하게 협력할 필요성이 커지고 있다. 즉 양국은 글로벌 거버넌스 시스템과 지역 경제협력 과정 및 산업 가치사슬의 재편 속에서 협상과 협력을 증진시킬 필요가 있다. 이를 위해 양국이 새롭게 제기되는 초국적 경영규범을 깔끔히 정리한다면 초국적 경영리스크 또한 줄어들수 있을 것이다.

④ 양국이 경영컨설팅서비스 능력을 제고하는 것이다. 중한 양국은 생산과 기술 방면에서 모두 상당한 역량을 보유하고 있으며, 산업 구조조정 과정에서 얻은 인수합병 및 구조재편에 대한 잠재력을 지니고 있다. 그럼에도 불구하고 양국은 경영컨설팅서비스 영역, 특히 상품개발, 금융보험, 시장조사연구, 물류창고 등 업종에서 진일보한 역량이 필요한 상태이다.

반도체 산업의 미·중 디커플링과 우리의 대응

조은교(趙恩嬌)*

1. 반도체를 둘러싼 미·중 기술패권 경쟁

미·중 간 기술 패권 경쟁이 새로운 산업구조를 형성하는 범용기술이라 불리는 반도체를 중심으로 확산되고 있다. 미국은 중국 반도체기업의 대미 투자를 금지하는 정책과 함께, 최근에는 우호국과 반도체 공급망 동맹을 확대하면서 중국 견제를 가속화하고 있다. 미국은 2016년부터 중국 반도체 기업의 대미 투자를 불허하기 시작하였으며, 2021년에는 7나노 이하 공정에서 필요한 네덜란드 ASML의 노광(EUV) 장비 중국 수출을 금지한 바 있다. 아울러, 지난 2022년 8월 9일에는 미국 내 반도체 산업 육성을 위한 「반도체 과학법(CHIPS and Science Act)」을 제정하면서 자국 내 반도체 제조 활성화를 위한 정부 지원 정책을 발표하였다. 동 법에서는 정책지원을 받은

* 산업연구원 해외산업실 부연구위원.

기업들의 10년간 대중국 투자 금지 등을 명시하고 있어, 중국의 기술 굴기를 견제하기 위한 국가적 종합 기술 전략으로 평가되고 있다.

<표 1> 중국의 미국 반도체 인수 시도 사례와 미국의 제재 결과

구분	피인수 대상	분야	인수 주체	결과
2014	Ominivision	CMOS	Hua Capital Management	인수성공
2015	마이크론	메모리	Tsinghua Unigroup	철회
	ISSI	팹리스	Uphill Investment	인수성공
	Mattson Technology	식각장비	Beijing E-Town Capital	인수성공
2016	Western Digital Corporatio	메모리	Unisplendour Corporation	불허/철회
	Aixtron SE	증착장비	Fujian Grand Chip Investment Fund	대통령지시/철회
2017	Lattice Semiconductor Corp	팹리스	Canyon Bridge Capital Partners	대통령지시/철회
2018	Qualcomm	팹리스	Broadcom	대통령지시/철회
	Xcerra	테스트장비	UNIC Capital Management Co.	불허/철회

자료: KIEP(2021) 재인용.

중국은 2014년부터 본격적으로 반도체 산업을 육성하면서 해외기업에 대한 인수합병을 가속화하였다. 2015년에는 미국의 이미지센서 기업인 옴니비전(Omnivision), 항공기와 군사용 메모리칩 제조기업인 ISSI(Integrated Silicon Solution Inc), 반도체 장비 업체 맷슨테크놀로지(Mattson Technology) 등을 인수하면서 반도체 산업의 경쟁력을 키워갔다. 미국이 중국 기업의 인수합병에 대한 위협을 느끼고 제재를 나선 것은 칭화유니의 마이크론 인수 때부터라고 할 수 있다. 현재는 파산하여 국유화된 중국 메모리반도체 기업인 칭화유니는 2015년 미국의 마이크론을 인수하려 시도하다가 실패하였다. 그 이후 중국의 반도체 기업 인수합병 시도는 모두 미국 정부로부터 불허 및 철회되어왔다. 2015년 '중국제조 2025'에서 야심차게 목표로 제시했던 반도체 국산화율 수준은 2020년 40%, 2025년 70%였으나 현재는 한참 못 미치는 상황이다. 또한, 2020년 기준, 전체 반도체 생산에서 중국 내 반도체 생산 비중은 15.9%이며, 이 중 중국기업의 생산 비중은 5.8%에 불과한 실정이다. 세부 반도체별 시장점유율의 경우에도 핵심네트워크 설비 NPU, 통신장비 AP 등을 제외하면 글로벌 시장점유율이 거의 0~5%대를 기록하고 있다.[1] 반면, 2021년 기준 글로벌 반도체 시장에서 미국기업들이 차지하는 비중은 약 54%로 세계 절반 이상을 차지하고 있다. 따라서, 미국은 중국을 향해 공세적인 입장에 있으며, 중국은 반도체 기술을 '차보즈(卡脖子, 목을 조르는 핵심 기술)'라고 표명하며 수세적인 입장에서 양국의 디커플링이 전개되고 있다.

〈그림 1〉 글로벌 반도체 기업 국가별 시장점유율 비교

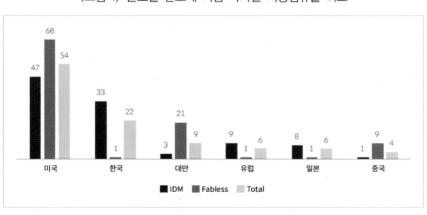

자료: IC Insigts, NABO(2022), "미국 반도체 과학법의 주요 내용과 영향" 재인용

---

1) 조은교 외, 『미·중 기술패권 경쟁과 우리의 대응전략: 반도체·인공지능을 중심으로』 (서울: 산업연구원, 2021).

2. 미·중 반도체 산업의 상호의존성

미·중 양국 간 반도체 산업은 오랜 시간 글로벌 분업 관계를 형성하면서 긴밀한 상호의존성을 구축하였다. 반도체 산업에서 중국은 미국에게 있어 가장 큰 시장이며, 미국은 중국에게 핵심기술을 공급하면서 기술과 시장이 상호 의존되어 있다. 중국의 대미국 10대 수입품목을 보면, 반도체가 1위 품목으로 가장 큰 비중을 차지하고 있으며, 미국도 중국 수출시장 의존도가 높은 편이다. 특히, 장비 분야에서의 중국 시장 의존도가 높게 나타나는데, 미국의 반도체 수출 중 국가별 비중을 보면 중국이 25.9%를 차지하면서 미국의 장비 수출 중 약 1/4을 차지하고 있다. 중국은 미국에게 있어 큰 시장으로 미국의 반도체 산업은 시장 측면에서는 중국에 의존성을 보이고 있다. 2021년 수출 증감율을 보면 오히려 2020년 대비 35.6%나 증가하여 미중 분쟁에도 불구하고 대중 수출은 지속적인 증가세를 보이고 있음을 알 수 있다.

〈표 2〉 미국의 반도체 장비(HS 8486) 국가별 수출 동향

순위	국가명	2020년 수출금액 (천불)	2021년 수출금액 (천불)	전년대비 증감(%)	대세계 수출중 국가별 비중 (%)
1	한국	4,865,606.0	6,841,782.0	40.6	26.0
2	중국	5,018,372.0	6,806,772.0	35.6	25.9
3	대만	3,700,348.0	4,652,478.0	25.7	17.7
4	일본	2,051,478.0	2,116,874.0	3.2	8.1
5	싱가포르	1,336,123.0	2,051,012.0	53.5	7.8

자료: 한국무역협회 통계 활용하여 저자작성.

또한, 아래 〈글로벌 장비 산업의 교역 네트워크〉 그림을 통해서도 주요 반도체 장비 산업에서 미·중 간의 상호의존성을 뚜렷하게 확인할 수 있다. 노드(원)의 크기는 국가의 대세계 수출입액의 상대적 크기를 나타내며, 선 (edge)의 굵기는 상호 국가 간 교역액의 상대적 크기를 나타내고 있다. 이 중 가장 큰 노드를 나타내고 있는 국가는 미국과 중국으로 가장 활발한 반도체 장비 교역이 이뤄지고 있으며, 특히, 양국 간 선(edge)을 보면 굵게 나타나면서 상호 간 활발한 교역이 이뤄지고 있음을 알 수 있다.

〈그림 2〉 글로벌 반도체 장비 산업의 교역 네트워크

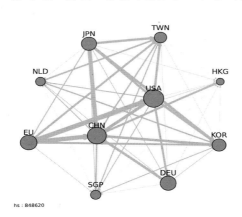

hs : 848620

자료: UNcomtrade 활용하여 작성, 조은교 외, 『미·중 기술패권 경쟁과 우리의 대응전략: 반도체·인공지능을 중심으로』에서 재인용.

또한 중국은 다른 국가 대비 비교적 큰 노드를 보이면서 세계 최대의 반도체 수요시장임을 증명하고 있다. 중국은 미국 외에 일본, EU, 한국, 독일, 대만, 네덜란드와의 교역관계에서도 굵은 엣지를 보이 있다. 따라서, 반도체 주요 제조국들은 모두 중국 시장과 긴밀하게 연결되어 있다고 해석할 수 있다. 또한, 미국도 다른 국가와의 엣지가 굵게 나타나고 있으며, 특히, 한국, 일본, 중국, EU에서 특징이 두드러진다. 미국은 반도체 장비의 기술 공급국으로 역시 반도체 공급망 내에서 주요국은 미국의 기술에 의존되어 있다고 할 수 있다.

3. 미·중 반도체 산업의 디커플링

2018년부터 미국의 대중국 제재가 시작되면서, 반도체 기업 간 거래, 기술협력, 인재 교류의 디커플링 사례들이 나타나고 있다. 특히, 미국의 제재로 5G스마트폰에 탑재되는 5G칩의 수급이 어려워지면서 화웨이는 결국 5G 프리미엄 스마트폰 출시를 포기하였다. 2022년 기준 화웨이 스마트폰 매출은 전년 동기 대비 25% 급감하였으며, 2021년 하반기 새로 출시한 스마트폰 P50은 한 단계 아래 기술인 LTE 모델로 출시했다. 이에, 화웨이는 이러한 미국의 제재에 맞서 자체 반도체 생태계 구축에 나섰다. 화웨이 산하 허블 테크놀로지 인베스트먼트(HABOUR TECHNOLOGIES INVESTMENT, 華爲哈勃)는 2022년 상반기 기준 약 65개 반도체 관련 기업에 투자하였다. 주로 집적회로 생산 장비, 반도체 기판 재료, 첨단 패키징 등 반도체 가치사슬에 있는 주요 기업들을 인수하면서 IDM 기업으로의 부상을 꾀하고 있다.

또한, 화웨이는 자사에 대한 미국의 제재가 계속됨에 따라 최근 출시되는 스마트폰에서 중국 국산 제품의 비중을 급격히 증가시켰다. 니케이 아시아(Nikkei Asia) 2021년 리서치에 따르면 화웨이의 2021년 3월에 출시된 Mate 40E를 분리해본 결과, 총 부품 중 약 60%가 중국산 부품인 것으로 나타났다. 또한, 화웨이는 구글의 안드로이드 체제에서 벗어나기 위해 자체

OS인 하모니를 출시하는 등 독자적 생태계 구축을 위한 기술자립 전략에 나섰다. 화웨이는 향후 미국의 제재가 더욱 심화될 것을 우려하여 당장 대체할 수 없는 부품은 미국산의 반도체를 활용하되, 최대한 대체가 가능한 부품의 경우 중국산의 비중을 높이는 전략을 가져가고 있다.

인재 분야에서도 미국을 제외한 다른 지역에서의 유입이 확대되고 있다. 니케이 아시아(Nikkei Asia) 리서치[2]에 따르면, 화웨이는 칩 개발 및 양자 컴퓨팅 등 첨단분야에서 전문가와 박사 후보자를 모집하는 대규모 채용공고를 발표하였다. 이는 미국에서 반도체 인재를 유입하기 어려워진 상황에 대응하기 위해 유럽 등 기타 국가에서 인재 유입을 통해 난관을 돌파하겠다는 전략으로 보인다. 유럽과 캐나다에서 자율주행 자동차 엔지니어링, 인공지능, SW 및 컴퓨팅 인프라, 반도체, 양자 컴퓨팅과 관련된 기술 분야에서 인재 유치를 가속화하고 있다. 이처럼, 미국의 직접적인 제재가 있었던 화웨이의 경우, 미국기업과의 거래, 기술협력, 인재교류 등에서 디커플링이 현실화되었고, 심화되고 있다.

다만, 모든 반도체 기업과 영역에서 디커플링이 가시화되고 있지는 않다. 특히, 앞서 살펴본 중국의 대미 의존도가 높은 반도체 장비의 경우에는 미중 분쟁 이후 분명한 디커플링 양상이 관찰되지 않는다.

중국의 대미 반도체 수입 중 1위 품목인 반도체 장비(HS848620)를 중심으로 2012~2017년(미중 분쟁 이전)과 2018~20202년(미중 분쟁 이후) 간 교역 네트워크 변화를 분석한 결과, 오히려 미·중 간 네트워크의 엣지와 노드가 증가하였다. 또한, 미국의 반도체 첨단장비 수출금지가 더 거세질 것을 감

2) Nikkei Asia(2021.07.02) "Huawei enlists army of European talent for 'battle' with US," https://asia.nikkei.com/Business/Business-Spotlight/Huawei-enlists-army-of-European-talent-for-battle-with-US

안한 중국은 2020년부터 중저위 기술의 반도체 장비 수입을 늘린 바 있어 미국 외에도 한국, 네덜란드, 일본과 교역이 증가하면서 엣지(edge)가 오히려 증가하였다. 이는, 미국의 대중국 반도체 기술제재가 최첨단 장비를 중심으로 진행되면서, 아직 중저위 기술의 반도체 장비 교역에는 영향을 못 미친 것으로 볼 수 있다.

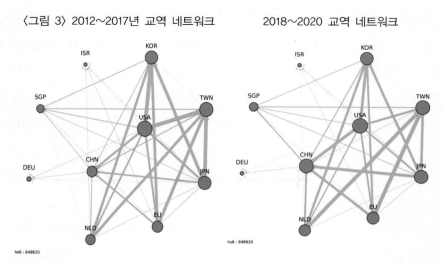

〈그림 3〉 2012~2017년 교역 네트워크   2018~2020 교역 네트워크

자료: UNcomtrade 활용하여 작성, 조은교 외, 『미·중 기술패권 경쟁과 우리의 대응전략: 반도체·인공지능을 중심으로』에서 재인용.

또한, 차량용 반도체 등 글로벌 반도체 부족 현상까지 겹치면서 중국은 반도체 장비 수입을 증가시키고 있어 한국, 미국, 유럽, 일본, 네덜란드와의 엣지가 증가한 것을 볼 수 있다. 특히, 식각기, 증착기, 이온주입기 등의 주요 반도체 장비는 모두 미국기업이 글로벌 1위 기업으로, 대중국 매출 비중은 모두 30% 이상을 차지하면서 중국 시장은 미국 기업에게 최대의 시장이다. 미국의 대중국 SMIC, 화웨이 등 반도체 기업 제재가 시작되었음에도 불구하고 미국 장비의 중국 수출은 지속 증가하고 있다. 이를 통해, 노광기(EUV) 등 첨단장비의 수출 중단 외에는 기존 미중 간 활발히 교역이 이뤄지던 중위 기술 반도체 장비 분야에서는 아직 미중 공급망 블록화의 영향이 나타나지 않음을 알 수 있다. 따라서, 미국의 공급망이 내재화 될 때까지 양국 간의 반도체 교역의 급격한 단절은 불가능할 것으로 보이며, 반도체 교역 네트워크 분야까지 디커플링이 심화되기에는 오랜 시간이 걸릴 것으로 전망된다.

미국 반도체 기업의 대중국 매출 비중을 통해 살펴보아도, 양국 간의 디커플링의 양상은 나타나지 않는다. 어플라이드메터리얼스(AMAT, 증착·식각), 램리서치(Lam Research, 식각·증착), KLA-Tencor(측정장비) 등 미국의 반도체 장비 기업의 대중국 매출도 2018년 이후 크게 변화가 없으며, 도리어 중국 시장 내 매출이 증가하고 있어 직접적인 미·중 디커플링의 양상은 나타나고 있지 않다. 중국 시장 내 가장 큰 점유율을 보이고 있는 어플라이드 머티어리얼즈(AMAT)의 국가별 매출 동향을 살펴보면, 2019년 1분기 25.8%를 차지하였으나, 2021년 2분기 기준으로는 33%의 비중을 차지하면서 오히려 증가한 것을 볼 수 있다.

따라서, 대화웨이 제재 등으로 시작된 미중 간의 반도체 분쟁은 일부 기업 간 거래, 첨단분야의 투자 등에서는 디커플링의 움직임을 보이고 있으나, EUV 제외한 증착, 식각, 측정 등의 장비 분야에 있어서는 아직까지 활발한 교류가 이뤄지고 있다. 즉, 부분적인 디커플링은 진행되고 있으나, 완전한 디커플링은 아직 나타나고 있지 않다.

미·중 분쟁 이후, 미국의 반도체 산업정책 부활, 대중국 기업 투자 제한, 중국의 제외한 반도체 국가들과의 협력 강화 등으로 미·중 간 반도체를 둘러싼 분쟁은 치열하게 전개되고 있으나, 아직까지 반도체 주요 시장에서는 뚜렷한 디커플링은 보이지 않는다. 사실 글로벌 반도체 분업구조의 복잡성으로 한 국가에서 반도체 산업 공급망의 완전한 내재화는 비현실적이며 글로벌 수요 측면에서 세계시장으로서 중국의 지위로 인해 양국 간 완전한 디커플링은 어려울 것으로 보인다.

<그림 4> 어플라이드 머티어리얼즈(AMAT)의 국가별 매출 동향

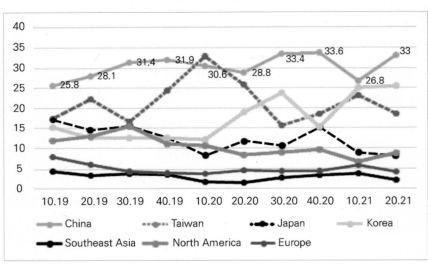

자료: AMAT, Lam Research 2020 Annual Report 정리, 조은교 외(2021).

4. 미중 반도체 디커플링과 우리 산업에의 영향

우리나라 반도체 산업은 미국의 핵심 장비, 중국의 시장과 긴밀한 상호의존성을 가지고 있다. 수입시장 측면에서는 미국의 장비에 의존하고 수출시장 측면에서는 중국이 차지하는 비중이 매우 높다. 2021년 기준 반도체 수출의 주요국 비중을 보면, 중국이 42.5%를 차지하고 있고 홍콩까지 포함하면 64.6%에 이른다. 물론, 우리나라 삼성전자 및 SK하이닉스 등의 공장이 중국에 주재하고 있기 때문에 기업 간 무역으로 인한 교역액도 포함하고 있으나, 수요 측면에서도 중국에 대한 의존도가 높다고 할 수 있다. 또한 반도체 장비의 경우, 미국시장에 대한 의존도가 높은 편이다. 2021년 기준 반도체 장비의 주요국 수입 비중을 보면, 네덜란드에 이어 미국이 26.9%를 차지하면서 제2위 국가이다. 반도체 공정의 핵심기술이라 할 수 있는 장비 분야에서 우리는 미국에 의존되어 있다고 볼 수 있다.

〈그림 5〉 반도제 수출의 주요국 비중(%)   반도체 장비의 주요국 수입비중(%)

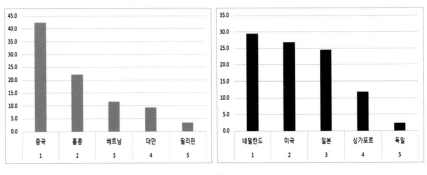

자료: 한국무역협회 통계자료 활용하여 저자 작성

따라서, 미중 간의 반도체 디커플링은 우리 산업에 다소 큰 영향을 미칠 것으로 보인다. 미중 간 반도체 경쟁이 우리 산업에 끼치는 영향을 파악하기 위해 반도체 전문가 설문조사를 진행하였다.[3] 설문결과에 따르면, 단기

---

3) 조은교 외, 『미·중 기술패권 경쟁과 우리의 대응전략: 반도체·인공지능을 중심으로』 (서울: 산업연구원, 2021).

적으로는 긍정적이라는 응답이 우세하나, 중장기적으로는 부정적인 것으로 조사되었다. 현재, 미국 정부의 공급망 내재화 전략이 추진되면서 우리 반도체 기업의 대미 진출이 확대되고 있고, 단기간 내에는 미국 시장 진출의 기회를 확보할 것으로 예상되어 긍정적인 답변이 많았다. 아울러, 미국의 대중국 제재로 인해 중국에서 우리 반도체 산업에 대한 수요가 증가하여 반사이익이 증가할 것으로 예상되었다. 실제로 미중 분쟁 이후 우리나라의 대중국 반도체 장비의 수출 동향을 살펴보면, 지속적인 증가세를 보이고 있으며 특히 반도체 장비 분야에서의 수출이 두드러지게 나타난다. HS848620에 해당하는 반도체 장비의 대중 수출은 2018년 5.6억 달러에서 2020년 14.7억 달러로 약 3배 이상 증가하면서 미중 분쟁 이후 중국 수출이 증가한 수혜 품목으로 집계되었다. 또한, 반도체업계에[4]에 따르면 푸젠진화반도체(JHICC), 창신메모리테크놀로지(CXMT), 양쯔메모리테크놀로지(YMTC) 등 중국 메모리 회사들의 한국 반도체 장비업체에 대한 거래 문의가 증대하고 있다.

반면, 중장기적으로는 중국 반도체 산업의 경쟁력 제고, 미국 시장 내에서의 경쟁 심화 등으로 부정적 영향이 심화될 것으로 전망되었다. 또한, 대중국 무역 및 투자는 미국 주도의 반도체 공급망 참여에 따른 대중관계 악화로 단기적으로도 부정적이고, 중장기적으로 부정적 영향이 더욱 심화될 것으로 전망하였다. 미국의 대중국 반도체 기술 견제는 지속적으로 강화되고 있으며, 미국 반도체 공급망 내재화 전략으로 향후 중국 시장 및 공장에 상당 부분 의존된 우리에게 부담으로 작용할 것이기 때문이다.

---

4) 디지털데일리(2021.10.11), 「中, 美 제재 뚫고 반도체 투자 지속…미소 짓는 韓 장비사」, https://news.naver.com/main/read.naver?mode=LSD&mid=sec&sid1=105&oid=138&aid=0002111427(검색일: 2021.10.17)

〈그림 6〉 미·중 반도체 분쟁의 대미·대중 거래 영향

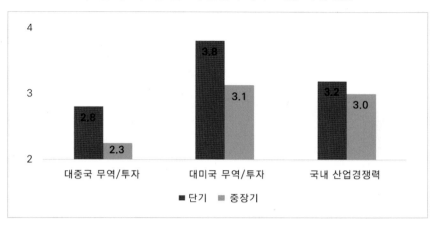

자료: 산업연구원 설문조사(2021.9~10), 조은교 외(2021).
주1: 1(매우부정적) - 3(영향없음) - 5(매우긍정적)의 5점 척도
주2: 반도체 전문가 16명이 설문에 참여

　주요 반도체 사업분야별로 살펴보면, 우리나라가 강점을 보유하고 있는
파운드리 분야에서는 긍정적 영향을 미칠 전망이다. 중국의 파운드리 업체
가 미국 팹리스 기업의 공급망에서 배제되면서 경쟁 관계에 있는 우리나라
파운드리의 수주 경쟁력이 강화될 전망이며, 미국 현지 생산 기지 확대 및
시장 진출 기회가 확대되면 중장기적으로도 유효할 것으로 기대된다. 또한,
우리 반도체 기업이 미국 시장에 진출하면서 장비업체 등의 동반 진출이
확대될 수 있어, 장비 분야에서도 긍정적인 영향이 예상된다.

　반면, 대중국 수출 측면에서는 단기적으로는 반사효과 등으로 반도체 장
비 등에서 수출이 늘어날 것으로 보이나, 장기적 관점에서는 중국의 기술
추격으로 부정적 영향이 심화될 것으로 보인다. 현재, 중국은 유럽 등에서
장비 수입에 애로를 겪으면서 우리나라 반도체 장비의 수입을 늘리고 있다.
파운드리 위탁 수주도 향후 미국의 제재가 심화될 경우에 대응하여 단기적

으로는 증가할 수 있을 것으로 보이나, 중장기 관점에서는 중국의 자체 기술경쟁력 확보 등으로 부정적인 영향을 받을 것으로 전망된다.

〈그림 7〉 미·중 기술패권 경쟁의 주요 사업분야별 영향 : 반도체

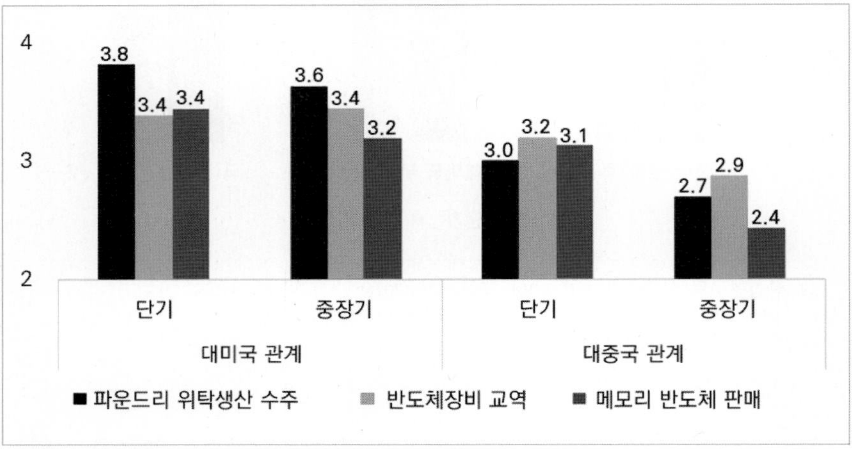

자료: 산업연구원 설문조사(2021.9~10).
주: 1(매우부정적) - 3(영향없음) - 5(매우긍정적)의 5점 척도
주2: 반도체 전문가 16명이 설문에 참여

5. 중국 반도체의 기술자립 전략과 우리의 대응

위에서 살펴본 바와 같이 미국의 대중국 반도체 제재의 지속은 우리에게 단기적으로는 반사이익이 있을 수 있으나, 장기적으로 우리는 중국의 기술 굴기와 세계 최대의 반도체 수요 시장을 기반으로 한 중국의 전략에 대응해야 하는 중요한 시기라고 할 수 있다. 따라서, 중국 반도체 산업의 기술 굴기와 기술자립은 우리 산업에 다소 큰 영향을 미칠 것으로 전망된다.

중국의 반도체 기술 굴기는 미국의 제재로 다소 지연될 것으로 보이나, 장기적으로는 오히려 중국 반도체의 국산화율이 가속화되는 기회가 될 수 있다. 물론 현재는 미국의 제재로 EUV 노광장비 없이 7nm 이하의 반도체 생산은 불가한 상황이다. 최근 SMIC가 7nm 제품 양산에 성공했다고 발표된 바 있으나, 일각에서는 EUV 장비 수입이 어려운 중국이 기존 DUV ArF 노광장비를 통해 더블패터닝하여 양산에 적용한 것으로 파악하고 있다. 현재 중국 유일의 노광장비 회사인 SMEE는 2021년 말 28nm급 노광장비를 출시할 예정이었으나, 무산된 바 있다. 또한, 최근 미국은 반도체 과학법을 발표하면서 미국의 보조금을 받는 파운드리 기업은 중국의 28nm 이하 공정 기술에 대한 신규 투자를 금지하고 있다. 중국은 향후 28nm에 대한 기술자립이 시급한 상황으로, 사력을 다해 반도체 기술 굴기를 가속화 할 것으로 보인다. 중국은 45nm 등 중저기술 분야에서는 이미 국산화율이 빠르게 제고되고 있다. 중국은 이미 국산화 비중이 높은 중저기술 분야에서의 국산화율을 제고시키면서 자체 생산할 수 있는 산업 수요 및 생태계를 구축하면서 시간을 벌어가는 전략을 택할 것으로 전망된다.

또한, 중국은 2021년 3월 발표한 '제14차 5개년 및 2035년 장기목표(초안)'에서 반도체를 핵심 육성 기술로 지정하면서, 산업이 아닌 기술 차원으로 접근하여 원천기술 개발 및 인재 육성 등을 강조하고 있다. 또한, 반도체 펀드 투자기금에서 그동안 투자 비중이 낮았던 설계, 재료, 장비 분야에 대한 투자 비중을 확대하면서 미국이 점유하고 있는 주요 가치사슬 분야에 대한 국산화 도전을 강화하고 있다.

또한, 중국이 강조하고 있는 '제3세대 반도체' 개발에서도 중국의 새로운 반도체 자립 전략을 엿볼 수 있다. 중국은 '14차 5개년 규획'에서 3세대 반도체 소재 개발을 강화하겠다고 강조한 바 있다. 제3세대 반도체는 실리콘 기반이 아닌 질화갈륨(GaN)과 실리콘카바이드(SiC, 탄화규조) 기반의 반도체로 실리콘 반도체 대비 열전도율, 고온, 고전압 및 고주파 분야에서 우수한 성능을 발휘하는 것으로 평가되고 있다. 중국은 실리콘 기반의 2세대 반도체에선 고전을 면할 수 없었으나, 제3세대 반도체라고 불리는 차세대 반도체 분야에서 기술개발을 통해 미국 반도체 제재의 파고를 넘고, 선진국과의 격차를 좁혀 나가겠다는 전략이다. 다만, 제3세대 반도체 기술은 최첨단 기술이라고는 할 수 없으며, 대량 생산이 쉽지 않고, 원가도 비교적 높아 아직 업스트림 외에 가치사슬이 완전히 구축되어 있지 않은 분야로 평가된다. 중국 정부는 동 분야를 미국, 일본 등의 선진국과 기술격차가 상대적으로 작아 중국이 해외와의 격차를 좁혀갈 수 있는 분야로 평가하고 있다. 아울러, 중국은 최근 중국은 신형인프라, 탄소중립2060 등의 정책을 발표하며 신산업 분야의 수요시장을 확대하고 있다. 제3세대 반도체는 빅데이터, 인공지능, 5G, 전기차, 전기차 충전 인프라, 신재생 에너지 등 신산업 가치사슬 상에서 중국 내 많은 수요가 존재하는 장점이 존재한다. 중국은 제3세대 반도체 개발을 통해 자체 시장과 공급망을 구축하여 국산화율을 제고시키는 것을 목표로 하고 있으며, 기술의 선진성을 발판으로 한 추월 전략보다 거대한 시장을 레버리지로 한 경제적 확장성을 추구하고 있다.

따라서, 우리는 중국의 기술 굴기 및 반도체 생태계 자립 등에 주목하고, 중장기 관점에서 미중 반도체 디커플링에 대한 대응방안을 수립해야 할 필요가 있다.

먼저, 우리는 미국 주도의 글로벌 반도체 공급망 재편에 대응하여, 우리 반도체 산업의 전략적 가치를 극대화할 수 있는 통상전략을 수립해야 한다. 미국과 중국도 현재 반도체 시장이 완전히 디커플링되지 않았으며, 향후 몇 년간 중저위기술 분야에서는 양국의 의존성이 지속될 것으로 전망된다.

우리도 중저위기술 분야에서는 중국과의 반도체 산업 협력을 지속하고 확대되는 중국의 디지털 시장에 주목하여 새로운 비즈니스 협력 모델을 발굴할 필요가 있다. 미국과의 협력은 미국이 기술우위에 있는 설계, 장비 분야에서 기술협력을 확대하고 미국 시장 진출도 적극적으로 나설 필요가 있다.

산업 분야에서는 인재 육성, 시스템반도체 산업생태계 구축, R&D 강화 등을 통해 반도체 산업 전 분야의 경쟁력 강화에 나설 필요가 있다. 무엇보다, 메모리 반도체에 비해 글로벌 시장점유율이 낮은 시스템 반도체 분야에 대한 집중 육성이 필요하며, 중소기업 육성을 통해 대기업에 편중된 산업생태계를 확장해야 할 필요가 있다. 아울러, 중국이 육성에 나서고 있는 제3세대 반도체 분야에서도 우리도 투자를 확대하고 산업생태계를 구축해 갈 필요가 있다. 지난해 DB하이텍은 실리콘카바이드(SiC) 기반의 반도체 개발을 발표한 바 있으며, SK도 국내 유일 실리콘카바이드(SiC) 기반 전력반도체 제조사인 예스파워테크닉스의 경영권을 인수하고 'SK실트론CSS'를 설립하였다. 반도체 팹리스 기업인 LX세미콘도 2021년 말 LG이노텍 공장에 SiC 반도체 제조 장비 등을 인수하면서 차세대 전력반도체 사업에 진출하였다. 이처럼, 현재 대기업을 중심으로 차세대 전력반도체에 대한 기술개발이 시작되고 있다. 다만, 전력반도체의 설계, 제조까지 이르는 밸류 체인을 완성하기까지에는 더 많은 노력과 지원이 필요할 것으로 전망된다. 따라서, 정부의 적극적인 지원정책과 인력개발 등의 추진이 필요하며, 차세대 반도체 분야에서도 글로벌 시장을 선도할 수 있는 역량을 강화해야 할 필요가 있다.

중미 '경제 디커플링'과 '샌드위치 현상'
: 중한 경제무역 협력의 전망을 겸하여

추이밍쉬(崔明旭)*

1. 중미 전략경쟁과 '기술 디커플링'

세계는 지금 유례없는 큰 변화를 겪고 있다. 미국의 대중정책에도 변화가 생겨 전략경쟁의 특징이 부각되고 있다.[1] 우신보(吳心伯)에 의하면, 현재 바이든 정부의 대중정책 기조는 경쟁을 위주로 하면서 대항과 협력을 병행하는 것으로 최근 미국 측은 중국에 대해 경쟁과 압박 기조를 견지하고 있다. 중미관계는 낮은 수준의 변동폭을 보이고 있다. 관계의 긴장과 완화가 주기적으로 나타나고는 있으나, 전체적으로 볼 때 양국의 관계는 점차 소원해지고 있다. 현재 미국 내 전략계에서는 이미 일련의 정책 수단을 통해 중국과 '디커플링(decoupling)' 하여 미국의 국익과 국제적 리더십을 지

---

* 산동대학교 동북아학원 조교수.
1) 전략경쟁의 성격은 이익 목표에서의 중대성, 시간에서의 장기성, 범위에서의 포괄성, 영향에서의 전반성 등이다.

켜야 한다는 공감대가 형성되었다.

중미 전략경쟁의 핵심 분야는 '과학기술' 분야이다. 중국의 과학기술 기업과 핵심 산업의 국제적 경쟁력을 압박하여, 중국의 성장세를 억제하는 것이 미국의 대중 '디커플링' 정책의 핵심이다. 사실 '과학기술 디커플링'은 미국이 다른 나라의 발전을 억제하고 세계를 제패해온 주요 수단이다. 오랫동안 미국은 과학기술의 우위를 통해 세계 산업사슬 및 가치사슬의 정상을 차지해왔다. 과학기술의 우위는 미국이 세계 헤게모니를 차지할 수 있었던 중요한 근간이기 때문에, 과학기술과 산업에서의 우위가 유지되어야만 국가안보를 효과적으로 수호하고 헤게모니를 장악할 수 있다는 것을 미국은 잘 알고 있다.

현재 중국 내에서는 중미 '과학기술 디커플링'은 '포괄적 디커플링'이 아니라 첨단기술에 한정된 것이며 미래 기술의 전략적 고지를 선점하고 가치사슬의 주도권을 장악하기 위한 '부분적 디커플링'이라는 시각이 지배적이다. 중미 간의 완전한 디커플링은 아직은 현실적이지 않지만,[2] 중점 분야에서의 억제는 불가피하다. 그중에서도 과학기술 경쟁은 더욱 치열해지고, 장기화될 것이다. 미국은 비용문제보다는 중국에 대한 불만을 어떻게 표출할지를 더 고민하고 있다. 예를 들어 반도체 분야에서 중국은 반도체 최대 구매자이지만, 중국을 억제하려는 정치적 고려로 인해 퀄컴 등 미국 하이테크 기업은 손해를 보더라도 중국에 팔기를 원하지 않는다. 또 중국을 대형 항공기 제조 공급망에서 축출하기 위해 미국 정부는 미국의 공급업체와

---

2) 그 원인은 첫째, 글로벌 공급망이 고도로 융합된 오늘날, 중미 각자 독자적인 기술 표준과 생태시스템을 구축하는 비용이 높기 때문이다. "과학기술 디커플링"은 미국에게도 이익과 폐단이 모두 있다. 미국은 자국 기업의 경제적 손실을 줄이는 동시에, 국가안보와 산업표준에 중요한 영향을 미치는 분야에서 협력을 더 제한하려고 한다. 둘째, 자본의 이익추구성향으로 인해 미국의 자본과 하이테크 기업이 중국시장으로 몰리기 때문에, 기술과 경제는 디커플링이 어렵다. 셋째, 지식에는 국경이 없고, 경계를 나누기도 힘들다. 과학기술과 그 발전특성으로 보면, "과학기술의 디커플링"의 토대가 부족하다.

중국의 협력을 제지하고 있다. 미국은 1,000명의 적을 죽이기 위해서라면 아군 800명을 잃는 대가를 치를 수 있다고 보는 것이다. 미국은 디디, 알리바바, 바이두, 전기차 제조사 '웨이라이 자동차'와 '샤오펑 자동차' 등을 포함한 중국 기업을 미국 자본시장에서 '상장폐지'되도록 압박하고 있다. 2022년 6월 미국 증권거래위원회는 "미국 감사규칙 위반"을 이유로, 상장폐지 가능성이 있는 150개 사를 확정했는데, 그중 대다수가 중국에 위치하고 있다.

미국은 당대의 헤게모니 국가로서 중국이 이미 자신의 헤게모니를 위협하고 있다고 생각한다. 미국이 '기술 디커플링'을 추진하는 진짜 목적은 글로벌 가치사슬에서 기존의 우위를 이용하여 중국이 향후 우위를 차지하는 것을 막는 것이다. 즉 '기술 디커플링' 자체가 목적이 아니라, 중국의 기술 발전을 억누르고, 가치사슬에서의 중국의 상승을 저지하려는 수단일 뿐이다. 이에 따라 글로벌 가치사슬에서 중미 '기술 디커플링'의 경쟁은 디커플링에만 국한된 것이 아니라, 협력 파트너, 국제규범, 그리고 신흥 기술 등으로 확대될 것으로 보인다. 이 과정에서 양측은 제3의 파트너를 두고 경쟁할 가능성이 크다. 미국은 더 많은 중국 기업을 대상으로 기술이 수출되는 것을 통제하여 가치사슬의 '탈(脫)중국화'를 추진할 것이다. 그러나 그 효과는 제3의 파트너가 어느 정도로 미국과 협조할 것인가에 달려 있다. 미국은 이미 EU, 일본, 한국과 손을 잡고 핵심 기술의 중국 유입을 제한하는 투자와 수출입 통제 등의 조치를 취했다. 한편으로 중국에 대한 다자적 수출통제 및 제재의 수립과 비즈니스 정보 공유의 강화를 통해, 중국에 대한 미국, 일본, EU의 기술 선점을 유지하고, 다른 한편으로 전략적 신산업의 조화와 발전, 군민융합, 합동 연구개발 및 기술자 양성 등의 수단을 통해 혁신능력을 제고하고자 한다. 이것은 중국과 서방 국가들 간의 과학기술 협력 가능성에 심각한 영향을 미칠 것이고, 세계의 개방적 혁신 분위기를 해칠 것이며,

냉전 종식 이후 제도적으로 축적되어 온 국제 과학기술협력의 성과들을 침식시킬 것이다.

2. 동아시아 산업사슬에 대한 부정적 외부효과

첨단 기술의 핵심 분야에서 미국과 중국의 힘겨루기는 세계 정치 및 경제 지형의 진화에 깊은 영향을 미치고 있다. 그중 '디커플링'은 이미 중미 양국의 경제무역 협력과 사회교류에서 간과할 수 없는 부정적 흐름이 되었다. 게다가 '디커플링' 현상은 글로벌 다자무역체제에 심각한 타격을 입혀, 세계 경제성장과 금융안정에 거대한 그림자를 드리우고 있다. 이로 인한 파급효과 또한 세계경제와 글로벌 거버넌스체계에 전례 없는 도전이다. 화웨이에 대한 미국의 금지가 미국과 중국뿐만 아니라, 일본과 한국의 공급업체에도 큰 영향을 미쳤다. 중미 기술 분열이 장기화됨에 따라, 두 가지 기술적 수단, 규범, 사유로 분열되는 양상이 나타나기 시작했다. 과학기술의 '디커플링' 과정은 자원 낭비를 초래하였고, 연구개발 협력에도 이롭지 않다. 2020년 말 이후 전 세계가 겪은 '반도체 공급난'은 반도체 공급망에 대한 미국 정부의 강력한 개입과 관련이 있다. 5G 통신 분야에서 시장규범을 어기고 선진 기술을 배척하는 미국의 방식은 글로벌 정보통신 기술의 진보와 발전에 더 큰 악영향을 미칠 수 있다.

한국은 중미 양국과 광범위한 공통의 이해관계가 존재한다. 미국에 대한 안보 의존에서 자유로울 수 없고, 중국과의 경제협력도 단기간 내에 끊어내기는 어렵다. 미국의 대중 '경제 디커플링'이 심화됨에 따라 한국은 두 대국 사이에서 '균형'을 유지하기 더 어려워질 것이므로, 한미 동맹과 중한 경제협력의 갈등이 커질 것으로 보인다. 미국의 대중 견제와 균형이 중미 산업사슬의 상위와 하위 간의 오랜 협력 구도를 깨고, 거대한 외부효과를 초래하였다. 한국 등 국가는 신중하게 대응할 수밖에 없게 되었고, 아시아·태평양 지역 협력의 난이도와 비용도 그만큼 높아졌다. 반면 5G 영역에서의 중미 갈등은 전략적 차원으로 격상되어, 한국의 '헤징' 공간은 위축될 것으로 보인다.

뿐만 아니라 미국의 대중 견제와 균형은 중한관계에 불확실성을 가져올 수 있다. 첫째, 미국의 대중 기술 봉쇄가 강화되는 가운데, 한미동맹과 한국에 대한 미국의 깊은 영향력을 고려하여, 한국이 미국 쪽으로 기울어지면 중한 경제협력에 영향을 주어 중한 협력의 안정성을 약화시키고 양국 이익을 해칠 수 있다. 둘째, 무역투자규범 등 제도적 개방 문제에서 한국이 미국 주도의 새로운 의제와 높은 시장개방 기준을 따르는 것은 중국에 비교적 큰 압박이 될 것이고, 관련 의제에 있어서 중한 간의 이견이 커질 수 있다. 셋째, 현재 미국의 공급망 조정은 핵심 기술을 분리하고 중국에 대한 의존도를 줄이는 것을 주요 방향으로 하고 있다. 중미 게임이 점점 더 핵심 이익에 초점을 맞추게 됨에 따라, 한국이 미국의 첨단기술 공급망 재구축 과정에 전면적으로 참여하는 것은 분명히 중한 공급망의 불확실성을 악화시키고, 장기적으로 중한 공급망의 안정에 영향을 미칠 수 있다. 한국산업연구원은 2022년 5월 '글로벌 반도체 공급망 재편 움직임과 정책적 시사점'이라는 주제의 보고서를 발표했다. 보고서에 의하면, 미국, 유럽, 일본의 반도체 생산량이 앞으로 크게 늘어나 글로벌 반도체 공급망이 보다 다양해지고 글로벌 반도체 공급망이 2025년경부터 크게 재편될 것이라고 한다. 또 보고서는 미국은 반도체 원천기술을, 일본은 반도체 생산에 필수적인 소재와 장비를 강점으로 갖고 있기 때문에 한국 역시 미국이 주도하는 반도체 산업연합에 참여하는 것에 긍정적 검토를 해야 하며 수요에서의 중국 의존 또한 '대체'될 수 있을 것이라 밝히고 있다.

중미 '기술 디커플링'의 장기화에 직면하여, 한국은 한미 하이테크 영역에서의 협력 강화를 대외경제 협력의 단계적 우선 의제로 삼고, 대외협력 구조의 다변화를 촉진하고자 하는 '신남방정책'을 추진하여, 점차 중국에 대한 경제적 의존도를 줄이고자 한다. 이것은 한중 협력에 대해 불확실성을 키우고 있다. 중한 간의 상호의존적 경제관계는 이미 양국 관계를 안정시키는 '무게추'로 작용해왔기 때문에, 중국에 대한 경제의존도 조정은 중국뿐만 아니라 한국에도 적지 않은 영향을 미칠 것이다. 글로벌 가치사슬 분업 체계하에서의 생산의 분절화로 인해 중국 수출품에는 한국산 중간재가 상당수 포함되어 있다. 마찬가지로 한국제품의 생산도 중국의 부가가치 투입에 크게 의존하고 있다. 중국과 한국은 지속적인 협력 속에서 상호의존적이며 상호 지지적인 운명공동체를 형성한 지 오래이다. 코로나19의 충격으로 기업 생산의 '환류'와 구조조정이 한국기업의 '신남방정책'을 가속화할 수는 있지만, 그 영향은 노동집약적 분야에 보다 집중되고 있다. 중간 단계 이상의 기술집약적 첨단 제조업 분야에서 중한의 긴밀한 생산연계로 인해 당분간 한국의 대중국 의존도가 근본적으로 역전되기는 어려울 것이다. 중국의 상대적으로 완전한 공급망과 나날이 발전하는 연구개발능력으로 인해 한국은 생산 '대체자'를 찾는 데 어려움을 겪고 있어, 글로벌 제조업의 메카인 중국은 여전히 한국기업들에게는 매력적일 수밖에 없다.

뿐만 아니라, 전략적 측면에서도 한국은 미국과의 경제협력을 국제적 선진 무역투자규범과 맞닿아 있는 중요한 채널로 보고 있다. 그렇다고 해서 중국과의 경제통합의 방향을 포기할 수 없다. 중국은 한국 최대의 경제 파트너일 뿐만 아니라, 협소한 시장, 높은 인건비 등 열악한 상황에서 벗어나,

구미와 경제적 경쟁을 할 수 있는 지정학적 토대를 제공해주는 등 한국의 경제발전에 있어 대체 불가능한 역할을 하고 있다. 글로벌 경기가 위축되고 있는 상황에서, 한국은 중국 시장의 소비 잠재력을 포기하기 어렵다.

3. 한국의 전략적 선택과 논리의 진화

한국은 중미 전략경쟁이 한국에 미칠 영향에 촉각을 곤두세우고 있다. 경쟁이 장기화되고 격화됨에 따라, 한국의 산업부와 기획재정부 등은 정세에 대한 모니터링과 평가를 강화하고 있다. 현대경제연구원은 중국의 대미 수출 감소로 한국의 대중 수출이 급감할 것이라고 보고 있다. 다만 중미 무역 마찰로 중국 시장이 더 개방되어, 한국기업에 새로운 기회가 찾아올 것이라고도 예상했다. 아울러 한국 상품이 미국 시장에서 중국산 상품을 대체할 수 있을 것이라고 보았다. 미국이 중국의 발목을 잡아주는 사이, 한국 산업이 중국을 추격할 수 있는 시간을 벌 수 있기를 기대하는 한국 학자도 있다. 한국의 학계와 정책계에서는 미국이 중국을 헤게모니 위협국가로 보는 이상 중미 전략경쟁은 장기화될 것이고 타개책을 찾기 어려울 것이라는 전망이 우세하다. 미국의 헤게모니 약화는 중미 간의 '투키디데스 함정'으로 이어졌다. 중미 마찰이 한국에 미치는 영향은 크고 심오한 만큼, 한국은 리스크를 피하기 위해 대외경제정책을 조정해야 한다. 한 한국 학자는 중미 기술경쟁에 대비하여 전략적 모호성으로부터 포괄적 동반자 관계로 전환하고, 경제·안보 연합전략체계를 구축해야 한다고 주장한다.[3]

---

3) 이승주, 「21세기 세계 무역 질서의 변화에 대한 한국의 다차원적 대응」, EAI 동아시아연구원. http://www.eai.or.kr/new/ko/project/view.asp?code=97&intSeq=20797&board=kor_workin

한국은 우선 중미 의존도가 높은 무역구조를 바꾸어야 한다고 보고 있다. 특히 중국 의존도를 줄이기 위한 시장 다변화 전략이 필요하다. 무역 다변화를 실현하기 위해, 한국은 이미 신남방정책과 신북방정책을 추진하고 있다. 이러한 외부 리스크 분산 조치는 근본적인 해결책이 아니지만, 어느 정도 손실을 줄일 수는 있다. 다음으로 한국 정계, 학계, 재계의 다수 목소리가 중미 무역 갈등에서 중립을 지켜, 양측으로부터의 피해를 최소화해야 한다고 주장한다. 한국은 중국과 미국 어느 쪽도 적극적으로 지지할 수 없으므로, '각국의 최소한의 요구를 충족시키면서 어느 한 쪽에 치우치지 않는 포지셔닝'이 필요한 것이다. 한국은 미국과 중국에 대한 과도한 의존을 다자간 협력을 통해 해소할 필요가 있다는 것을 깨달았다. 한국 전문가들은 한국 기업이 글로벌 가치사슬에 대해 심도 있는 재편을 해야만 무역마찰의 장기화로 인한 리스크에 대응할 수 있다고 조언한다. 또한 한국 기업들은 "소비재 수요를 바탕으로 고부가가치 제품의 생산을 확대하고, 인도, 동남아 등 빠르게 성장하는 국가를 중심으로 수출 다변화 전략을 추진해야" 한다고 본다. 마지막으로 한국은 미중 사이에서 편을 들어달라는 미국의 강경한 태도에 직면하여, 완전하게 요구에 맞추기는 어렵더라도 동맹의 약자로서 여러 분야에서 미국의 보조를 맞추기 시작했다.

한국도 중한관계가 바닥으로 떨어지는 것을 원치 않지만 중미 전략경쟁에 대한 대응은 매우 제한적이다. 중미 전략경쟁에서 한국은 오랫동안 전략적 모호성을 고수하면서도 대미협력을 강화해왔고, 일정 정도 미국의 대중 전략경쟁 정책을 따라왔다. 바이든 행정부 출범 이후 동맹국에 대한 정책조정으로, 한미 간 교류가 크게 늘었으며, 전략 분야에서의 협력이 눈에

gpaper&keyword_option=&keyword=&more=

띄게 강화되고 있다. 한국은 중미 전략경쟁이 이루어지는 여러 분야에서 미국과 공조를 강화하고 있으며, '제한적 추종'에 가까워지고 있다. 코로나 19 사태와 중미 전략게임 양상을 감안하면, 중한 경제협력은 장단기적으로 다른 양상을 보일 수 있다.

먼저 단기적으로는 중한 협력이 어느 정도 '소원'해질 것이다. 한국은 글로벌 가치사슬 재편에 힘입어 중국에 대한 경제 의존도를 분산시키고, 고부가가치의 자동화 정도가 높은 일부 업종을 국내로 복귀시키고 있으며, 노동집약형 가공 업체를 베트남 등 신흥 생산기지로 분산시키고 있다. 미국의 하이테크 분야와의 협력을 강화함으로써, 미국이 재편하고 있는 공급망 네트워크에서 중요한 위치를 확보하고자 한다. 이에 따라, 저임금의 노동집약적 분야에서의 중한 협력은 조정되고, 하이테크 분야에서의 협력은 정체될 것이다.

그러나 장기적으로 미국은 대중 경제전략 게임에 참여하는 '보상'을 한국에 제공할 수 없기 때문에, 오히려 한국이 미국의 경제적 헤게모니로 인해 더 많은 책임을 지게 되어, 한미 간 갈등이 증폭될 수 있다. 경제 활성화에 대한 절박한 요구에 따라 한국이 정치적 수요로 공급망의 '안보문제'를 살피기 어려워졌고, 공급망 시스템에서 '탈(脫)중국화'라는 미국의 정치적 목표도 한국에 대한 매력을 장기적으로 유지하기 어려워졌다.

중미 전략경쟁이 격화되면서 한국의 대미협력이 확대되었고 중국과의 관계는 상대적으로 소원해졌는데, 이것은 한미 포괄적 전략동맹의 '실질화'를 의미한다. 중국이 통신, 반도체, 신에너지, 인공지능 등 과학기술 분야에서 빠르게 성장하면서 한국의 위기감도 커졌다. 중국에 대한 미국의 기술 압박이 강화됨에 따라 한국 첨단기술 발전에 기회가 생겼다. 한국은 핵심 첨단기술 분야에서 미국과의 협력 강화를 통해 자국의 과학기술 수준과 국제 경쟁력을 끌어올리고자 한다. 중미 전략경쟁하에서, 한국은 미중 갈등을 이용하여, 외교, 안보, 경제, 과학기술 등 분야에서 전략적 자율성을 키우려는 노력을 하고 있다. 한국은 중미 양국 수출 시장에 대한 과도한 의존을 줄이기 위해 자국 경제와 과학기술 경쟁력을 높여 수출과 공급망을 다변화하고, 아세안, 중남미, 중앙아시아 등 시장을 적극적으로 개척하며, 반도체, 신에너지 전지, 5G와 6G, 백신 등 첨단 과학기술 분야에 대한 지원을 확대하였다.

2021년 5월, 한국은 10년간 4,500억 달러를 들여 세계 최대의 반도체 제조 기지를 건설하겠다고 발표했다. 한국 정부는 같은 해 7월, 2030년까지 354억 달러를 투자해 세계 배터리 업계의 리더로 자리매김하겠다는 'K-배터리' 발전전략을 내놓았다. 2022년 6월, 삼성전자는 베트남 호치민시 가전복합단지(SEHC)에 8억 4,100만 달러를 추가 투자해 현재 누적 투자액을 28억 4,000만 달러 이상으로 늘려 호치민 공장을 글로벌 가전 수출기지로 육성하고자 한다. 미국의 중국 견제에 힘입어 한국은 반도체·자동차 배터리·전기차 생산 등에서 한미 공급망 통합을 강화하고 있다. 4대 그룹인 삼성전자, LG, SK하이닉스, 현대자동차가 394억 달러의 대미 투자계획을 발표하고 반도체와 배터리 '동맹'을 구축했다. 6월 23일, 과학기술정보통신부는 '6G 연구개발 실행계획'을 발표하고, 미국 국립과학재단과 6G 공동연구 협약을 체결했다. 양국은 또 해외투자에 대한 면밀한 심사와 핵심기술 수출통제를 강화하고, 우주탐사, 원전 등 첨단기술 분야 협력을 확대하기로 했다.

4. 개방 확대 및 압력 테스트

현재 중국은 미국의 '기술가치관' 외교의 압박과 베트남 및 인도의 값싼 노동력 유출이라는 위기에 직면하고 있다. 산업사슬의 상단에서는 산업연합이 형성되고, 하단 산업은 본국으로 회귀하는 중국식 '샌드위치 현상'이 발생하고 있다. 중미 경제전략의 '디커플링' 속에서 중국은 최악의 시나리오에 대비해야 한다. 중미 전략경쟁에서 상대적으로 약세를 보이는 중국이 시장의 개방성을 전면적으로 확대해야 한다. 중국이 직면한 중요한 도전은 국제 분업에 적극 참여해 국제 분업에서 얻을 수 있는 이익을 최대한 거두는 한편, 중국 산업체계의 안전을 최대한 지키는 것이다. 미국의 기술봉쇄와 압력에 맞서 중국은 독자적인 연구개발을 강화하고, 개방 확대를 견지하며, 독자적으로 자력갱생하는 발전의 길을 걸어야 한다. 대외 개방에서 자신의 발전 공간을 확장하여 중미 무역의 상호 의존도를 낮추고 일대일로를 지속적으로 추진하여 대외 개방의 새로운 지형을 개척해야 한다. 한편으로 중국은 국내 혁신 시스템 구축에 박차를 가하여, 대미 경쟁에서 저력과 실력을 키워야 한다.

분명한 것은 중국이 스스로 글로벌 가치사슬에서 손을 떼기보다는 글로벌 가치사슬에 남아 있도록 노력해야 한다는 점이다. 미국의 디커플링 정책에 맞서 국내 연구기관들이 미국이 중국을 글로벌 산업 사슬에서 축출하는 것이 더 어렵게 하는 '바디락(bodylock)' 전략을 연구하고 있다. 중국은 미국의 압박 정책에 대해, 첫째로는 투쟁해야 하고, 둘째로는 선도하고 형성해야 하며, 셋째로는 제3자를 쟁취해야 한다.[4] 그중에서도 한국은 중국

---

4) 우신보(吳心伯)가 2022년 6월 6일 산동대학 국제관찰 강연 「중미전략경쟁의 현황과 미래」 내용을 종합한 것.

이 쟁취해야 할 대상이다. 한편, 중한 제품 경쟁 격화에 적극 대응하고, 양측의 발전 수요를 심화시켜 양국 간 경제협력을 안정 및 확대해야 한다. 한편, 중한 공급망 리스크 관리 협력을 강화한다. 양측은 공급망 리스크 관리의 협력을 FTA 제도의 틀에 포함시켜 전자정보, 기계설비, 자동차 등의 분야에서 공급망에서의 중요한 이익을 상호 보장함으로써 산업안보를 공동으로 유지하는 효과를 얻을 수 있다.[5]

최근 몇 년간 중국의 '인구 보너스'가 사라짐에 따라 인건비 우위도 사라졌다. 이와 함께 중국과 선진국의 산업별 기술격차가 좁혀지면서 국내 산업의 기술적 우위가 해마다 늘어나고 있다. 중국 경제는 인공지능, 5G 네트워크 등 신산업에서 기술 우위가 두드러진다. 반면 한국의 전통적 우위산업이었던 전자통신업, 자동차 제조업 등에서 중국 국내산업과의 기술격차가 매년 좁혀져 중국 내 시장에서 중국 업체와 경쟁력을 상실하고 있다. 과학기술의 연구개발 역량, 빅데이터 시장 규모 등에서 한국이 상대적으로 열세를 보이면서, 중한 신산업 기술격차가 매년 줄어들고 있다. 역세계화 물결의 충격 속에서 지역 경제협력은 글로벌 시대 발전의 새로운 동향이 되고 있다. 따라서 한국은 한중 협력의 잠재력을 크다고 보고 있다. 중국도 양국 간 경제 협력을 더욱 공고히 하여 지역 경제협력을 효과적으로 쟁취해야 할 것이다.

미래 중한 경제협력의 시각에서 보자면, 양국 모두 보호무역주의와 무역

---

5) 현재 미중 경쟁은 무역규범 경쟁에서 산업경쟁으로 발전했고, 중국은 산업사슬의 상단으로부터의 압박과 하단에서의 유출의 위기로 선진국 산업의 본국 회귀 및 산업연합 전략의 압박에 직면해 있다는 지적이 있다. 산업연합에서는 인도·태평양 경제틀이 그 공급망 유연성과 디지털 경제를 찾는 것이 중요하며, 미국 주도의 반도체 3자 동맹은 살상력이 크다. 중국이 속수무책인 것은 아니다. 중국은 시장 규모, 산업 생태계, 인프라 여건, 인적 기반 등 3가지 강점을 갖고 있다. 이를 바탕으로 동남아를 통해 한국, 일본, 유럽을 견제하고, 아시아와 아프리카를 바탕으로 미국과 싸워야 한다는 것이다.(리웨이(李巍)가 2022년 6월 11일 "새로운 정세에 따른 역내 국가별 연구와 분석"라는 주제로 진행된 학술 심포지엄 내용을 종합한 것)

제재의 피해를 경험했고 다자주의, 자유무역, 개방형 세계경제를 수호하는 데 동의하고 있으므로, 양국의 협력 잠재력을 적극 발굴하고 협력과 상생을 추진하는 것이야말로 양국이 함께 각종 통상마찰에 대처하는 효과적인 방안이다. 현재 양국 경제협력 현황을 살펴보면, 양자 및 다자간 무역규범 협상과 논의의 가속화, 5G·인공지능 등 신기술의 상용화, 산업 간 교류와 협력의 강화 등이 향후 발전 방향이 될 수 있다. 중한 산업 협력 측면에서도 양국은 역내 산업 배치를 최적화하고 일체화 수준을 높이기 위해 산업 간 협력을 지속적으로 강화해야 한다. 중국 역내 발전의 불균형은 한국의 대중국 투자를 서비스업과 첨단 제조업으로 전환하는 동시에 중서부 지역에서 일정 규모의 제조업 투자를 계속 유지해야 한다. 중국도 더 많은 기업들이 한국에 R&D 기지를 설치하고, 현지의 강점인 자원을 충분히 활용해 상호보완성이 높은 양방향 관계를 발전시키도록 독려해야 한다. 이러한 밀접한 산업협력을 통해 협력 잠재력과 공동의 이익을 충분히 발굴하고 지역 산업 배치를 최적화하며 금융, 법률, 정보, 물류 등 다양한 분야의 지역통합 수준의 향상을 점진적으로 견인해 나가야 한다.

중한 경제협력의 전망은 경제협력의 규모나 산업의 상호보완적 관계에서 볼 때 중한 경제관계는 계속 발전할 필요성과 내생적 동력이 있다. 중미 전략경쟁하에서, 중한 경제협력도 새로운 환경에 직면해 있다. 글로벌 산업 사슬의 축소와 생산의 지역별 집중, 그리고 4차 산업혁명은 중한 경제협력을 한 단계 더 진전시킬 수 있는 새로운 기회를 제공했다. 보호무역주의 풍조, 중미 게임의 격화, 중한 산업경쟁력의 강화 등도 중한 경제협력에 새로운 도전장을 내밀고 있다.[6] 앞으로 중한 산업과 상품의 경쟁력은 더욱 강

---

6) 기회 측면에서는 첫째, 세계화에서 지역화로의 발전이 한중 협력에 더 많은 기회를 제공하고 있다. 둘째, 한국과 중국은 산업사슬의 유연성을 높일 수 있는 유리한 조건을 갖추고 있다. 셋째, 4차 산업혁명의

화돼 통상마찰은 물론 '추월당한다'는 우려가 커질 수 있다. 따라서 중한 경제무역협력의 성장공간을 더욱 확대하기 위해 중한 양국은 서비스업, ICT산업, 바이오의약산업, 신에너지산업 등 전통적인 영역 외에 새로운 산업협력의 영역을 확대해야 한다. 전체적으로 볼 때, 중한은 역내 공급망, 산업사슬의 안정 유지에 있어서 공통의 이익을 가질 뿐만 아니라, 중국의 경제 회복은 한국을 침체에서 벗어나게 하는 중요한 동력이 될 것이다. 한국은 또한 높은 수준의 대외 개방과 국제 경제무역 규범 회복에 대응하는 우리의 중요한 파트너가 될 것이다.

도래는 한중 양국의 새로운 협력 분야를 초래하였다. 도전 측면에서는 우선 미중 게임의 상시화와 장기화로 한중 경제협력에 더 많은 교란 요인이 생겼다. 둘째, 중국과의 경제협력에 대한 한국의 전략적 의구심이 커지고 있다. 마지막으로 한중 개별 산업 간 경쟁력이 강화됐다. 王籍軒, 王玉婷. 「疫情沖擊下中韓經濟關系發展態勢與前景展望」, 『當代韓國』 第4期 (2021), pp.19-28.

미국 인태전략에 대한 한국의 시각

이왕휘(李王徽)*

1. 머리말

트럼프 행정부가 시작한 인태 전략을 바이든 행정부는 동아시아에서 유럽까지 포괄하는 글로벌 전략, 군사 안보뿐만 아니라 경제안보를 포함하는 대전략으로 확장시키고 있다. 2022년 6월 북대서양조약기구(NATO) 정상회담을 통해 미국은 인태 전략을 유럽전략과 연계하였다. NATO는 12년 만에 개정한 전략개념에서 중국을 체제적 도전(systemic challenges)으로 규정하였다. 우크라이나 전쟁에서 러시아를 지지하는 중국이 미국과 유럽의 경쟁자—더 나아가서는 잠재적 적—가 되었다.

2010년대 후반 이후 미국은 경제 안보를 강화하기 위해 유사입장국(like-mind countries)을 중심으로 글로벌 경제질서의 재편을 추구해 왔다. 비

---

* 아주대학교 정치외교학과 교수.

자유주의적 및 권위주의적 국가의 영향력을 제어하기 위해서 미국은 자유, 민주주의, 신뢰라는 가치를 경제안보 개념에 투영하고 있다. 유사입장국 연대를 위해 미국은 유럽에서는 무역기술위원회(TTC), 아시아에서는 인도-태평양경제프레임워크(IPEF), 미주에서는 경제번영을 위한 미주 파트너십(APEP) 협상을 진행하고 있다. 미국의 궁극적 목적은 글로벌 공급망을 중국 중심에서 미국 중심으로 재편하는 것이다. 따라서 현재 협상중인 세 가지 연대기구는 앨라이쇼어링/프렌드쇼어링(ally/friend-shoring) 전략의 일환이라고 할 수 있다.

글로벌 중추 국가를 지향하는 윤석열 정부는 미국의 인태 전략에 전면적 편승을 추진하고 있다. 취임 후 첫 양자정상회담에서 윤 정부는 한미동맹을 글로벌 포괄적 전략 동맹으로 발전시키려는 의지를 강조하였다. 역사상 최초로 참석한 NATO 정상회담에서도 이 기조는 재확인되었다. 윤 대통령은 NATO 회원국 정상과 회담에서 미국 중심의 규칙기반 질서에 충실하겠다는 입장을 표명하였다.

미국의 인태 전략에 전면적 편승은 한중관계에 긴장을 고조시키고 있다. 전략적 측면에서 중국은 한국의 NATO 정상회의 참석에 반대하였다. 또한 중국은 한국의 역대 최대의 해군함정을 파견하는 다국적 환태평양훈련(RIMPAC)을 비판하였다. 경제적 차원에서 중국은 인도태평양경제프레임워크(IPEF)를 대중 봉쇄전략으로 평가하고 있다. 따라서 한국의 IPEF 참여는 한중 경제교류에 부정적 영향을 미칠 것으로 예상된다.

2. 윤석열 정부의 인태 전략

윤석열 정부는 미국의 인태 전략에 적극적으로 참여하고 있다. 인태 전략은 대통령직인수위원회가 5월에 발표한 『윤석열정부 110대 국정과제』 중외교부가 추진하는 정책에 반영되어 있다. '자유민주주의 가치와 공동이익에 기반한 동아시아 외교 전개'(96번 과제)의 한미관계 부분에 "경제안보, 인태지역 및 글로벌 협력을 위한 한미공조 확대"가 포함되어 있다. '함께 번영하는 지역별 협력 네트워크 구축'(97번 과제)에 "인태 지역의 부상에 대응하여 인도, 태평양 지역 국가와의 전략적·실질적 협력 강화 및 다층적 협력 확대"가 과제로 설정되어 있다. '능동적 경제안보 외교 추진'(98번 과제)에도 "CPTPP, 인태 경제프레임워크(IPEF) 및 RCEP 등 경제협의체에서 공급망, 인권, 환경, 디지털관련규범 형성에 주도적으로 대응하고, 우리 기업의 해외진출 적극 지원"이라는 목표가 들어 있다. 이 목표는 산업부가 추진하는 '산업경쟁력과 공급망을 강화하는 新산업통상전략'(20번 과제)의 "IPEF 참여 긍정검토, CPTPP 가입추진, RCEP 활성화 등을 통해 개도국－선진국을 연결하는 파이프(P.I.P.E: Pivot to Indo-Pacific Economy) 국가로서 인도·태평양 지역의 新통상질서주도"와 연계되어 있다.

이러한 기조는 5월 21일 한미정상회담에 반영되어 있다. "양 정상은 번영하고 평화로우며 자유롭고 개방된 인도－태평양 유지의 중요성을 인식하고, 동 지역에 걸쳐 상호 협력을 강화하기로 하였다. 이러한 측면에서 바이든 대통령은 한국의 인도－태평양 전략 프레임워크를 수립한다는 윤석열 대통령의 구상에 지지를 표명하였다. 윤석열 대통령은 또한 미국의 인도－태평양 전략을 환영하였다. 양 정상은 개방성, 투명성, 포용성의 원칙에 기초하여 인도－태평양 경제프레임워크(IPEF)를 통해 긴밀히 협력하기로 약속하였다. 양 정상은 디지털경제, 회복력 있는 공급망, 청정에너지, 지속가능한 경제성장 촉진에 방점을 둔 여타 우선순위를 포함하여, 우선적 현안에 대한 경제적 관여를 심화시킬 포괄적 인도-태평양 경제프레임워크(IPEF)를 발전시켜 나가기 위해 함께할 것에 동의하였다."

윤석열 정부는 미국의 인태 전략을 한미동맹의 역외 확대라는 차원으로 접근하고 있다. 즉 한미동맹을 한반도를 넘어서는 글로벌 포괄적 전략 동맹으로 발전시킨다는 것이다. "기후변화와 코로나19 대유행에 따른 위협을 포함하여 점점 더 복잡해지는 글로벌 도전 과제들에 직면하여, 윤석열 대통령은 한국이 인도-태평양과 이를 넘어선 여타 지역에서 자유, 평화, 번영 증진을 위해 더욱 확대된 역할을 하고자 한다는 대한민국의 글로벌 중추 국가 구상을 제시하였다. 양 정상은 민주주의와 규범에 기반한 국제 질서 촉진, 부패 척결 및 인권 증진이라는 양국 공동의 가치에 확고하게 뿌리 내리고 있는 한미 간 글로벌 포괄적 전략동맹에 대한 서로의 의지를 재확인하였다. 바이든 대통령은 지역 및 글로벌 차원에서 더 큰 책임을 받아들이고자 한다는 윤석열 대통령의 구상을 평가하고, 한국이 민주주의 정상회의 과정에서 주도적인 역할을 맡은 것을 열렬히 환영하였다."

윤석열 대통령은 한국 역사상 최초로 6월 30일 NATO 정상회담에 참석함으로써 한미동맹의 글로벌 포괄적 전략 동맹으로 전환을 시작하였다. 윤석열 대통령은 28일 "마드리드는 한국의 인도·태평양 전략과 글로벌 안보 평화 구상이 NATO의 2022 신전략 개념과 만나는 지점"이라고 발언하였다.

윤석열 정부는 인태 전략의 추진을 위해 정부 조직을 개편하고 있다. 5월 한미정상회담 직후 외교부는 외교부 북미국 내에 '인도·태평양 전략팀'과 양자경제외교국 내에 '인도·태평경제프레임워크팀'을 출범시켰다. 6월 기획재정부는 범정부 차원에서 IPEF 협상에 대응하기 위한 산업부·기재부·

외교부의 협조체계를 구성하였다. 대외 장관급 협의는 산업부 통상교섭본부장, 고위급 협의는 산업부 통상교섭실장이 수석대표를 맡는다. 협상의제는 주제에 따라 부처별로 배당한다. 무역은 산업부, 공급망은 산업부 · 외교부 · 기재부, 청정에너지 · 탈탄소 · 인프라는 산업부 · 외교부, 조세 · 반부패는 산업부 · 기재부가 각각 담당한다. 이외 법무부, 법제처, 과기부, 국토부, 환경부, 농식품부, 노동부 등도 협상을 지원할 예정이다.

박진 외교부 장관은 6월 미국을 방문하여 경제안보와 공급망 확보를 위해서 양국의 외교 · 상무장관이 참석하는 경제안보 2+2 장관급회담 신설을 제안하였다. 최상목 경제수석비서관은 "지난 20년간 우리가 누려 왔던 중국을 통한 수출 호황시대는 끝나가고 있습니다"고 주장하면서 유럽을 탈중국의 대안으로 제시하였다.

인태 전략에 대해 윤석열 정부는 문재인 정부와 두 가지 점에서 차이가 있다. 첫째, 문 정부는 인태 전략을 신남방정책의 차원에서 접근하였다. 따라서 정책의 중점은 신남방정책에 인태 전략을 연계하는데 두어졌다. "한미관계의 중요성은 한반도를 훨씬 넘어서는 것으로서, 우리의 공동 가치에 기초하고 있고, 인도－태평양 지역에 대한 우리 각자의 접근법에 기반을 두고 있다. 우리는 한국의 신남방정책과 미국의 자유롭고 개방적인 인도－태평양 구상을 연계하기 위해 협력하고, 양국이 안전하고 번영하며 역동적인 지역을 조성하기 위해 협력하기로 하였다(2021 한미정상회담 공동성명)." 반면, 윤 정부는 한미동맹의 차원에서 인태 전략을 수용하였다. 즉 인태 전략에 참여는 한미동맹을 포괄적 전략동맹으로 발전하는 목표에 전적으로 부합하는 것이다. 따라서 문재인 정부가 인태 전략과 부분적인 연계를 추구했다면 윤석열 정부는 인태 전략에 전면적으로 편승하고자 한다.

둘째, 문 정부는 인태 전략의 비군사적 측면에 주목하였다. 코로나19 전염병과 기후위기와 같은 글로벌 문제를 해결하기 위한 국제사회의 노력에 동참하는 차원에서 인태 지역 국가들과 협력을 강화한다는 것이다. "우리는 인도－태평양 지역 내 전염병 대유행 준비태세 개선을 지원하기 위해 과감한 조치를 취할 것을 결의하고, 모든 국가들이 전염병 예방·진단·대응 역량을 구축해 나가도록 함께 그리고 다자적으로 협력할 것이다(2021 한미정상회담 공동성명)." 반면, 윤 정부는 인태 전략의 안보적 함의를 적극적으로 강조하고 있다. 안보에는 군사 안보뿐만 아니라 경제 안보도 포함되어 있다. IPEF는 공급망의 복원력을 강화하는 방안으로 논의되고 있다.

3. 인태 전략: 가능성과 한계

윤석열 정부의 인태 전략에 대해서는 다양한 평가가 있다. 한편에서는 한미동맹을 강화한다는 차원에서 적극적 편승을 지지한다. 즉 미국이 요구하는 거의 대부분의 의제를 수용해야 한다는 것이다. 다른 한편에서는 중국의 반발을 우려 때문에 조심스러운 접근을 선호한다. 남중해와 대만 등을 둘러싼 군사적 위협에 연루될 수 있는 위험을 최소화하기 위해 협력 분야를 비군사 의제로 한정하는 것이다.

이러한 입장 차이는 인태 전략을 추진하는 미국의 의지와 능력에 대한 서로 다른 평가에서 기인한다고 할 수 있다. 인태 전략의 지속가능성에 대해서는 미국 내에서도 논란이 있다.[1] 중국의 부상이 전략적 위협으로 인식되기 시작한 2008년 글로벌 금융위기 이후 오바마 행정부는 아시아 회귀

---

1) Riley Walters, "Is Biden's Indo-Pacific Economic Push Doomed to Fail?," *Geopolitical Intelligence Services* (2022).

(Pivot to Asia)/재균형(Rebalancing), 트럼프 행정부와 바이든 행정부는 인태 전략을 추진해왔다. 그럼에도 불구하고 인태전략에 투입된 예산은 거의 증가하지 않았다. 지난 10년간 미국 국무부 예산에서 유럽 및 유라시아 지역은 65% 급증한 반면, 동아시아 지역은 3~5% 증가하였다. 이 문제를 해결하기 위해 2021회계연도 국방예산안을 담은 '국방수권법'에 22억 달러 규모의 태평양억지구상(Pacific Deterrence Initiative)이 포함되었다. 2022년 6월에는 동아시아 지역에 대한 투자를 늘리기 위한 인도태평양관여법(Indo-Pacific Engagement Act)이 상정되었다.

IPEF 협상이 타결되기 위해서는 많은 난제를 해결해야 한다. 첫째, 회원국들의 참여를 유도하기 위해서는 의미 있고 가시적인 혜택이 주어져야 한다. IPEF 원칙에는 FTA에 반드시 포함되어 있는 시장 접근과 관세 인하가 배제되어 있다. 둘째, 동맹국과 동반국 이외에 다른 국가들이 참여할 수 있는 포용성이 필요하다. 미국은 동남아시아국가연합(ASEAN) 회원국 중 민주주의로 분류되지 않는 미얀마, 캄보디아, 라오스를 초청하지 않았다. 셋째, 디지털 경제에 대한 고수준의 합의가 필요하다. 그러나 개발도상국은 이 기준을 만족시키는 것이 거의 불가능하다. 넷째, 이 프레임워크가 장기적으로 유지된다는 보장이 필요하다. 트럼프 행정부는 의회에 CPTPP 비준을 요청하지 않고 일방적으로 탈퇴한 바 있다. 마지막으로 협상을 책임지고 완수할 콘트롤타워가 필요하다. 재무부, 상무부, 무역대표부(USTR) 등 유관부처 사이에 이견이 남아 있다.[2]

중국과의 탈동조화 문제에 대해서도 미국의 입장은 일관되지 않고 있다.

---

2) Matthew P. Goodman and Aidan Arasasingham, "Regional Perspectives on the Indo-Pacific Economic Framework," *CSIS Brief* (2022); 강선주, 「미국의 인도-태평양경제프레임워크(IPEF): 국제정치경제적 함의와 전망」, 『주요국제문제분석』 (외교안보연구소, 2022).

2017년 취임한 트럼프 행정부는 대중 무역적자를 줄이기 위해 보복관세를 부과하는 동시에 수출통제·수입제한·투자규제·외환통제 등의 제재 조치를 동원하여 2020년 1월 15일 1단계 무역 합의를 체결하는 데 성공하였다. 이 합의에 따라 중국은 2년 동안 2,000억 달러 규모의 미국산 제품을 구매하기로 약속하였다. 2020년 1월~2021년 12월 통계에 따르면, 중국은 목표치의 2/3(미국 수출 기준 60%, 중국 수입 기준 62%) 정도 수입하였다.[3]

그럼에도 불구하고, 미국은 중국에 제재는커녕 2단계 협상을 요구하지 못하고 있다. 그 이유는 중국 이외의 대안이 없기 때문이다. 2021년 미중 교역 통계를 보면, 양국 관계는 탈동조화보다는 동조화에 가깝다. 미국의 대중 수출은 전년보다 32.7% 증가한 1,795억 달러, 중국의 대미 수출도 전년보다 27.5% 증가한 5,761억 달러였다. 전년보다 25.1% 증가한 3,966억 달러의 대중 무역적자는 지난 5년 동안의 무역전쟁을 헛수고로 만들어버렸다. 더 나아가 2022년 초반 인플레이션을 억제하기 위해 대중 관세를 전면 폐지해야 한다는 주장까지 제기되었다.[4]

상호의존의 무기화의 핵심인 반도체 수출통제도 마찬가지이다. 한국을 제외한 미국·일본·한국·대만의 전자집적회로 대중 수출은 계속 증가하였다. 주목해야 될 점은 중국과 가장 심각한 안보 갈등에 처해 있는 대만 사례이다. 대만해협을 둘러싼 긴장이 고조되는 상황에서도 대만은 역대 최대 대중 수출액을 기록하였다.

---

3) Chad P. Bown, *US-China Phase One Tracker: China's Purchases of US Goods* (Peterson Institute for International Economics, 2022).

4) Lawrence H. Summers, "Trade Barrier Reduction is the Most Important Anti-inflation Competition Policy," *Peterson Institute for International Economics* (2022).

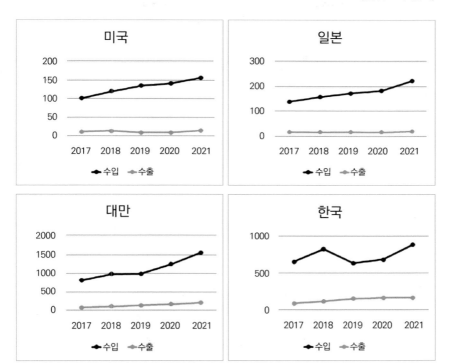

〈그림 1〉 미국 · 일본 · 한국 · 대만의 대중 전자직접회로 수출입 통계(2017~2021)
(단위: 억 달러)

* 대만은 UN 회원국이 아니라 기타 아시아(Other Asia, not elsewhere specified)로 분류되어 있음 .
출처: UN Comtrade, https://comtrade.un.org/data (검색일: 2022.7.7)

미국이 인도가 Quad/IPEF와 브릭스 사이에서 줄타기를 하는 것을 용인하는 것도 문제다. 2021년 12월 바이든 대통령이 주재한 민주주의 정상회담에 인도 모디 총리가 참석하였다. 그러나 러시아의 우크라이나 침공 이후 인도는 미국의 기대와 다르게 행동하고 있다. 인도는 우크라이나 침공 이후 유엔에서 진행된 세 번의 표결에서 다 기권하였다. 2월 24일 미국과 알바니아가 제안한 러시아의 우크라이나 무력 사용 중단 결의안 초안에 대해 인도는 중국, 인도, 아랍에미레이트연합(UAE)과 함께 기권하였다. 3월 24일 총회에 상정된 우크라이나 침공의 인도주의적 결과 결의안에 대해서도 인도는 브릭스 회원국인 중국과 남아프리카공화국과 같이 기권하였다. 4월 7일 총회에서 논의된 러시아의 인권이사회 이사국 자격을 정지하는 결의안에서도 인도는 남아프리카공화국과 공동으로 기권하였다. 이러한 표결 결과만 보면 인도는 쿼드 회원국보다는 브릭스 회원국과 동조하고 있다. 미국은 인도와 협력을 강화하기 위해 외교적 노력을 강화하고 있다. 바이든 대통령과 모디 총리의 비대면 정상회담이 열린 11일 토니 블링컨 국무장관과 로이드 오스틴 국방장관은 워싱턴을 방문한 자이샨카르 외교장관 및 라즈나트 싱 국방장관과 외교·국방장관 2+2회담을 개최하였다.

　경제적 차원에서도 인도는 미국과 EU의 제재 조치에 반하는 행동을 그치지 않고 있다. 인도는 서방국가가 수입을 금지해 판매처를 찾지 못하고 있는 러시아산 원유를 저렴한 가격에 구매하고 있다. 더 나아가 인도는 원유 수입 대금을 금융 제재를 피하기 위해 루블화로 결제하는 방안까지 검토하고 있다. 이 때문에 조 바이든 대통령은 4월 11일 화상으로 진행된 정상회담에서 나렌드라 모디 총리에게 인도의 친(親)러시아 행보를 미국이 더 이상 용인하지 않을 것이라고 경고하였다. 재닛 옐런 재무부 장관도 4월 13일 애틀랜틱카운슬 연설에서 인도를 명시적으로 언급하지 않았지만 서방 국가들의 제재를 준수하지 않는 국가를 강력하게 비판한 바 있다. 미국의 경고와 비난에도 불구하고 인도의 러시아산 석유 구매는 계속되고 있다.

　인도가 미국과 협력을 전향적으로 강화하지 않는 한, Quad와 IPEF의 전략적 가치는 하락할 것이다. 인도의 비협조는 비군사 협력에 집중된 IPEF보다 군사협력을 포함한 Quad에 훨씬 큰 타격을 입힐 것이다. 경제 개방도가 낮기 때문에, IPEF에서 인도가 수용할 수 있는 협력의 수준은 제한적이다. 인도는

RCEP을 체결하기 직전인 2019년 11월 협상에서 탈퇴를 선언한 것처럼, 9월 미국에서 열린 IPEF의 첫 장관회의에서 인도는 무역 부문 협상에서 탈퇴하였다.

4. 한중관계에 미치는 영향

윤석열 정부의 미국 편승 전략에 대해 중국이 아직 공식적인 비판을 제기하고 있지 않다. 자오리젠(趙立堅) 중국 외교부 대변인은 6월 30일 브리핑에서 "한국은 아시아의 중요 국가이자 중국과 상호 중요한 협력 동반자로서 광범위한 공동이익을 보유하고 있다"며 "중국 측은 관련 각 측이 양자 관계를 발전시키고 아시아의 평화롭고 안정적인 발전을 수호하는 데 공동으로 노력하길 희망한다"고 언급했다. 싱하이밍(邢海明) 주한 중국대사도 한중수교 30주년 학술회의에서 "한국이 중국의 우호적인 이웃으로서 역지사지해서 중국 국민의 감정과 중국의 입장을 이해하고 지지해 주기를 바란다"고 발언하였다.

그러나 중국 전문가들은 윤 정부의 대중 정책이 전 정부에서 취했던 미중관계에서 중립 노선에서 일탈했다고 평가하고 있다. 첫째, 중국은 한국의 NATO 정상회의 참석을 비판하였다. "이유를 막론하고, 일본, 한국, 호주, 뉴질랜드, 특히 일본과 한국은 NATO 정상회담에 가서는 안된다... 어느 아태 국가에게도 NATO는 현명하지 않은 선택이다. 그것은 중국과 전략적 신뢰에 손상을 주어 불가피하게 문제가 발생할 것이다."[5]

---

5) *Global Times*, "Asia-Pacific Countries should not Stand under 'Dangerous Wall' of NATO: Global Times Editorial,"(June 28, 2022).

〈그림 2〉 한중 무역(2017.01∼2022.05) (USD 1,000)

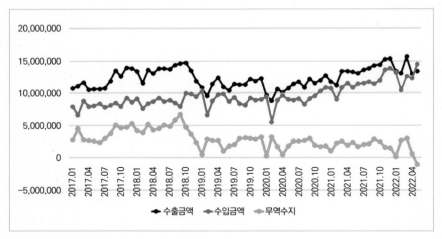

출처: 관세청(https://unipass.customs.go.kr/ets/)

둘째, 중국은 NATO 정상회담장에서 별도로 이뤄지는 한미일 정상회담에 대해서도 부정적으로 인식하고 있다. "한미일 정상회담은 NATO의 아태지역으로 확장을 촉진시키는 수순이다. 아태지역에서 미국 동맹은 주로 양자이다. 그래서 미국은 그것들을 소규모 다자 메커니즘으로 통합하길 원한다."[6]

셋째, 중국은 한국의 RIMPAC 훈련 참가에 대해서도 경계하고 있다. "한국은 1990년 처음 참가한 이후 최대 군사력을 파견했을 뿐만 아니라, 수륙양용 돌격함선인 마라도함도 배치될 것이다."[7]

---

6) Wang Qi and Zhang Changyue, "S. Korea Warned over Fraying China Ties, Losing 'Diplomatic Independence' in *Global Times*, "Bloc's Asia Push before NATO summit," (June 28, 2022).

7) Leng Shumei and Wang Wenwen, "Beware, S. Korea Sends Largest-ever Contingent to RIMPAC, a 'Dangerous' Move to Deviate from Neutral Stance for US Indo-Pacific Strategy," *Global Times* (July 2, 2022).

반면, 중국은 한국의 IPEF 참여에 대해서는 덜 비판적이다. IPEF가 궁극적으로 실패할 것이라고 예상하기 때문이다. "첫째, IPEF의 가장 큰 문제는 역내 국가들에게 시장 접근 차원에서 실질적인 혜택을 주기 어렵다는 것이다. 둘째, 미국이 장려하길 원하는 디지털 무역과 기술 규정이 너무 '미국적'이라 역내 많은 국가들이 소위 고수준을 충족시킬 수 없다. 셋째, IPEF가 미국 의회의 비준을 받지 않기 때문에 정치적 지속가능성에 의구심이 제기되고 있다."[8]

한중 경제 교류가 줄어드는 탈동조화(decoupling)의 징후도 나타나지 않고 있다. 2022년 1~5월 한국은 중국의 최대 해외투자국으로 전년 대비 52.8% 성장하였다.[9] 같은 기간 한중 무역도 전년 대비 10.2% 증가하였다. 중국 상무부는 이런 추세가 지속될 경우 한중 교역액이 역대 최고를 기록할 것으로 예상하였다.[10]

1994년 이후 처음으로 2022년 5월 대중 무역수지가 흑자에서 적자로 전환되었다는 점도 주목할 필요가 있다. 대중 무역흑자는 전체 무역흑자의 80% 이상을 차지해왔다. 대중 무역적자의 감소는 전체 무역수지에 이미 부정적 영향을 미치고 있다. 2022년 4월부터 6월까지 전체 무역수지가 적자를 기록하고 있다. 무역적자가 구조화된다면, 한국에 대한 중국의 영향력이 수출에서 수입으로 확대될 것이다.

---

8) "US-led IPEF is 'Loud but Empty,' Unlikely to Go Very Far," *Global Times* (May 24, 2022).
9) *Global Times*, "China's Use of Foreign Capital Jump 22.6% in Jan-May in Show of Confidence in Chinese economy," (June 14, 2022).
10) *Global Times*, "China, S. Korea Trade Increases 10.2% in First Five Months, Displaying Great Resilience: Ministry of Commerce," (June 14, 2022).

5. 맺음말

윤석열 정부는 한미동맹을 글로벌 포괄적 전략 동맹으로 발전시키기 위해 미국의 인태전략을 전폭적으로 지지하고 있다. 안보뿐만 아니라 경제에서도 윤 정부는 미국 중심의 규칙기반질서에 적극적으로 편승하려고 노력하고 있다. 따라서 전 정부가 고수했던 안미경중(安美經中) 전략은 사실상 종언했다고 할 수 있다.

윤석열 정부는 한국의 인태 전략 편승이 중국을 배제하는 것이 아니라는 점을 강조하고 있다. 외교부 대변인은 "우리 정부는 이번 나토정상회의 참석이 글로벌 중추 국가 비전하에 핵심 가치와 규범을 공유하는 국가들과 포괄적 협력 방안을 논의하기 위한 것으로, 특정 국가를 배제하거나 겨냥한 것이 아니라는 점을 분명히 밝힌 바 있습니다"고 설명하였다. 그러나 중국은 윤석열 대통령의 NATO 정상회담을 미국 경사로 판단하고 있다.

인태 전략의 전망에 대한 평가는 긍정적이지 않다. 우크라이나전쟁, 인플레이션, 경기침체, 중간선거 등을 포함한 대내외 여건은 바이든 행정부가 인태전략을 효과적으로 추진하기 어렵게 만들고 있다. 인플레이션을 통제하기 위해 미국이 대중 보복관세를 철폐 또는 유예할 경우, 무역전쟁의 주도권은 미국에서 중국으로 이전될 것이다. Quad/IPEF와 브릭스 사이에 이익의 균형을 추구하는 인도의 헤징 전략도 문제다. 이런 문제들이 해결되지 않을 경우, 미국이 인태 전략을 일관되게 추진하는 것은 사실상 불가능할 것이다.

한국 내에서 아직까지 인태 전략을 둘러싼 갈등은 가시화되지 않고 있다. 또한 경제적 탈동조화가 시작되었다는 징후도 없다. 그렇지만, 한국의 미국 경사가 심화되면 중국이 한국에 반발하거나 보복할 것으로 예상된다.

수교 후 30년 동안 발전해온 상호의존 때문에 중국이 피해를 보지 않고 한국을 제재하는 것은 불가능하다. 그렇지만 상호의존 구조가 비대칭적이기 때문에 중국보다 한국이 더 많은 피해를 볼 가능성이 높다. 이 때문에 인태전략을 추진할 때 중국의 반발을 최소화할 수 있도록 주의해야 한다는 의견이 계속 제기되고 있다. 중국과 관계가 악화될 경우 2021년 10월 요소수 부족 사태와 같은 문제를 단기간에 쉽게 해결할 수 없을 것이다.

미국의 인태전략: 문명 경쟁의 시각

쉐리(薛力)*, 리샤오캉(李少康)**

　　미국의 '인도－태평양 전략'은 최근 국제관계 학계에서 주목받는 이슈로 관련 연구 성과 또한 풍부하다. 이 논문에서는 미국의 인도·태평양 전략을 문명 경쟁의 시각에서 탐구하고자 한다. 새뮤얼 헌팅턴(Samuel P. Huntington) 은 이데올로기는 냉전 이후 더 이상 중요하지 않고, 문명 간 충돌이 세계 정치를 이해할 수 있는 중요한 패러다임이라고 보았다.[1] 문명 간 정치 및 사상의 충돌이 문명 간 문화와 종교의 충돌에 의해 대체되고 있다고 주장한 것이다.[2] 다시 말하면, 헌팅턴은 냉전 이후 문명 간 충돌이 국제 구조의 주요한 특징이 될 것이라고 예측했다. 그러나 필자는 이러한 견해에 동의하지 않는다. 21세기 국제 구도의 기본은 문명 간 협력과 경쟁이다. 문명

*　중국사회과학원 세계경제정치연구소 교수.
** 중국사회과학원 국제정치경제학원 박사과정.

1) 새뮤얼 헌팅턴, 저우치 역, 『문명의 충돌과 세계질서의 재건』(북경: 신화출판사, 2022 중문판), pp.1-2.
2) 새뮤얼 헌팅턴 (2022), p.40.

간 혹은 문명 내에서의 충돌은 국제정치의 지류일 뿐이며, 때로 격렬해질 수도 있지만 이로 인해 세계대전으로 이어질 가능성은 적다. 지류를 주류(主流)라고 생각하는 것은 세계 정치에 대한 오독이며, 이러한 인식은 기독교적 사고에서 기인한다.

1. 문명 경쟁 시대의 도래: 원인과 특징

필자는 세계가 문명 경쟁의 장주기(a long Era of Civilization based competition)에 들어섰다고 확신한다. 세계는 다양한 문명 간 협력과 경쟁이 병존하는 형태이고, 21세기 국제 구도는 협력과 교류가 주를 이루며 경쟁과 군사적 충돌은 지류가 될 것이다.

1) 과거형이 된 서양 문명 주도의 시대

21세기 들어 어떠한 문명도 세계를 주도할 수 있는 의지와 능력이 없다는 것이 더욱 명확해졌다. 또한 다양한 문명이 경쟁 속에서 협력하고 협력 속에서 경쟁하는 것이 문명 간 관계의 주요한 기조가 되었다.

인류의 오랜 역사를 관찰해보면 충돌과 전쟁은 종종 발생했지만, 전반적으로 충돌보다는 인류사회 발전의 필수 조건인 협력이 더 많이 존재했다. 두 차례의 세계 대전이 발발한 후 유럽 국가들은 세계를 이끌 정당성(legitimacy)과 능력(capability)을 상실했다. 제2차 세계 대전 이후 유럽 국가들은 연합을 통해 자강을 추구했고 점차 이념과 규범으로 세계를 선도하는 방향으로 변해가며 미국과 협력과 경쟁을 지속해왔다.

냉전 시기에는 미·소 양국이 양극 대결 구조하에서 안보에 막대한 자원을 투입했고, 이로 인해 미국과 소련을 필두로 하는 동서양 두 진영의 국가들은 경제사회 발전에 힘을 쏟지 못했다. 냉전이 종식되자 경제와 사회를 발전시키는 것이 각 문명체의 중요한 목표가 되었다.

헌팅턴은 미래 세계에는 획일적인 문화가 아닌 서로 다른 문화와 문명이 공존할 것이라고 주장했다. 또 규모가 가장 큰 문명이 세계의 주요 권력을 차지하게 될 것이며 미국, EU, 중국, 러시아, 일본, 인도, 브라질, 남아공 및 이슬람 국가 중 하나가 세계 무대의 중요한 활동자가 될 것이라고 밝혔다.[3] 이러한 관점은 정확하긴 하지만, '문명 간 충돌이 시대적 특징'이라는 헌팅턴의 표현은 지엽적인 것을 본질로 보는 것으로 갈등을 증폭시키는 측면도 있다. 이러한 인식과 판단의 심층적 기제는 세계를 신자와 이교도 두 부류로 나누고, 신자는 신의 선택을 받았기에 우월한 지위를 가지며 신의 복음을 세계에 전파할 책임과 의무가 있다고 믿는 기독교적 가치관이다. 이러한 가치관을 가진 이들은 포교 및 정복 등의 수단을 통해 이교도를 동화시키거나 말살하며, 자국의 정치, 군사, 경제 제도를 이식하기도 한다. 이는 대항해 시대부터 시작된 유럽인들의 보편적 행태이고, 냉전 시대 미소 양국의 논리이자 냉전 이후 미국 외교의 논리적 기반이기도 하다.

미국 정부와 엘리트들이 경쟁자 혹은 적을 만드는 것을 선호한다는 주장은 많지만 그 선호의 근원이 기독교적 가치관임을 지적하는 이는 많지 않다. 새뮤얼 헌팅턴(Samuel P. Huntington), 존 미어샤이머(John J. Mearsheimer), 폴 케네디(Paul Kennedy), 헨리 키신저(Henry Alfred Kissinger), 즈비그뉴 브레진스키(Zbigniew Brzezinski), 매들린 올브라이트(Madeleine Korbel Albright),

---

3) 새뮤얼 헌팅턴 (2022), p.2.

토니 블링컨(Antony Blinken)과 같은 기독교 세계의 학자들은 대부분 무의식적으로 기독교적 관점에서 문제를 분석한다.

냉전 이후 평화와 발전은 세계 각국의 보편적 목표가 되었다. 전쟁이나 문명 간 충돌보다는 경제 세계화와 문화 교류가 미래 세계의 기틀이며, 이는 글로벌 경제 발전과 인적 교류 등에 필수적이다. 미국의 서브프라임 모기지 위기가 세계적인 금융위기로 번지기 이전까지만 해도 '국제 구도가 다극화되고 있다'는 주장은 주류적 견해가 아니었다. 그러나 십수 년이 지나 다수의 국제정치학자들이 국제 구도가 다극 형태로 변해가고 있다는 분석에 공감하고 있다. 그중, 문명 경쟁은 다극화의 새로운 형태이다.

2) '아젠다 동맹'(안보 분야) 역할의 증대

세계 대전이 발생할 가능성은 낮다. 핵전쟁은 승자가 없고 핵전쟁의 당사자들에게는 중대한 손실만이 남으며 심지어 인류의 문명까지 파괴할 수 있다. 국제관계 학계에서는 냉전 시기에 '공포의 균형(balance of terror)'에 기반한 상호억제가 미소 간 대규모 전쟁을 막는데 효과적이었다는 평가가 지배적이다. 냉전이 종식된 후, 미국은 핵전쟁이 인류 종말을 초래할 것이라는 신념하에 핵무기의 규모를 대폭 축소했다. 문명 경쟁의 시대에서 핵무기의 역할은 다시 증대했지만, '공포의 균형'은 여전히 존재한다. 2022년 1월, 미국, 중국, 러시아, 프랑스, 영국 5개국이 합의한 공동성명에서 '핵전쟁은 이길 수도, 발생해서도 안 된다'고 강조한 것이 그 증거이다.

문명 경쟁 시대에 문명 간 충돌, 심지어 같은 문명 내에서도 충돌은 사라지지 않을 것이다. 그러나 이러한 충돌과 전쟁은 국지전에 제한될 뿐, 주요 문명 (또는 그 문명을 대표하는 국가) 간의 전면전으로 악화되지 않을 것이다. 개신교—천주교 문명과 수니파 문명 사이에서 '대리인 전쟁'이 발생하거나, 정교회 문명과 가톨릭 문명 간 전쟁이 발생할 가능성이 크다. 2022년 발발한 러시아—우크라이나 전쟁이 대표적인 예시 중 하나지만 이 전쟁이 러시아와 나토 간의 전면전으로 비화될 가능성은 크지 않다. 우리가 주목해야 할 점은, 미국이 제2차 세계대전 이후 전쟁에 가장 많이 참여하거나 발생시킨 국가라는 것이다. 전쟁을 일으키는 요소에는 "문화적 유전자"와 능력 그리고 의지가 있는데, 이러한 측면에서 문명 경쟁 시대의 미국은 전쟁 능력 혹은 의지가 떨어질 수 있기에 양적 변화가 있을 수는 있지만 '유전자'는 거의 변하지 않기 때문에 질적인 변화는 없다.

우리는 대항해 시대 이래의 역사를 통해 기독교를 신봉하는 국가들이 자신을 보호하고 상대를 제압하기 위한 수단으로 군사동맹을 선호했음을 알 수 있다. 문명 경쟁 시대에 군사 동맹, 특히 나토와 같은 대규모 동맹의 구축이 어려워졌다. 이에 미국은 소규모 동맹, 특히 같은 문화권에 속한 앵글로색슨 국가들과의 동맹 구축에 열을 올리고 있다. 또 미국의 '의제별 동맹' 구축이 증가하고 있는데, 이는 미국이 관련국들을 쉽게 동원할 수 있고 이러한 의제 동맹을 쉽게 약화시킬 수 있기 때문이다.

3) 보편적 현상이 된 문명의 내적 발전(civilization inward)

우리는 여러 사례를 통해 점차 더 많은 국가와 지역에서 문명의 내적 발전이 나타나고 있음을 볼 수 있다.

(1) 이슬람 문명권: 냉전 이후 무슬림 국가에서 이슬람 부흥 운동과 이슬람 정치화 현상이 발생하고 있다.

(2) 동방 정교회 문명권: 블라디미르 푸틴(Vladimir Putin)은 취임 이후, 러

시아 정교회를 통합하는 등 정교회의 위상과 역할을 크게 높인바 있다. 정교회는 현재 나토 확장을 반대하며 푸틴의 우크라이나 특별 군사행동을 지지하는 등 정치 참여를 강화하고 있다.

(3) 튀르크어 문명권: 레젭 타입 에르도안(Recep Tayyip Erdogan) 집권 이후 무스타파 케말(Mustafa Kemal)에 의해 확정된 튀르키예 공화국 건국 6원칙 중 하나인 세속주의가 약화되고 튀르키예의 정치와 문화 분야에서 이슬람교의 역할이 커지고 있다. 또한 1992년 시작된 튀르크어 국가 정상회의는 2021년에 튀르크 국가연합으로 발전했다.

(4) 힌두교 문명권: 나렌드라 모디 총리는 역대 인도 정부에 비해 강력한 힌두교 민족주의를 추진하며, 입법 과정에서 무슬림 집단을 공공연하게 차별했다.

(5) 개신교-가톨릭 문명권: 서브프라임 모기지 사태 이후 미국의 글로벌 전략이 재조정되었는데 이것이 고립주의 색채가 짙은 '트럼프 독트린'으로 또 한 번 변화하며 미국의 국제문제 개입 의지와 능력이 크게 축소되었다. 트럼프 행정부의 미국은 선택적으로 국제 문제에 개입하고 동맹과 파트너 국가가 더 많은 책임과 의무를 지길 바라는 등 '리더'보다는 '조정자'의 역할에 가까웠다. 또한 유럽 국가들도 대규모 난민 수용에 대해 소극적으로 변하고 있으며, 유럽연합도 글로벌 이슈에서 '유럽적 가치'를 지닌 '규범적 힘'의 역할에 더욱 치중하고 있다.

(6) 중국 경제가 지속적으로 발전함에 따라 중국은 전통문화를 더욱 강력하게 제창하고 보급하며 문화적 자신감을 강조하기 시작했다. 중국의 부흥은 곧 중화문명의 부흥이며, 평화적 부상만이 다른 국가가 받아들일 수 있는 중국의 유일한 선택지다. 이는 중국이 전통문명을 현대적으로 재해석하고 다른 문명의 긍정적 요소를 흡수함으로써 새로운 핵심 가치관 체계와

외교 이념을 구성하고 새로운 지역 질서를 주도적으로 구축해야 한다는 의미이기도 하다.

(7) 단일민족 국가: 한국, 일본, 덴마크, 폴란드 등 '단일민족'의 위상을 강조하는 국가들은 각자 다른 방법으로 자신들의 문화적 정체성을 강화하고 있다. 예를 들면 한국과 일본이 전 세계에 '한류'와 '쿨재팬'을 홍보하는 것이 대표적이다.

상술한 내용들은 문명의 내적 발전을 보여주는 매우 전형적인 사례이다. 필자가 강조하고 싶은 점은 문명의 내적 발전은 일시적인 현상이 아닌 장기적인 과정이며, 이것이 각 문명체의 정치적 내적 발전으로 이어질 수 있다는 것이다.

4) 문명 경쟁의 행위체 유형

인구와 영향력의 규모에 따라 세계의 문명체는 크게 세 가지의 유형으로 분류할 수 있다. 첫 번째 유형은 개신교 – 천주교 문명(대략 서양 문명과 같다), 중화 문명, 힌두교 문명, 수니파 문명으로, 이 문명의 인구는 보통 10억 명 이상이다. 두 번째 유형은 러시아로 대표되는 동방정교회 문명, 신도교(神道敎)와 유교가 혼합된 형태인 야마토 문명(일본이 대표적), 페르시아와 시아파가 혼합된 시아파 문명(이란이 대표적), 아프리카 원시종교 문명, 브라질로 대표되는 인디언 혼합문명이 있다. 또 천주교 – 수니파 – 아프리카 원시종교 혼합 문명(나이지리아가 대표적), 유교 – 기독교 혼합 문명(고려 문명, 한반도를 지칭함)도 포함될 것이며, 이 문명의 인구는 약 0.8억에서 5억 명이다. 그 이외의 문명은 세 번째 유형으로 분류된다.

그중 수니파 문명으로 공인된 핵심 국가가 없기 때문에 이들은 다시 하위 문명으로 분류할 수 있다. 이집트와 사우디로 대표되는 아랍 문명(4억 5,000만 명), 인도네시아와 말레이시아로 대표되는 말레이 문명(2억 9,000만 명), 방글라데시 서벵골주, 인도의 트리푸라주, 아삼주의 일부에 존재하는 방글라데시 문명(2억 7,000만 명), 튀르키예 공화국 및 튀르크어 사용국으로 대표되는 튀르크 문명(6개국 1억 5,000만 명), 펀자브주, 하리아나주 등에 존재하는 펀자브 문명(1억 4,000만 명) 등이 있다. 이러한 2차 문명체는 인구 1억 500만~5억 명 사이에서 종교, 언어, 혈연, 역사기억 등을 중심으로 결집하여 사실상 두 번째 유형의 구성원이 되고 있다.

2. 문명 경쟁 시대 미국의 대중국 전략

분명한 사실은 동맹은 오직 소수 국가만이 선택하고 있고 대다수 국가들은 비동맹 정책을 유지하고 있다는 것이다. 유엔 회원국은 총 193개인데, 비동맹 운동 회원국은 116개국과 옵저버 15개국으로 이루어져 있다. 회원국에는 인도, 인도네시아, 남아공, 나이지리아, 사우디아라비아, 이집트 등 개발도상국, 옵서버 국가에는 중국, 브라질, 멕시코, 카자흐스탄 등 개발도상국이 포함되어 있다. 또 스위스, 투르크메니스탄, 스웨덴, 오스트리아, 코스타리카, 캄보디아 등 11개국이 영구 중립 외교 정책을 유지하고 있다. 유엔 회원국 중 동맹 외교를 시행하는 국가는 51개국에 불과하다. 이들 국가 중 대부분은 개신교-가톨릭 문명권 국가이거나 또는 역사적 이유로 서방 국가와 동맹을 맺은 비서구 국가들인데 주로 유럽과 북미, 그리고 아시아 여러 국가에 분포해있다. 즉 세계 대부분 국가가 동맹외교가 득보다 실이 크며, 동맹을 맺지 않는 것이 더 합리적인 선택이라고 인식하고 있음을 볼 수 있다. 특히 개발도상국이 동맹외교를 하지 않는 현상은 매우 상징적이다. 많은 문명이 경쟁하는 시대에는 개발도상국이 대표하는 문명체의 힘이 점점 강해지고, 그 결과 동맹을 맺지 않는 국가의 힘이 동맹을 맺는 국가의 힘을 능가할 수 있는데, 이는 특히 경제 분야에서 먼저 실현될 수 있다. 우리는 중국의 세계경제 성장 기여도가 2006년부터 세계 1위가 되었고, 2009년에는 미중 양국을 제외하면 신흥 경제국의 경제 총량이 선진국을 넘어섰으며, 2013년, 개발도상국의 평균 구매력이 선진국의 평균 구매력을 넘어선 사실 등에서 이를 확인할 수 있다. 한 연구에 따르면 중국, 인도 그리고 미국이 2050년 세계 3대 경제 대국이 될 것이라고 예측했는데, 이는 비서구 국가의 부상은 세계적 추세이며 국제구도에 미치는 영향도 그만큼 증가할 수밖에 없음을 보여준다.

그러나 미국을 비롯한 개신교-가톨릭 문명이 과거 500년처럼 세계를 형성하고 주도하기는 어렵겠지만, 앞으로의 상당 기간에도 다른 문명체보다 더 강한 종합국력을 유지할 것이란 점을 인정해야 한다. 그들은 동맹외교를 지속해 나갈 것이며, 다양한 종류의 배타적 공동체를 만들어 더 많은 차별과 대결을 유발할 것이다.

1) 안보·비안보 분야에서 '신서방주의'와 '신동방주의'의 비대칭 경쟁

개신교-천주교 국가를 주축으로 한 신서방주의는 기독교적 가치관의 영향을 받아 동맹의 구축을 선호한다. 동맹을 맺기 어려운 상황에서는 분야와 의제를 달리하는 배타적 공동체를 구축하기도 한다.

(1) 안보 분야

미국은 소규모·다자 위주로 안보동맹을 구축할 것이고 오커스(AUKUS)와 같은 안보체제 또한 지속적으로 고안해낼 것이다. 양자 영역에서 일본, 한국, 호주, 필리핀과의 동맹을 계속 강화할 것이며 다자 영역에서는 나토 내 범대서양 국가들의 협력이 여전히 존재하겠지만, 영국, 폴란드, 덴마크, 리투아니아, 캐나다 등 국가들과 밀착 관계를 형성하고 터키 등 국가와는 다소 소원한 관계를, 프랑스를 비롯하여 유럽의 독자적 국방력 발전을 주장하는 국가들과는 중도적인 관계를 형성할 가능성이 높다. 유럽연합 주요 회원국들이 잇따라 인도·태평양 정책을 내놓으면서 '인도·태평양 재균형'이 '인도·태평양·유럽 재균형'으로 발전하고 있다. 그러나 개입하는 국가가 증가하고 원하는 내용이 많아질수록 제도화 수위는 낮아진다. 우리는 쿼드(QUAD)가 정식 군사동맹으로 전환되는 것이 매우 어렵다는 사실을 통해 이 사실을 알 수 있다.

(2) 비안보 분야

미국은 비서방 국가와 경제, 기술, 문화 분야의 배타적 공동체를 구성해 라이벌 국가를 규제하며 국력을 강화하고 있다. 2022년에 출범한 IPEF가 대표적인 예시 중 하나이다. 그러나 미국의 동맹국과 협력국은 자신들의 이익을 고려하여 안보 방면에서는 미국에 호응하지만 상한선이 존재하고, 경제 방면에서는 자주적 입장을 취하지만 하한선이 존재하는 대응 전략을 모색하고 있다. 예를 들면 독일의 경우 안보적으로는 프랑스의 독자적 국방력 발전 주장에 내심 찬성하지만 프랑스처럼 행동하지는 않을 것이며, 경제적으로는 중국과의 경제교역을 포기하지 않겠지만, 하이테크 분야에서는 중국과의 협력을 제한할 것이다.

'신오리엔탈리즘'은 중국과 러시아를 주요 조정자로 하고 있으며, 미국과 서방 국가의 압박을 받는 이란, 터키, 헝가리, 베네수엘라, 시리아, 북한, 캄보디아 등을 포함한다. 이러한 국가들은 서로 동맹을 맺을 가능성은 크지 않지만 서양 공동체들의 규제와 억압을 벗어나기 위해 여러 아젠다에서 비교적 긴밀한 동반자 관계를 형성하여 생존과 발전에 더 좋은 환경을 조성할 것이다. 안보 분야에서는 상하이협력기구와 같은 새로운 집단안전보장 체제와 안보관을 제시하고, 경제 분야에서는 자유 무역, 문화 분야에서는 교류 증진의 중요성을 강조하고 있다.

2) 미국이 중국과 전략적으로 경쟁하는 새로운 방식

(1) 독일, 소련: 미국의 전통적 경쟁 상대

미국과 영국 등 5개 국가는 앵글로색슨 국가로 불린다. 앵글로인과 색슨인의 조상은 유틀란트 반도의 남부, 즉 덴마크 남부와 독일 북부에 거주했다. 즉 앵글로인, 색슨인, 독일인은 모두 게르만인으로 같은 인종에 속한다. 미국, 영국, 독일이 개신교-천주교 문명권에 속하는데, 3국이 같은 종교 문화권이라는 것을 볼 수 있다. 이는 제2차 세계대전 이후 미국과 영국이 프랑스의 주장을 거부하며 독일을 지나치게 약화시키는 데 반대한 이유 중 하나다. 또한 히틀러는 유럽을 지배하고 나아가 제국을 건설하겠다면서 파시즘을 전개했지만, 필요할 경우 영국은 독일의 전략적 타협 대상이 되는 것이 가능하고 소련은 불가능하다는 것이 히틀러의 영국 침공 직전 소련을 침공한 주요 원인 중 하나였다. 소련은 미국과 이데올로기가 다르고 종교적으로도 동방정교회에 속하지만, 일신교(一神敎) 문화권의 국가이다. 종교는 문명의 주요 구성 요소이며 전략적 사고를 포함한 문명체의 사고방식을 형성한다. 즉, 미소 간 냉전은 두 기독교 국가의 서로 다른 교파 사이에서 발생했는데 이는 이미 일신교 세계에서 2000년의 역사를 지니고 있으며, 미소 양국은 상호 간 사고방식에서부터 그 속내를 알고 있었다.

(2) 중국: 미국의 특수한 경쟁 상대

중국은 미국이 잘 알지 못하는 문명의 국가이다. 2019년, 키론 스키너(Kiron Skinner) 전 미국 국무부 정책연구실장은 "중국과의 싸움은 전혀 다른 문명과 이데올로기와의 싸움으로, 미국은 이전에 이를 경험해 본 적이 없고, 중국은 우리가 처음으로 마주하는 백인이 아닌 강력한 경쟁자다"라고 말하며 미중관계를 진단했다. 그녀의 발언은 〈워싱턴포스트〉에 의해 '문명충돌론'을 부추기는 것으로 비쳐졌다. 사실상 스키너는 미국 엘리트들의 마음의 소리를 대변했을 뿐이다. 뉴트 깅리치(Newt Gingrich) 전 미국 하원 의장 또한 미중 갈등은 장기적인 '문명의 충돌'이라고 분석했다.

의심할 여지 없이, 중화 문명은 세계 대문명 중 하나이다. 또한 세계에서 유일하게 멈추지 않고 5000년간 지속된 문명이며, 그중 글로 기록된 역사가 3600년이다. 루시안 파이(Lucian Pye)와 헌팅턴은 중국은 '국가를 가장한 문명'이라고 주장했다. 파이와 헌팅턴의 사고방식은 기독교 우월론적인 측면이 강하지만, 이 주장은 중국이 결국 민족국가가 아닌 문명국가라는 사실을 분명히 보여준다. 사실 '국가를 가장한 문명'에는 인도, 이란, 터키 등 오랜 문명의 역사를 가진 비서구 국가도 포함된다. 이러한 국가들은 현대의 성과를 흡수해 문명의 부흥을 이룰 수 있다. '현대성'을 구성하는 정치경제적 성과의 대부분은 기독교 세계, 특히 개신교─천주교 문명권 국가들이 만들어 낸 것이라고 해도 과언이 아니다. 그러나 서로 다른 문명 간의 교류는 지속적으로 이루어져 왔다. 다른 문명은 자연히 기독교 문명으로부터 현대성의 성과를 받아들여 자신의 발전과 현대화를 촉진할 것이다.

분명한 것은 미국 엘리트들은 몇 년간의 논쟁 끝에 2015년을 전후로 닉슨 이후의 '대중 접촉' 전략이 실패했고, 중국은 미국의 장기적인 전략적 경쟁 상대라는 공감대를 형성했다는 점이다.

3) 새로운 경쟁 방식의 모색

문명 경쟁의 관점에서 분석하면, 미중 간 전략 경쟁은 전 세계 문명체 간 장기 경쟁의 일부이다. 중국은 미국의 가장 중요한 경쟁자이며, 미국은 이 경쟁에서 승리할 수 있는 수단과 방식을 모색해야 한다.

하지만 안보 분야에서는 핵무기의 존재로 인해 미중 간 전면전이 발발할 가능성은 크지 않다. 경제 분야에서는 소련과의 평행시장 구축에 주력했던 것과 달리 중국은 세계 경제의 일부이다. 중국은 세계 경제 성장의 주요 기여자로 120여 개국의 최대 교역 상대국이고 미국과의 교역액이 연간 5000억 달러를 넘으며, 미국을 제치고 세계 최대 경제 대국이자 소비 시장이 될 것으로 예측된다. 또 문화 분야에서는 매년 수백만 명이 왕래할 정도로 미중 간 인력 왕래가 활발하다. 과학기술과 분야 영역에서 중국은 미국의 최대 유학생 원천국으로, 미국 내 국제 유학생의 3분의 1을 차지한다.

따라서 미국은 안보 분야에서 중국을 공식적으로 적으로 분류할 수도 없으며 군사동맹 체제를 통해 대리전, 군비 경쟁 등으로 중국을 붕괴시킬 수도 없다. 경제 분야에서 냉전 시기 소련을 대했던 방식과 같이 중국과 디커플링을 도모할 수 없다. 또한 문화적으로도 중국과 단절하기 어려운 상황이다.

전반적으로 미국 엘리트들은 '국력을 강화하고, 중국을 압박해야 한다'는 사고를 갖고 있다. 트럼프 행정부는 압박 위주의 독주를 선호했고, 바이든 정부는 국력을 강화하며 중국을 압박할 시에는 '편 가르기'를 선호했는데, 이들 모두 정부 각 기관이 합동으로 움직이는 전략(whole of government strategy)을 택했다.

(1) 정치

미국은 '가치관'이라는 카드를 꺼내며 중국을 압박했다. 미국은 민주국가의 대표를 자임하고, '민주국가 정상회의' 소집 등을 통해 '민주국가 진영'을 구축하여 중국을 '전제 정치 국가의 대표'로 매도했다.

(2) 안보

미국은 글로벌 전략의 축소와 함께 기존 군사동맹 강화, 새로운 안보동맹 구축, 파트너 국가와 안보협력 제고를 통해 중국에 대한 견제를 강화하는 '신서방주의'를 강조했다.

(3) 경제무역

트럼프 전 대통령이 추진한 〈호혜무역법〉과 같이 관세, 시장 개방 등에서 호혜(reciprocity)를 강조했고, 중국을 산업사슬의 중저부에 묶어두려 하며, 이를 위해 미국의 부품이 들어간 첨단기술 제품의 수입을 제한하는 정책을 펴고 있다.

(4) 과학기술

미국은 중국이 첨단기술 분야에서 미국에 도전하는 것을 막기 위해 국가안보를 빌미로 시장경제 원칙을 어기면서까지 화웨이 등 5G 기술을 전 세계적으로 탄압하는 등 중국의 하이테크 기업에 제재를 가하고 있으며, 중국 유학생의 이공계 STEM 전공을 제한하고 있다.

(5) 대만, 홍콩, 신장위구르 문제

미국은 중국의 핵심 이익과 관련된 사안에 대해 각종 문제를 일으키고 있다. 미국은 다양한 방식으로 대만에 대한 정치·군사적 지지를 강화하고, 정부와 민간이 결합하여 홍콩 시위를 지지하거나 심지어는 직접 참여하기도 한다. 미국은 '중국 공산당이 신장에서 위구르족에 대한 집단학살을 감행했다'고 거짓 주장을 펼치기도 했다. 또 2021년 말 바이든이 서명한 〈위구르강제노동예방법〉에서 신장에서 강제노동이 존재한다는 이유로 중국 신장의 제품에 대한 전면 금지령을 내린 것은 사실상 중국 신장 제품에 대한 유죄 추정이며, '무죄 추정'이라는 현대 법치 원칙을 위반한 것이다.

3. 인도·태평양 전략: 중국을 견제하는 종합 도구

오바마 정부 시기, 미국의 전략·정책결정자들은 '인도·태평양 지역'을 전략적 지역으로 규정하여 '인도·태평양 전략'을 고안해냈지만, 전략적 함의를 명확히 밝히지 않았다.[4] 트럼프 정부가 들어서고 2017년 12월 『미국 국가안보전략』을 발간해 인도·태평양 지역에 대한 전략적 함의를 명확히 제시했다.[5] 바이든 정부는 트럼프 정부의 '인도·태평양 전략에 대한 인식을 이어갔으며 이를 바탕으로 시류에 영합하여 전략을 추진했다. 미국이 자유롭고 개방적인 인도·태평양 지역을 만드는 전략을 고안해낸 것은 물

---

4) 仇朝兵, 「奧巴馬時期美國的'印太戰略'—基於美國大戰略的考察」, 『美國研究』 第1期 (2018), p.50.
5) 위의 글, p.9.

론 자국의 국익에 바탕을 둔 것이지만, 다른 국가, 특히 일본 등의 적극적인 추진 및 협력도 큰 기여를 했다.

1) 주요 외인으로서의 일본

21세기로 접어들며 일본은 '100년 만의 대변화(百年未有之大變局)'를 마주하고 있다. 중일관계는 '일본이 강하고 중국이 약한' 상태에서 100여 년의 시간이 지나고 다시 '중국이 강하고 일본이 약한' 상태로 변했는데, 이는 수천 년의 중일관계사에서 지속적으로 존재해왔던 변화이다. 이러한 상황에서 어떠한 대처를 통해 인도·태평양 지역에서 자신의 위상과 영향력을 유지할 수 있을지가 일본 엘리트들이 고민하는 가장 중요한 전략적 문제이다. 21세기 일본 외교 전략의 중심은 중국의 종합적 압박에 대응하고, 중국에 대한 재균형을 추구하는 것이다. 일본은 이를 위해 미일동맹 강화, 미국의 아시아·태평양 재균형 지지 확대, 호주, 인도와 연대를 통해 '인도·태평양' 개념을 제시하고 미국의 '인도·태평양 전략' 추진, '가치관 외교'와 '자유롭고 개방된 인도·태평양 전략' 제시, 미국, 일본, 인도, 호주 4개국과 민주주의 안보 다이아몬드(Asia's Democratic Security Diamond)를 설립하여 4자 체제 부활 추진, 호주의 말라바르 훈련 복귀 등의 정책을 진행했다. 아베는 이에 많은 공헌을 했다.

2) 부시·오바마·트럼프 행정부의 대중국 전략 조정

조지.W.부시 대통령은 이미 중국을 전략적 경쟁자로 지목했지만, 9·11 테러 이후 테러 방지가 미국의 최우선 외교 과제로 부상했다. 이에 미국은 기존의 '접촉 위주'라는 대중 정책 기조를 유지했다.

2008년 월스트리트에서 촉발된 금융위기가 전 세계에 악영향을 미치며 미국의 세력이 약해지고 평판이 하락하는 동안 중국이 급속도로 부상하자 미국은 글로벌 전략의 중심을 조정하기 시작했다. 오바마 대통령은 갓 취임을 마친 뒤 제임스 베이커(James Baker) 국무장관의 제안을 받아들여 중국과 G2체제를 구축해 중국을 효과적으로 견제하려고 했지만, 중국은 이에 대한 언급이 없었다. 이에 오바마는 '백 투 아시아(Back to Asia)' 정책을 제시했다. 하지만 미국은 아시아를 떠난 적이 없기 때문에 '백 투 아시아'는 적절한 표현이 아니다. 그래서 2011년 오바마 대통령은 APEC 하와이 정상회의에서 '피벗 투 아시아(Pivot to Asia)'를 제시했다. 2012년 리언 패네타(Leon Panetta) 국방장관은 샹그릴라 대화에서 미국이 2020년까지 해군 전함의 60%를 이동시켜 태평양에 배치한다는 미국의 '아시아 · 태평양 재균형 전략'을 제시했다. 이것은 세력 균형을 유지하는 것이 지역 안정에 도움이 된다고 생각하는 앵글로색슨의 전형적인 전략적 사고이다. 예를 들면, 역사적으로 영국은 유럽 대륙을 상대로 수백 년 동안 균형 정책을 전개해왔다. 오바마 행정부 시기, 미국은 중국의 부상으로 아시아 · 태평양 지역의 힘의 균형이 분열된 만큼 중국과의 힘의 재균형이 이루어질 수 있도록 아시아 · 태평양 지역 국가들을 지원해야 할 책임이 있다고 보며 남중국해에서의 군사항행작전(FONOP)를 대폭 증가시키고, 필리핀과의 국방협력 강화 협정을 체결하는 등 다양한 조치를 시행했다.

미국은 동남아, 동북아 그리고 대양주 등 아태 지역 국가만으로는 중국을 견제할 수 없다고 판단하고 남아시아 국가, 특히 인도를 중국 견제에 끌어들이는 동시에 일본과 호주 등이 내세운 '인도 · 태평양' 개념을 수용하며 '아시아 · 태평양 재균형'을 '인도 · 태평양 전략'으로 대체했다. 하지만 트럼프의 집권 이념은 '미국 우선주의(America First)'였기 때문에 국제 문제에 선별적으로 개입해 동맹국에 더 큰 책임을 지도록 했다. 이로 인해 경제 및 문화 영역에서 다자간 기제를 통해 중국과의 균형을 조정해야 한다는 인식은 있었지만, 실질적인 움직임은 비교적 적었다. 인도·태평양 전략의 대표적인 예시로는 2017년 미국, 인도, 호주, 일본의 쿼드 활성화, 말라바르 군사훈련 등이 있다. 2019년의 '블루닷 네트워크(BDN)'도 중국의 일대일로를 겨냥하여 계획되었지만, 기술 지원만을 할 뿐 자금 지원은 하지 않기 때문에 '일대일로'와는 비교할 수 없다. 또한 오바마가 중국과의 경제 경쟁을 위해 설립한 아태 지역 경제 협력에서 미국의 리더십을 보여주는 환태평양경제동반자협정(TPP)도 트럼프에 의해 탈퇴했다.

3) 바이든 정부의 대중국 전략

바이든 취임 이후, 미국의 대중 외교 전략은 '트럼프 없는 트럼프 노선'이 되었고, 동맹과 파트너와의 조정을 강화해 다방면으로 중국을 압박하는 배타적 기제를 구축했다.

(1) 안보 분야

첫째, 바이든은 쿼드를 장관급에서 정상급으로 격상시키고 백악관 명의로 〈인도·태평양 전략〉 보고서를 발표했다. 둘째, 2021년에는 미국, 영국, 호주가 참가하는 오커스(AUKUS) 안보 파트너십을 구축했다. 셋째, 2022년 6월에 개최된 나토 정상회의에서 새로운 전략 개념을 발표하고 나토의 이익과 안보 그리고 가치관에 대한 중국의 위협을 거론했다. 또 이 회의에서는 인도·태평양 지역에서 나토의 영향력을 강화하기 위해 일본, 한국, 호주, 뉴질랜드도 초청했다.[6] 이것은 중국을 겨냥하는 의도가 짙다고 볼 수 있다. 넷째, 인도·태평양 재균형은 인도·태평양·유럽 재균형으로 확장되고 있다. 영국, 프랑스, 독일, 네덜란드 등 국가들은 자체적으로 인도·태평양 정책을 제시하고, 군함을 남중국해에 파견하는 등 군사적 존재감을 강화했다. 한편 EU도 2021년 〈EU 인도·태평양 협력 전략 보고서〉를 발표하기도 했다.

(2) 경제 분야

바이든은 트럼프의 중국에 대한 징벌적 관세를 없애기는커녕 새로운 압박 기제를 내세웠다. 첫째, 2021년 블루닷 네트워크과 OECD를 통한 선별적 기술 지원으로 글로벌 인프라 개발 분야의 '미슐랭 가이드'가 되는 것을 목표로 하고 있다. 둘째, 2021년 G7 회의에서 ODA와 민간투자를 통해 개도국 인프라 개발을 위한 'B3W(Build Back Better World)'를 제시했는데, 협력의 동반자는 '민주국가'로 한정했다. 셋째, 2022년 5월 도쿄에서 열린 QUAD 정상회의에서는 인도−태평양경제협력체(IPEF) 출범, 인도·태평양지역 인프라 건설에 향후 5년간 500억 달러 투자, '인도·태평양 파트너십' 출범 등의 다양한 방안을 제시했다.[7] 넷째, 미국은 2022년 6월 호주, 일본, 뉴질랜드, 영국 등과 함께 태평양 섬 5개국과의 경제·외교관계를 촉진하고 남태평양에서 확대되는 중국의 영향력을 견제하기 위해 '블루 퍼시픽 파트너(Partners in the Blue Pacific)'를 설립했다. 다섯째, 2022년 6월 말 G7 정상회의에서는 '글로벌 인프라 및 투자 파트너십' 프로그램을 출범하여 미국이 2000억 달러, 일본이 650억 달러 그리고 유럽이 3000억 유로 이상을 지원하

---

6) 「애프터눈 티: 중국에 맞서려 하는 미국 주도 글로벌 인프라 프로젝트」, 연합조보망 (검색일: 2022.6.28).
7) 「애프터눈 티: 중국에 맞서려 하는 미국 주도 글로벌 인프라 프로젝트」, 연합조보망 (검색일: 2022.6.26).

는 개도국 발전 자금을 5년간 조성하기로 했다. 이는 일대일로에 맞서겠다는 의도가 역력하다.[8]

4) 미국 인도·태평양 전략의 특징

미국의 인도·태평양 전략은 다음과 같은 네 가지 특징이 있다.

첫째, 미국의 전략에는 '대립적' 가치관이 내재되어 있다. '음양이 대립하면서도 서로 변하며 공존한다'는 도교적 가치관과는 달리, 기독교에서는 아군과 적군의 대립을 강조한다. 기독교는 사람을 신자와 비신자로 구분하고, 신자를 신에게 선택된 자로 여기며 비신자보다 우월하다고 생각한다. 차이를 해결하는 방식은 서로 존경하고 공존하는 것이 아니라 비신자를 동화시키거나 소멸시키는 것이다. 만약 그러지 못할 경우 비신자에 맞서 '자신의 안전과 생활방식'을 수호하기 위한 각종 기제(안보를 우선시하고, 다른 기제는 차선으로 함)를 구축한다. 미국이 안보 문제에 있어 협력보다는 대립적 시각에서 문제를 보는 것에 익숙하고, '대립 속의 안정'을 추구하는 것도 이러한 기독교적 가치관과 깊은 연관성이 있다.

둘째, 미국은 '세력균형' 전략을 강조한다. 미국은 한 지역의 상황을 안정시키는 효과적인 방법은 세력 균형을 유지하는 것, 즉 어느 한쪽이 힘의 우위를 이용하여 이익을 얻는 것을 막는 것이라고 믿는다. 이를 위해 '인도·태평양 재균형'을 위한 '인도·태평양 전략'을 펴고 있다. 이러한 전략과 조치들은 이런 전략과 조치들은 중국뿐 아니라 중국과 가까운 러시아, 이란과의 세력균형을 맞추려는 의도도 존재한다.

---

8) 「애프터눈 티: 중국에 맞서려 하는 미국 주도 글로벌 인프라 프로젝트」, 연합조보망 (검색일: 2022.6.26).

셋째, 미국은 '역외 균형(offshore balancing)' 전략을 고수한다. 역사적으로 수백 년간 '역외 균형'은 앵글로 색슨 전략 문화의 정수였다. 백년전쟁 (1337~1453) 이후 영국의 유럽 대륙을 겨냥한 세력균형 외교가 대표적인 예시다. 또한 미국은 제2차 세계대전 이후 중요 전략조치에 역외 균형 전략을 반영했다. 미국은 냉전 기간 동안 유럽에서 나토 설립, 마셜 플랜, 프랑스－독일 석탄·철강 연합 지원 등의 조치를 통해 소련과 동유럽 위성국을 견제했다. 또 아시아에서는 양자동맹 수립을 통해 '공산주의 세력확장 방지'를 위한 체계를 구축했다. 21세기 들어서는 인도·태평양 재균형 전략 등의 조치를 시행하고 있다. 과거 영국의 종합 국력과 '유럽 대륙의 외딴 섬'이라는 위치는 유럽 대륙의 역외 균형자 역할을 할 수 있는 조건이 되었다. 이처럼 미국의 종합 국력과 '아시아·유럽 대륙의 외딴 섬'이라는 위치는 아시아와 유럽의 역외 균형자 역할을 할 수 있는 조건이 되었다.

넷째, 미국의 전략은 계획은 장황하지만 실행한 것은 적다. 역사적으로 미국은 안보 분야에서 양자·다자 협력 구축에 능했지만 경제 분야에서의 협력은 상대적으로 약했다. 미국이 주도적으로 제정한 각종 경제기제는 대부분 중국을 겨냥하지만 인도·태평양 국가들은 보통 중국과 밀접한 경제관계를 유지하고 있다. 이에 미국은 자금과 관세 등에 대해 강력한 조치를 취할 생각이 없다. 또한 인도·태평양 국가들은 중립적 태도를 유지하는 것을 선호하며, 표면상으로는 미국을 지지하지만 실제로는 상황을 신중히 주시하는 태도를 취하는 경우가 많다. 이러한 태도는 미국이 주도하는 중국에 대한 안보 견제 체제에 대한 인도·태평양 국가들의 반응에서도 볼 수 있다. 인도가 자국에 쿼드 사무국을 설치하는 것을 주저하고 쿼드의 추가 체제화에 대해 유보적 태도를 취하는 것이 가장 대표적인 사례이다. 이로 인해 미국은 같은 인종과 문화권인 영국과 호주와 함께 오커스를 구성할 수밖에 없다.

4. 결론

　세계는 현재 문명 경쟁의 장주기에 들어서고 있다. 세계는 문명 간의 경쟁과 협력을 반복할 것이다. 하지만 경쟁과 군사적 충돌보다는 문명 간 협력과 교류가 21세기의 주류가 될 것이며 국제 구도의 기본적 틀이 될 것이다. 첫째, 서구 문명이 세계를 주도했던 역사는 이미 과거가 되었으며, 앞으로 한동안은 단독으로 세계를 주도할 문명이 없다. 둘째, 핵 공포의 균형이 여전히 유효하기 때문에 문명 간 전면전이 일어날 가능성이 크지 않고 '의제 동맹'의 역할이 더욱 부각된다. 셋째, 문명의 내적 발전(civilization inward)이 보편화되어 정치 영역의 내적 발전으로 이루어질 수 있다. 마지막으로 세계 문명체들은 인구와 영향력의 크기에 따라 세 개의 다른 유형으로 나뉘어 경쟁하게 된다. 이처럼 단일 문명이 세계를 주도하는 현상은 사라지고 서로 다른 문명끼리 경쟁하면서 협력하는 양상을 띠게 된다. 문명 경쟁의 시각에서 보면 여러 문명체가 서로 경쟁하는 것이 전반적인 추세이고, 개신교-천주교 문명을 대표하는 미국과 중화 문명을 대표하는 중국의 경쟁은 갈수록 치열해질 전망이다. 미국에게 있어 독일과 소련은 같은 문화권의 경쟁 상대였던 것과 달리 중국은 독자적인 문명체를 가진 경쟁 상대이다. 이에 미국은 안보 분야와 비안보 분야에서 "신서방주의"로 "신동방주의"에 대응하는 정책을 택하는 등 새로운 형태의 경쟁 방식을 모색하고 있다. 또 미국은 외교적으로 배타적 군사동맹과 경제체제 구축 등에 주력하고 있고, 미국의 인도·태평양 전략 또한 그 토대 위에 세워졌다. 미국의 인도-태평양 전략은 '자유와 개방의 인도-태평양 지역'을 만든다고 했지만 그 본질은 여전히 개신교·천주교의 세력균형, 견제 그리고 균형에 중점을 둔 전략적 사고에 바탕을 두고 있다. 대표적인 예시로는 정치 분야에서 '신동방국가'와 '신서방국가'의 대립을 조장하고, 안보 분야에서는 대립적인 소규모 공동체를 구축한다. 경제적으로 배타적인 경제협력체를 구축하고, 자연스럽게 형성된 글로벌 산업사슬을 파괴하려 한다. 문화 분야에서 글로벌 인구 유동을 방해하며, 과학기술 분야에서는 과학기술의 보급을 방해한다. 이러한 현상은 미국의 세계를 이끄는 의지와 능력이 떨어지고, 미국의 입지가 세계의 리더에서 조정자로, 초강대국에서 일반적인 대국으로 추락하고 있음을 예고하는 대목이다. 이와 함께 전통적인 기독교─일신교적 사고방식에 기초한 인도 · 태평양 전략은 지역의 대립을 심화시켜 인도 · 태평양 지역의 안보와 안정을 심각하게 훼손할 것이다.

제3부
한중 사회·문화

중한 청년의 문화적 유대 형성에 대한 제언

위완잉(于婉莹)*

1. 중한 청년의 상호 부정적 인식

1992년 수교 이래, 중한 양자관계는 양호한 발전 추세를 유지해왔다. 그러나 최근 중국에 대한 한국의 부정적인 인식이 양국의 관계에서 큰 반향을 불러일으키고 있으며 "이립지년(而立之年)"의 양국 관계의 도전이 되고 있다. 특히 한국의 청년 집단에서 중국에 대한 부정적인 관념이 상승하는 추세가 나타나고 있다. 청년세대는 한국 사회의 무시할 수 없는 하나의 집단이며 앞으로 한국의 정치·경제·사회·문화 각 영역 전반에 영향을 미치는 핵심 집단이 될 것이다. 세대 간 인식은 연속성이 있기 때문에, 한국 청년의 대중국 인식은 다음 세대에도 영향을 미칠 것이고, 향후 중한관계의 발전 향방에도 큰 영향을 미친다고 할 수 있다. 중국에 대한 한국인의

* 베이징대학교 지역연구원 연구원.

부정적 인식은 최근 2년 사이에 나타난 것은 아니다. 1992년 수교 이래, 양국 관계는 수교국 중에서 가장 빠르게 발전했지만 문제점도 적지 않게 발생했다. 중국에 대한 한국인의 부정적 인식은 시기별로 정도의 차이가 있을 뿐 늘 존재해왔다. 청년들의 부정적 대중국 인식은 한국 MZ세대에서 나타나는 특수 현상이다.

여러 여론조사 결과를 살펴보면, 최근 몇 년간 중국에 대한 한국인의 부정적 인식이 상승 추세를 보이고 있다. 특히 한국 청년층의 부정적 인식 실태는 중한관계에 새로운 도전 요인으로 부상했다. 전반적으로 한국의 대중국 부정적 인식이 높아지는 가운데, '2030세대'가 대중국 부정적 인식을 야기하는 주요 집단이 되었다. 한국 청년층의 중국에 대한 신뢰감도 낮은 것으로 나타났다. 2022년 2월 한－아세안센터는 '한－아세안 청년 상호 인식 조사 보고서'를 발표했다. 보고서에는 한국의 19~34세 청년들의 아세안 국가, 미국, 중국, 일본, 호주 등에 대한 인식 현황을 포함했는데, 이들 5개 지역과 국가 중 한국 청년들의 중국에 대한 신뢰도가 16.7%로 가장 낮았고, '미래 도움이 되는 주변국'이라는 설문에 중국을 선택한 비율도 38.1%에 그쳤다.

중한 수교 이후 한국으로 온 중국 유학생 수는 꾸준히 증가해왔고 중한 관계의 급속한 발전은 중한 유학붐을 이끌었으며, 양국 유학생 수는 한때 최고치를 기록하기도 했다. 이런 상황은 2017년에 전환됐다. 2012~2017년 사이, 한국 유학생 수는 증가세를 유지하여 한국 유학생이 차지하는 비율도 매년 증가해 2016년 중국은 한국의 최대 해외유학 유치 국가가 되었다. 2017년엔 사상 최대인 7만 3,240명으로 전체 유학생의 30%를 상회했다. 그러나 2018년부터 재중 한국 유학생 수가 감소하기 시작해 2021년에는 2만 6,949명이 되었다. 2020년부터 코로나19 여파로 전체 해외 유학 인원은 줄었지만 전체 유학생 대비 한국 유학생의 비율도 10년 전보다 10% 가까이 낮아졌다. 2016~2017년 말 사드(THAAD, 종말 고고도 지역 방역 체계) 사태의 여파로 중한 양국 관계가 바닥으로 추락한 가운데 양국의 정치 관계가 유학생 규모에도 영향을 미친다는 연구 결과가 나왔다. 한 국가의 유학생 수는 그 국가의 소프트 파워를 평가하는 중요한 지표이며, 다른 국가의 청년층에게 얼마나 매력적인지를 의미한다. 재중 한국인 유학생 수가 줄어든 시기를 보면 유학 규모가 줄어든 것은 우연이 아니며 양국 관계의 부정적인 관계가 한국 청년층의 중국 유학열에 직접적인 영향을 미쳤다고 할 수 있다. 유학생 그룹은 중한 인문 교류에서 중요한 역할을 해왔고, 특히 유학 과정에서 배출된 지화(知华)·지한(知韩) 그룹은 중한 양국 관계 발전에 적극적인 역할을 해 왔다. 그러나 한국으로 오는 유학생 감소세가 장기화되고, 코로나19로 양국 간 왕래가 막힌다면 한국 지중(知中)그룹이 단절될 가능성도 있다.

이런 부정적 인식의 저령화는 한국뿐만이 아니라 중국 청년층의 한국 인식에서도 나타나고 있다. 두 나라 모두에서 부정적 인식을 이끄는 집단은 청년 세대라 할 수 있다. 해외문화홍보원이 발표한 '2021 국가이미지조사'에 따르면 한국에 대한 중국의 호감도는 2019년 61.6%에서 2021년 68.6%로 상승했으며, 응답자 중 한국에 대한 긍정적 이미지가 68.6%, 부정적 이미지가 7.8%였다. 그러나 10~19세 구간에서는 긍정적 이미지가 34.4%, 부정적 이미지가 13.1%로 상승했고, 20~29세 구간에서는 긍정적 이미지가 59.3%, 부정적 이미지가 12%를 차지했다. 뿐만 아니라, 중국 MZ세대는 한국 각 분야에 대한 호감도가 모두 다른 연령대에 비해 낮았다. 보고서에 따르면 10~29세 구간 중국 응답자들이 한국의 경쟁력, 현대 문화, 문화 유산, 사회 분야에 대해 '긍정적'이라고 평가한 비율이 다른 연령대에 비해 현저히 낮았다. 코로나19 대응에서도 10~29세 응답자들이 한국에 대해 긍정적으로 평가한 비율이 30대 이상보다 낮았다고 밝혔다.

2. 사회문화는 한국 청년의 대중국 인식에 어떠한 영향을 주었나

1) 상상된 위협

1980년대 한국은 민주화로 전환하고 급속한 경제성장을 통해 정치민주화와 경제현대화라는 두 가지 과제를 성공적으로 수행했다. 현대화된 한국에서 태어난 MZ세대는 어려서부터 자유, 민주, 인권 등의 가치관 교육을 받았고 전후 후진국에서 신흥 민주국가로 도약했다는 자부심이 컸다. 또 사회문화 분야에서는 한류(韓流) 1.0에서 '신 한류'로 격상되고, 아시아를 넘어 글로벌화되면서 한류 문화가 한국의 국가 브랜드 가치를 높이는 중요한 요소로 자리 잡았고, 아시아 현상에서 세계적인 현상으로 발전했다. 강력한 중국 문화의 영향 아래, 한국이 자국의 특색을 지닌 민족문화를 세계에 수출하고 국제사회로부터 긍정적인 반응을 이끌어 냈는데 이러한 현상이 한국에게 문화적 자신감이 상승을 가져왔음이 자명하다. 이로 인해 한국은 높아진 국력에 걸맞은 국제적 위상과 존중을 갈망한다. '선진 일류국가', '성숙한 세계국가' 등을 내세운 데 이어 '국격에 걸맞은 글로벌 허브 국가 건설', '존중과 협력'에 기반한 중한관계 건설 등을 내세운 것은 세계 무대의 중심에 대한 열망을 반영한 것이다. 그러나 MZ세대가 처한 환경을 보면 저출산, 높은 자살률, 갈수록 심각해지는 부채 문제 등이 사회에 대한 불만과 위기감을 야기하고 있다. 청년들의 자신감에는 안정감이 결여되어 있는데,

이와 같은 자신감의 '팽창'은 우월감과 더불어 '타자'에 대한 주변화로 이어 질 수 있다. 2000년대 들어 세계화의 물결 속에서 중국은 GDP의 급속한 발 전을 이루었고, 2010년 일본을 제치고 세계 2위 경제대국으로 올라서는 등 지역과 국제사회에서 더욱 중요한 역할을 하고 있다. 특히 중한 양국 경제 무역관계는 호조세를 유지했고, 중국은 한국의 최대 교역국으로 부상하면 서 한국의 대중국 무역 의존도가 날로 심화되고 있다. 또한 중국이 국력 상 승과 더불어 국익을 강조하면서, 한국 청년들이 양국의 군사, 경제 실력의 비대칭성을 느끼게 되었고, 이것이 한국 청년들의 자부심을 흠집내고 있다. 게다가 한국 청년세대의 역사 교육에는 중국에 대한 객관적이고 완전한 서 술이 결여되어 있다. 이 때문에 사회주의 대국의 부상은 주변국들에게 불 안감을 야기했고, 중국의 부상에 따른 동아시아 지정학적 경제 변동을 의 식한 미국도 동아시아 복귀를 선언하면서 '중국 위협론', '중국 붕괴론' 등이 중국 주변국에서 다시 고개를 들고 있다. '역사 피해자'라는 인식이 강하게 있는 한국 사회의 '과도한 불안감'은 한국 청년들의 대중국 인식에 작용했 다고 볼 수 있다.

2) 문화적 유대의 상실

최근 몇 년간 중국 · 한국 청년들의 국가 문화에 대한 자신감이 높아졌지 만, 양국이 공유하는 문화적 자신감이 형성되지 않았고, 전통문화 귀속을 둘러싼 논란이 끊이지 않았으며, 청년들의 인터넷 논쟁도 서로 양보하지 않는 등 역사 · 문화 문제를 둘러싼 감정적인 논란은 이미 중한 민간 차원의 선순환을 저해하는 가장 큰 요인이 되고 있다. 한국의 MZ세대가 한국의 기 성세대에 비해 중국 전통문화에 대한 이해가 부족한 것은 이들의 성장 환경, 특히 교육 환경과 밀접한 관련이 있다. 한국의 이전 세대에 비해 한국 MZ세대의 한자 교육은 약화되었다. 한반도는 오랫동안 한자를 사용해왔고 중국 전통문화도 한자가 한반도에 전파되어 공통의 한자문화권을 형성했다. 건국 초기부터 몇 차례 한자 교육을 조정해왔지만 공식 문서와 출판 서적에서는 오랫동안 한자를 사용했다. 한국의 국방백서의 경우 1997년까지 텍스트에는 번체자를 썼지만 이후 버전에서는 한자가 사라졌다. 2005년 제정된 국어기본법은 공무상 문서를 한글로 실용화하도록 규정하고 있고, 한자는 초·중·고교 의무교육에서 삭제되어 현재 한자 교육은 초·중·고교에서 선택과목으로만 운영되고 있다. 컴퓨터 등 전자기기의 보급으로 일상 생활에서 한자 사용률이 떨어지면서 한자를 제대로 읽지 못하는 젊은 층이 많아지면서 문화 단절 현상이 나타나고 있다. 2010년 한국 표준국어대사전의 51만 표제어 중 한자어가 58.5%로 한국 고유어의 두 배가 넘는다는 점도 한자어가 우리말의 중요한 부분임을 의미한다. 한자 교육의 부재로 이들이 한자를 잘못 사용하는 일이 잦아졌고, 유명 언론 보도나 출판물에 한자 사용 오류가 여러 차례 등장해 논란을 일으켰으며 심지어 한국어 자체에 대한 이해에도 영향을 미쳤다. 이 때문에 한자 교육을 의무 교육 체계에 포함시켜야 하는지에 대한 논란이 끊이지 않고 있다. 한편, 기성세대가 중화 문화의 영향을 받고 자라 중국문화를 친근하게 느끼는 것과 달리, 한국의 MZ세대는 글로벌화라는 환경에서 서구 문화와 한류의 국제화에 더 익숙해져 있다. 특히 '보편적' '서구민주' 문화는 동아시아 국가 간의 문화공동체 구축을 교란했다. 다른 세대와 비교하여 한국 MZ세대는 중국 인문학에 대한 접근, 중국 문화에 대한 이해도 낮으며, 특히 중국 고전 문화는 한국 청년층 문화에서 영향력을 잃었으며 중한 양국 청년들의 공통된 역사문화 기억과 정서적 유대가 약화되었고 문화 기반도 취약해졌다. 중한 청년 간의 약한 인문 유대는 한국 MZ세대에서 중국 소프트파워의 영향력 저하로 이어졌다. 반면 한국 사회의 '피해자 의식'과 중국에 대한 부정적 역사 기억은 여전히 뿌리 깊으며, 이는 중국에 대한 이데올로기적 부정적 인식과 역사문화적 반중 정서로 나타나고 있다.

3) 여론과 진실의 괴리

인터넷 사용자인 청년층은 web3.0 시대에 정보 획득, 소비 결정, 생활 공간 등에서 뚜렷한 상호연결 네트워크 특성을 가지고 있으며, 특히 Z세대는 디지털 원주민으로 불리기도 한다. 인터넷 사회의 발전으로 인터넷은 정보와 지식을 습득하는 가장 주요한 통로이며, 대다수 청년들의 국가 이미지 인식에 영향을 미치는 가장 주요한 방식이 되었다. 그들이 받는 정보는 '글로벌'하기 때문에 국경을 초월하여 정보와 문화를 공유하는 세대라고 할 수 있다. 인터넷 새로운 플랫폼의 등장으로 중한 양국은 서로의 정보를 얻는 방식이 발달하였고 정보 자원이 더욱 풍부해졌으며, 정보의 전파·확산 모두 전통적인 패러다임을 깨고, '멀티 노드' 상호 작용으로 중한 간 정보 유통 속도와 범위가 혁명적으로 변화하며, 매체의 역할은 날로 높아지고 있다. 따라서 코로나19 이후 양국 간 인적 왕래가 제한된 상황에서도 매체를 통한 '비대면' 교류와 상호작용이 가능하다. 이는 정보 접근과 전파를 편리했는데 일렬의 문제도 발생했다. 현재 인터넷에는 진실과 거짓이 뒤섞여 있고, 전통미디어와 뉴미디어의 보도가 파편화되어 있어 청년들은 정보의 진실성과 객관성을 정확하게 판단 및 파악하지 못하고 있으며, 이는 청년들의 상대국에 대한 편견과 잘못된 인식을 오도하고 있다. 인터넷은 부정적 이슈로 가득 차있어 대립을 유도하고, 일부 한국 언론의 눈길을 끌어 네티즌의 심리에 맞추어 중국의 부정적 뉴스 보도에 집중하고 있다. 특히 각종 선거철에는 각 진영의 유세를 뒷받침하기 위해 정치적 편향성은 더욱 뚜렷해지며 이는 양국의 미디어 플랫폼 선순환을 크게 저해하고 있다. 이는 한국과 중국이 선천적으로 가까운 이웃이라는 강점과 정보 전파 속도라는 강점이 공통의 지역이나 문화적 정체성으로 이어지지 않는 결과를 낳았다. 또 최근 미세먼지 등 환경문제, 사드(THAAD, 고고도 미사일방어체계) 문제, 전통 문화 논란, 코로나19 등 돌발 사태가 인터넷을 통해 중한관계에 영향을 미치고 있다. 그중 일부 갈등은 한중 청년들의 이익과 직결되는 문제로 국민 정서의 대립으로까지 이어지고 있다. 이와 같은 상황은 인터넷 여론의 영향을 많이 받는 한국 청년들의 대중국 부정적 인식이 고착화될 위험성을 내포하고 있다.

3. 한국 청년의 대중국 인식 개선에 관한 몇 가지 건의

한국 청년들의 중국에 대한 인식은 향후 중한관계 발전을 전망하는 중요한 변수이다. 청년의 대중국 부정적 인식에 대한 여론조사가 경고하고 있다. 양국 국민 간 감정 악화를 제때 막지 못하면 구조화된 충돌이 오랫동안 중한관계에서 발생할 수 있다고 경고하는 학자들이 적지 않다. 현재 중한 양국의 부정적 인식이 저령화 되고 있는 추세는 주목할 대목으로, 양국 사이에 부정적 인식이 확산되는 추세는 하루빨리 피하고 향후 중한관계에서 나타날 수 있는 '회색 코뿔소' 리스크를 예방해야 한다.

1) 편견과 고정 관념 타파

현재 중국의 가장 큰 전략적 위협 중 하나로 국가 이미지를 꼽는 외국 학자도 있다. 국가 이미지는 소프트파워로서 종합 국력을 구성하는 중요한 부분이다. 한국의 경우, 한류의 글로벌화로 인해 전 세계적으로 한국어 학습자가 늘어났고 한류 문화를 통해 한국이 전달하고자 하는 가치관과 국가 이미지를 전 세계에 수출할 수 있게 되었다. 이와 같은 막강한 영향력은 하나의 선순환 구조를 이루며 한국 문화의 글로벌 영향력을 키워가고 있다. 그러나 중국의 경우, 국가 이미지가 '타자에 의해 만들어지는(他塑)' 과정에서 중국에 대한 고정관념과 편견이 생산되고 있다. 따라서 중국의 국력에 걸맞는 국제 이미지를 구축하여 중국의 조화롭고 안정적인 주변환경과 국제환경을 조성하는 것이 시급하다. 중국과 한국이 지리적, 문화적으로 가까운 것은 중한 간 문화 전파의 큰 자산이다. 일반적으로 문화가 비슷한 나라에 대한 이미지가 더 좋기 때문이다. 그러나 근접성과 유사성은 '상대방을 잘 안다'는 착각을 낳기도 하는데, 이는 중한 간에 존재하는 하나의 인식 장벽이다. 이러한 고정관념과 편견을 어떻게 제거하느냐는 중한 간 문화 전파의 관건이다. 또한 한국 언론매체가 주로 CNN, BBC, 뉴욕타임스, 블룸버그 등 대표적 서방 언론을 인용하는 것이 한국 청년들의 대중국 인식에 영향을 준다는 점도 짚어볼 만하다.

한류가 아시아에서 국제화되는 과정에서 '아시아의 한국'이 아니라 '세계의 한국'이라는 이미지를 만들었듯이, 중국도 '세계의 중국' 이미지를 만들어 중국에 대한 고정관념을 깨야 한다. 한국 청년층의 중국에 대한 인식을 이해하고, '타자'의 관찰을 통해 끊임없이 스스로의 이미지를 조정해 중국에 대한 국제적 인식을 제고해야 한다. 지역·글로벌 거버넌스 문제에서보다 책임 있는 대국의 모습을 보여주어 '신뢰할 만하고', '사랑스럽고', '존경할 만한' 진실되고 전면적인 중국의 이미지를 부각시킴으로써 고정관념과 편견으로 인해 '타키투스의 함정'에 빠지지 않도록 해야 한다.

2) 문화 간(cross-culture) 전파 경로의 전환

청년층은 문화 간 전파에서 다양한 속성을 지닌다. 그들은 전파대상이자 매개체이고 전파의 주체이기도 하다. 따라서 청년의 대중국 인지도를 개선해 '긍정적' 중국의 전파자가 되게 한다면 한국 사회 전반의 대중국 인지도를 더욱 끌어올릴 수 있을 것이다. 이를 위해서는 중국 기존의 문화 간 전파에 대한 고정관념과 경로를 최적화하여, 홍보 중심의 전파방식에서 전파의 질과 효과를 강화하는 방식으로 전환해야 한다. 우선 한국 청년의 현황과 선호에 대한 관찰과 연구를 강화해 한국 청년을 향한 맞춤형 매력 공세를 하는 것이다. 현재 청년은 한국의 각 분야에서 영향력이 날로 커지고 있는 집단인데 중국은 한국 청년에 대한 관찰과 연구가 상대적으로 적다. 중국은 정기적으로 양국 청년들을 대상으로 여론조사를 실시해 한국의 청년 현황과 대중국 인지 현황에 대한 연구를 강화하고, 그들의 선호와 정서 변화에 민감도를 유지하며, 그들의 선호도에 따라 맞춤형 '매력 공세'를 펴는데 집중해야 한다. 소비 대중문화의 핵심 연령층인 2030세대는 과문화 전파의 주요 생산자이자 전파자가 되었다. 모바일 게임·스마트 가전·애니메이션·문학작품 등은 한국 청년층의 중국 대중문화 소비 촉진에 있어 상대적으로 시장성이 높은 분야이다. 정보화 시대의 과문화 전파 방식이 바뀌었고, 특히 Z세대를 중심으로 '커뮤니티 효과'가 뚜렷하게 나타나고 있다. 한국 청년들의 과문화 전파 경로를 보다 자연스럽고 쉽게 재배치해 친숙한 플랫폼과 커뮤니티에서 중국 관련 질 높은 문화 콘텐츠를 접할 수 있도록 해야 한다. 중국 문화산업의 해외진출을 정책적으로 지원하고, 양성경쟁을 장려하며, 중국 대중문화에 대한 한국 청년들의 소비를 확대한다. 중국의 동영상 플랫폼을 국제화 하면서 국제 소셜네트워크서비스(SNS)를 통해 중국의 양질의 문화를 전파하는 것이다. 각종 소셜미디어 플랫폼에서 중국 언론·기업·대학 등의 공식 계정 운영을 고도화하고, 이를 바탕으로 양질의 콘텐츠는 다국어 서비스로 제공할 수 있다. 둘째, 자원을 통합하여 문화 콘텐츠의 질과 다원적 균형을 실현한다. 중한 문화의 유사성은 문화적 차이가 큰 서구 국가들에 비교하여 중한 문화교류의 강점이 유사성에 바탕을 두고 있다고 생각한다. 그러나 이는 중한 간 차이를 간과한 것으로 중국은 국가별로 다른 문화상품을 내놓아야 한다는 것이다. 한국은 비록 서양에 비해 중국 문화에 익숙하지만, 중국 지방문화, 소수민족문화, 내륙지역 무형문화유산 등에 대한 접근 기회가 적은 만큼 보다 풍부한 문화콘텐츠로 중국의 문화강국으로의 다원화된 특징을 채워야 한다. 이 과정에서 정보·콘텐츠의 양·질·다원화가 균형을 이루고, 그동안 문화 간 전파가 영세해 비효율적이었던 문제를 해결하는 데도 주의를 기울여야 한다. 예를 들어 중국은 세계유산을 가장 많이 보유한 국가이다. 그러나 등재 성공이 최종 목적이 아니라, 세계문화유산을 더 잘 보존하는 동시에 세계인이 이를 통해 중국 문화를 더 많이 이해할 수 있도록 하는 것이 목적이 되어야 한다. 따라서 문화자원을 통합하고 연령별·권역별 양질의 문화콘텐츠, 신선하고 다원적이며 체계적인 문화콘텐츠를 선별·설계해야 한다.

3) 중한 문화 유대의 재건

일반적으로 교육과 인적 교류가 편견을 해소하고, 접촉을 증가시키는 것이 상호 이해를 증진시키고 오해를 푸는 열쇠라고 여긴다. 중한 수교 30년 동안 대규모 인적 왕래는 중한 민간 교류를 촉진하고, 한편으로는 소비를 자극하고 다른 한편으로는 상호 이해를 증진시켰다. 이러한 직접적 체험과 교류 과정에서 공유된 문화와 역사적 기억을 창출함으로써 인문 유대를 형성할 수 있었다. 우선, 한국 청년들을 중국으로 더 많이 끌어들여 중국을 보다 직접적으로 관찰하고 체험하게 해야 한다. 2014년 중한 여행자 상호방문 '1,000만 명 시대'를 맞아 한국을 찾은 중국인 관광객이 처음으로 500만 명을 돌파했다. 하지만 중국을 찾는 한국 관광객의 연령 구조를 보면 중·고연령층이 높고 청년층 비율이 낮았다. 젊은 층의 중국 관광 규모가 여전히 상승할 여지가 있는 만큼 한국 청년층을 끌어들여야 한다. 한국의 문화·관광 홍보 모델을 벤치마킹해 젊은 층을 겨냥해 그들의 취향에 맞는 관광상품을 만들고, 이들이 중국을 직접 접할 수 있도록 하는 것이다. 코로나19 상황을 고려해 직접 접촉이 막힐 경우 접촉 대신 더 유연한 방식으로 교류하는 방식을 모색할 수 있다. 둘째, 유학생, 대학생 공공외교를 활성화해야 한다. 유학생은 국가이미지를 보호하는 데 있어서 매우 강한 책임의식을 가지고 있다. 재중국한국유학생, 재중한국유학생 및 귀국학자의 중한청년교류에서의 역할을 충분히 총동원하여 유학생집단이 국가이미지조성과 문화전파에서 보다 적극적인 역할을 할 수 있도록 해야 한다. 더 많은 양질의 인재를 중국에 유치해 지화파(知華派)를 양성하고, 그들의 중국 유학 생활을 풍부하게 하며, 중국의 다양한 문화를 체험하게 해야 한다. 유학생은 국가 이미지와 소프트파워를 끌어올리는 중요한 구성 요소다. 특히 현재 코로나19 팬데믹으로 인적 교류가 막힌 상황에서도 중한 양국의 유학생, 교환학생들은 현지 실정과 민의를 객관적으로 파악할 수 있는 최대 '전방인원'으로 현지와 소통과 교류를 지속하며 양국 정부기관 간 교류를 효과적으로 보완할 수 있다. 이에 따라 유학생·교환학생을 중심으로 공동 관심 분야 (문화재 보호·탄소 감축·보건 거버넌스 협력 등)의 '감지형(感知型)' 공공외교 프로그램을 활성화해 현지 체험과 교류를 늘리고, 유학지에서 유학 체험도를 높여 중한 우호 분위기를 전파하는 메신저로 역할할 수 있도록 해야 한다. 문화·체육·예술 등 협력의 문턱이 낮고 협력 의사가 강한 분야에서 중장기적인 청년친화교류 프로그램, 공동연구 프로그램을 지속적으로 개발하는 것도 우선적으로 고려할 수 있다. 이런 측면에서 양국 대학은 중한 청년 교류에 양질의 발판을 제공하고, 새로운 시기 중한 공공외교의 중요한 참여 주체로 기능할 수 있다. 또한 재한 중국 기업, 중국인 단체, 다문화 가정 등 한국 내 중국인이 한국 민간에서 기업의 사회적 책임과 공익 활동, 문화 활동을 펼칠 수 있도록 장려할 수 있다. 중국에 있는 한국 기업들은 중국에서 오지마을 초등학교 지원, 여성 질병 선별검사 지원 등 다양한 사회적 책임 활동을 전개하고 있어 서로 사랑하는 민간관계를 조성하는 데 적극적인 역할을 하고 있다. 중국도 재한 중국 기업의 강점을 살려 민간의 공조를 촉진하고, 중국 기업의 해외 이미지를 구축해 우수한 한국 청년들의 중국 기업 취업을 유도해야 한다.

4) 건강한 여론 생태 조성

언론과 언론 환경은 양국 국민이 상호 인식을 구축하는 중요한 통로이며, 특히 청년층은 이러한 언론 환경과 전파 매체에 가장 취약한 집단이라 할 수 있다. 언론의 정보에 민감하고 빠르게 반응하는 청년들은 최근 중한 양국 언론에서 불거진 논란의 중심에 서 있다. 성숙한 시민사회, 책임 있는 언론이 건강한 언론 환경을 구축해야 하는 지금 중한 양국의 혐중·혐한 정서가 각종 매체에 확산되는 것은 중한 상호 인식의 악순환을 초래할 수 있는 잠재적 위험을 안고 있다. 과거, 사드(THAAD, 고고도미사일방어체계) 문제 등 중대 돌발 현안이 불거졌을 때 이를 해결하기 위한 실효성 있는 장치가 마련되지 않아 양국 관계가 큰 차질을 빚었고, 사드 문제에 대한 양국 간 단계적 합의 이후에도 사드 이전 수준으로 복원되기는 어려운 상황이다. 그중, 주요 이유는 타격을 입은 양국의 신뢰와 민간 관계가 오랫동안 복원되지 못한 것이다. 수교 30주년을 맞아 중한 양국은 문화 간 이견을 보다 성숙하고 이성적으로 직시해야 하며, 회피는 충돌을 제거하지 못하며 이러한 충돌과 갈등은 티끌모아 태산이 되어 양적 변화에서 질적 변화로 이어질 위험이 크다. 따라서 문화 차이에 귀를 기울이고, 문화 간 갈등을 다루는 법을 배우며, 문화적 적응을 배워야 한다. 한국과 문화 충돌 해결 방식과 노하우를 함께 논의해 중한 민간교류의 장애요인을 제거하고, 이 과정에서 중국의 지혜와 중국 방안을 적극 제시해야 한다. 우선 학계, 언론, 오피니언 리더가 힘을 합쳐 건전한 언론 환경을 조성하고 객관적 이해의 과정을 통해 객관적 보도를 유도해야 한다. 중한 유력 언론은 전략적 협력, 정보 공유, 중한 간 건전한 미디어 생태계 조성, 양국 간 상호가 시의 적절하면서도 팩트에 기반한 이해를 촉진하고, 오피니언 리더가 민감 사안에 대해 객관적·이성적 목소리를 낼 수 있어야 한다. 둘째, 돌발사태가 민간관계에 미치는 영향을 방지하기 위한 통제 장치를 마련해야 한다. 중한 양국은 뉴미디어 환경에서 양국의 부정적 여론이 지나치게 증폭되고 불안과 위기감을 고조시키는 문제를 경계해야 한다. '사드'와 같이 중한관계 전반에 영향을 미치는 사안을 관리하여 '국익'을 둘러싼 갈등으로 번지는 문제를 효과적 관리할 수 있는 메커니즘을 수립해야 한다. 중한 청년 간의 '사이버 증오', 사이버 민족주의의 만연을 막아야 한다.

4. 결론

청년층은 사회에서 가장 역동적인 집단으로서 중한 민간 관계를 활성화하는 '활성제'가 되어 양국 관계를 진전시키는 역할을 해야 한다. 중한 양국의 청년들은 중한 우호관계의 발전을 지켜본 세대이다. 이들은 현재 양국 사회의 오피니언 리더로 성장하여 사회의 변혁을 이끌고 사회의 모든 측면을 새롭게 재구성하고 있으며, 국제 관계에 영향을 미치는 중요한 변수로 작용하고 있다. 향후 한국의 정치·경제·사회 분야에서 중요한 역할을 떠안을 청년층의 대중국 부정적 인식이 제때에 해소되지 않고 장기적으로 구조화된다면, 중한관계의 개선도 어려워질 것이다. 중한관계의 다음 30년은, 양국 청년의 상호 인식에 의해 많은 부분이 결정될 것이다. 국가 간 관계의 근본은 민간 교류에 있다. '가깝지만 친하지 않은' 중한관계를 개선하려면 중한 민간 관계부터 개선해야 한다. 민간 교류의 안정성을 제고하고 개별 사안이나 근거 없는 여론에 영향을 받지 않고 양국 정치 관계를 상호 보완해고 상호 촉진하는 것이 양국 관계를 심화하는 관건이다.

한중 문화갈등과 상호 인식
: 현황과 과제

이욱연(李旭淵)*

1. 한중 수교 30년 상호 인식의 현황

한중 수교 30년을 맞는 시점에서 한중 국민 사이에서 상호 인식이 나빠
진 점은 한중 양국이 한중관계의 안정적 발전을 위해 해결해야 할 중요한
과제이다. 굳이 나라가 친하기 위해서는 두 나라 국민이 서로 친해야 하고,
국민이 서로 친해지기 위해서는 마음이 통해야 한다는 말(國之交在於民相
親, 民相親在於心相通)을 되새길 필요도 없이, 한중 국민 사이 상호 인식의
악화나 한중 두 나라 국민 마음이 멀어지는 현상은 한중관계의 안정적 기
반을 위협하는 요소다. 물론 한중 상호 인식의 악화라고 하지만, 엄밀히 말
하자면 상호 인식의 악화라기보다는 한국인이 지닌 중국 인식의 악화라고
보는 것이 더 정확할 것이다. 왜냐하면 한국인과 중국인의 상호 인식 사이

* 서강대학교 중국문화학과 교수.

에 차이가 있기 때문이다. 한국 내외에서 최근 2~3년 사이에 나온 중국 인식 관련 여론조사를 보면, 한국인 가운데 70%가량이 중국에 비호감 정서, 또는 부정적인 인식을 지닌 것으로 나타났다. 하지만 중국의 상황은 다르다. 전체적으로 보자면 한국을 우호적으로 생각하는 중국인 비율은 여전히 높다. 중국인의 한국 인식에 관한 여론조사 자료가 매우 제한적이어서 단정적으로 말할 수 없는 한계가 있지만, 한국 해외문화홍보원이 매년 조사하는 한국 국가 이미지 조사에 따르면 2020년 이후 중국인의 한국 인식은 전반적으로 보면 큰 변화는 없다. 중국인 가운데 60~70%는 한국을 우호적으로 생각한다. 한국을 긍정적으로 보는 비율이 2019년 조사에는 61.6%였고, 2020년과 2021년에는 각각 69.4%와 68.6%였다. 이렇게 보자면, 한중 두 나라 국민 사이에 마음의 거리가 멀어지고 있지만, 엄밀하게 보면, 그 멀어지는 거리는 한국인이 중국에서 멀어지면서 생긴 거리이다. 한국인이 지닌 반중 내지는 혐중 정서가 중국인의 반한 내지는 혐한 정서보다 더 강한 것이다.

그런데 전반적으로 보면 이러하지만, 중국 상황을 좀 더 면밀하게 분석해 볼 필요도 있다. 세대별로 보면 사정이 달라지기 때문이다. 한국 해외문화홍보원(KOCIS) 조사를 보면, 중국인 연령층이 낮아질수록 한국에 호감을 느끼는 비율이 낮았다. 2020년 한국 해외문화홍보원이 조사한 국가 이미지 조사 통계를 보면, 중국인이 한국에 갖는 호감도는 70.4%였다. 그런데 중국 청소년과 청년의 마음은 최근 3년 사이에 한국에서 멀어져 가고 있다. 2019년 조사에서 중국인이 지닌 한국에 대한 호감도는 전체 평균이 66.0%였는데, 10대의 경우는 다른 연령층보다 훨씬 낮은 47.4%로, 평균보다 훨씬 낮았다. 2020년에는 한국에 긍정적 이미지를 지닌 중국 10대는 42.1%, 20대는 60.2%였고, 2021년에는 각각 10대 34.4%, 59.3%였다. 기타 연령층 중국인의 경우 한국을 보는 긍정적 시각이 매년 조사에서 70%를 웃도는 것과 차이가 있다.

중국 미래세대의 마음이 한국에서 멀어지는 추세인데, 주목할 것은 한국 미래세대의 마음 역시 중국에서 크게 멀어지고 있다는 점이다. 주간지 시사인이 2021년에 한 여론조사를 보면, 한국 MZ세대는 기성세대와 비교하여 훨씬 더 중국을 부정적으로 본다. 중국을 적이라고 생각하는 비율이 18~29세에서는 62.8%로, 나머지 연령층 평균 49.1%보다 크게 높았다. 중국에 대한 감정 온도 역시 60대, 50대, 40대가 각각 31.1%, 30.8%, 28.3%인 것에 비해, 30대는 21.8%, 20대는 15.9%였다. 한국인 연령층이 낮아질수록 중국에 호감을 느끼는 비율이 줄어들었다. 이렇게 보자면, 한중 양국에서 공통으로 미래세대의 마음이 서로 멀어지고 있으며, 적어도 한중 미래세대 사이에는 상호 혐오 정서가 존재한다고 할 수 있다.

그렇다면, 한중 미래세대의 상호 인식이 이처럼 부정인 이유는 무엇인가? 한국 미래세대가 중국에 부정적인 이유에 관해서 공통으로 거론되는 점을 추리자면 다음과 같다. △코로나19 발생 △사드 배치에 대한 중국의 보복 △한중 역사문화갈등 △홍콩사태 △한국 청년이 직면한 경제적, 사회적 어려움 △중국이 부상하는 시대 중국인의 과잉 자부심(자신감)과 한국인의 과잉 불안감(위기감) △중국의 조증(躁症) 애국주의와 한국의 울증(鬱症) 민족주의의 상호 작용 △청소년과 청년세대의 혐오문화. 이에 비해 중국 미래세대가 한국을 부정적으로 보는 데는 다음 요인이 작용하고 있다고 본다.[1] △문화 갈등 △한류 및 한류 스타에 대한 반감 △미중 갈등으로 인한 한국에 대한 불만 △사드 배치 등 한중 두 나라 미래세대가 상대 국가를 부정적으로 보는 요인이 매우 다르지만, 공통적인 요인도 있다. 바로 한중

---

1) 呂婉琴,「粉絲民族主義與中韓關係的嬗變」,『外交評論』2021年 第1期 (2021); 石源華,「中韓民間文化衝突的評估: 解因和應對",『當代韓國』夏季號 (2009).

문화 갈등이다.

그런데 한중 미래세대가 문화 갈등에 더욱 민감하게 반응하는 것은 문화 갈등이 이들 미래세대가 주로 접하는 예능이나 드라마 등 대중문화에서 촉발하거나 연예인과 네티즌, 사회관계망 인플루언서 등으로 촉발한 경우가 많다는 점, 그리고 이들 미래 세대가 인터넷과 여러 사회관계망 플랫폼에서 문화 갈등에 민감하게 반응하거나 문화 갈등 이슈를 활발하게 전파하는 주역이기 때문이다.

물론 문화 갈등이 한중 미래세대에게만 영향을 미친 것은 아니고, 전체적으로 두 나라 국민의 상호 인식에도 영향을 미쳤다. 한중 수교 30년 동안 두 나라 상호인식의 흐름을 보면,[2] 두 나라 국민의 상호 인식이 부정적으로 변하는데 두 나라에서 공통으로 작용한 계기는 둘이다. 하나는 미중 갈등(사드 배치와 이로 인한 한한령 등 포함)이었고, 다른 하나는 문화 갈등(이른바 '동북공정' 포함)이었다. 이렇게 보자면, 향후 한중관계의 안정적 관리라는 측면에서 미중 갈등이 한중관계에 작용하는 영향을 관리하는 문제, 그리고 문화 갈등을 잘 처리하는 것이 매우 중요하다. 한중 수교 이후 지난 30년 동안 한중 문화 갈등은 어떤 양상과 특징 속에서 전개되었는지를 회고하고, 이를 바탕으로 한중 양국이 한중 문화 갈등 극복을 위해 공동으로 대책을 마련하는 것이 향후 한중관계를 안정적으로 관리하는 데 중요한 것은 이 때문이다. 더구나 한중 문화 갈등은 1992년 수교 이후의 한중관계의 전개 과정 속에서 일어난 특수한 상황적 차원의 문제일 뿐만 아니라 한중 두 나라가 오랜 전통 시대부터 교류하였고, 많은 문화적 유산을 공유한다는 한중관계가 지닌 역사적, 구조적 특징에서 유래한 문제이기도 하다.

---

2) 김상규, 「중국인의 대한국 인식 변화와 사드」, 『중소연구』 41권 4호 (2018).

이 때문에 한중 수교 30주년을 맞아 한중 문화 갈등을 점검하고, 평가하는 일은 한중관계를 상황적 차원만이 아니라 한중관계가 지닌 역사적, 구조적 문제를 점검하고 성찰하는 데 매우 중요한 작업이다.

2. 한중 수교 30년 문화 갈등의 특징 및 전개 양상

한중 수교 이후 30년 동안에 일어난 한중 문화 갈등 사례를 △양국 사이 상호 연동성 △지속성 △언론 및 대중적 파급력 △기존 관련 연구에서 선정한 사례 등을 기준으로 삼아 선정한 14건 사례 가운데 양국 전통문화의 문화 귀속권을 둘러싼 갈등이 10건(동북공정 포함)으로 가장 많고, 더구나 이 10건 가운데 조선족 문화의 귀속권을 둘러싼 갈등이 4건이었다.[3] △고구려사 귀속권 갈등(2003) △한글 자판 표준화 갈등(2010), △아리랑 유네스코 등재 갈등(2011), △베이징 동계올림픽 개막식 조선족 동포의 한복 착용 갈등(2022) 등이다. 이들 한중 문화갈등 사례는 한중관계의 역사적, 구조적 특징이 작용하여 일어난 갈등이다. 한국과 중국 사이에는 오랜 문화교류 역사가 있고, 유교 문화와 한자 문화를 공유하는 가운데 문화를 서로 주고받으면서 공동으로 동아시아 문화공동체를 이루었으며, 이로 인해 두 나라 문화가 많은 유사성을 지니고 있다. 전통 시대에 이루어진 이러한 활발한 문화교류의 유산이 국가를 단위로 유네스코 문화유산을 등재하는 과정에서 문화 귀속권 갈등의 원인이 된 것이다. 또한 한중 두 나라 사이에는 민

---

3) 이 부분은 필자의 다음 논문의 내용과 관점이 부분부분 겹치며, 관련 내용에 대해서는 이하 따로 밝히지 않음. 이욱연, 「한중 수교 30년 문화갈등 : 양상과 전개 과정, 극복 과제」, 『국제지역연구』 31권 2호 (2022), pp.181-209.

족적, 문화적으로는 한국 정체성을 지니지만 국민적 정체성으로는 중국 국적을 지닌 조선족 문제라는 특수한 정체성 문제가 존재하는데, 이것이 양국 문화 갈등의 또 다른 원인이었다. 이러한 갈등은 모두 문화적 한중관계가 지닌 역사적, 구조적 특징이 문화 갈등으로 표출된 사례이다. 한중 수교 30년 동안에 일어난 문화 갈등 사안을 회고해 보면, 어떤 문화갈등 사건은 단발성이거나 비교적 파장이 작은 데 비해, 어떤 사건의 경우 그 파장이 매우 크고 장기적으로 영향을 미쳤는데, 이런 차이의 관건은 해당 문화 갈등 사안이 문화적 한중관계가 지닌 역사적, 구조적 요인에 관련된 사안인지 아닌지, 그 여부였다. 예를 들어 이효리의 마오 발언으로 인한 갈등(2020)이나 BTS 밴플리트 수상 소감 파문(2020)은 그 파장이 작고 단기간에 그친 데 비해, 한복 기원(2020)이나 김치 원조(2020) 등은 그 갈등의 파장이 매우 크고 장기적이었다.

〈표 1〉 한중 수교 30년 한중 문화갈등의 내용과 성격, 유발 주체

	연도	갈등 이슈	내용	갈등 성격	유발 주체
1	2003[4]	고구려사 중국사 편입	고구려사를 중국사에 편입하는 '동북공정'에 한국 반발	역사(문화)귀속	관방
2	2005	강릉단오제 유네스코 등재 신청	강릉단오제 유네스코문화유산 등재 신청에 대한 중국 반발	문화귀속	관방
3	2006	동의보감 유네스코 등재 신청	동의보감 등재 신청에 중국 반발	문화귀속	관방
4	2010	한글 자판 표준화	중국 한글 자판 표준화 등재 신청	문화귀속	관방
5	2011	아리랑 유네스코 등재	아리랑을 조선족문화로 등재 신청	문화귀속	관방
6	2014	온돌 유네스코 등재	온돌 등재신청에 중국 반발	문화귀속	관방
7	2015	가수 쯔위 타이완 국적	쯔위 중화민국 국기 든 것에 중국 반발	정치(문화)	민간
8	2016	한한령	사드 이후 한국관광 및 콘텐츠 차단	정치(문화)	관방/민간

9	2020	이효리 '마오' 발언	오락프로에서 마오 거론한 것에 지도자 존엄 훼손이라고 중국 반발	문화	민간
10	2020	BTS수상소감 발언	"(한미) 두 나라가 함께 한 고통의 역사를 기억한다"는 밴플리트상 수상 소감에 중국 반발	정치 (문화)	민간
11	2020	한복 기원	샤이닝키 오락 인물에 한복 입힌 것 두고 한복은 중국 복장이라고 주장	문화귀속	민간
12	2020	김치 종주국	파오차이 인증을 두고 중국이 김치 종주국이라고 주장	문화귀속	민간
13	2021	드라마 조선구마사	극중 소품 등이 중국풍이라는 한국 시청자 비판으로 드라마 중단	문화귀속	민간
14	2022	베이징동계올림픽 개막식 한복	조선족 대표의 한복 착용을 두고 중국의 한복 공정이라고 비판	문화귀속	민간

물론 문화적 한중관계가 역사적, 구조적으로 갈등 요소를 지니고 있지만, 수교 이후 30년 동안 문화 갈등이 자주 일어난 데에는 상황적 요인과 돌발 변수도 작용하였다. 그 상황적 요인과 돌발 변수는 다음과 같다. △사드 배치로 인한 한중 상호감정의 악화 △중국 한류 팬의 정체성 변화와 반한류 정서 상승 △한중 양국의 애국주의와 민족주의 흐름 △미중 갈등의 심화로 인한 한중 갈등 증폭 △2020년 이후, 특히 코로나19 이후 한국의 혐중 정서 고양 △한중 청년세대의 경제적, 사회적 어려움 △한국 및 글로벌 현상으로서 혐오문화 유행 등이다. 이러한 상황적 요인과 돌발 변수는 문화적 한중관계가 지닌 역사적, 구조적 갈등 요소를 수면 위로 끌어올렸다.

한중문화 갈등은 수교 20주년 이후 새로운 흐름도 보인다. 그것은 미중 관계의 악화로 인한 돌발 변수로 한중 문화 갈등이 일어난 점이다. 트와이스 멤버인 가수 쯔위가 타이완기를 들어서 일어난 파문(2015)과 BTS가 밴플리트상 수상 소감으로 일어난 갈등 사례(2020)의 경우, 미중관계의 악화가

---

4) 동북공정은 2002년에 중국에서 시작되었지만 2003년에 한국에 알려지면서 논쟁이 전개되었다는 점에서 2003년을 기점으로 잡았다.

한중 문화 갈등으로 표출된 사례로, 미중관계 악화가 한중 문화 갈등을 촉발한 것이다. 앞으로 이러한 새로운 추세는 더욱 늘어날 수 있다.

한편, 한중 문화 갈등을 촉발 주체 차원에서 회고해 보면, 한중 수교 초기에는 주로 한중 정부가 유네스코 문화유산 등재를 주도하면서 일어났다는 점에서 두 나라 정부가 촉발의 주체였다. 그런데 한중 수교가 20주년을 지나면서 새로운 양상이 나타난다. 민간에서 갈등이 촉발하는 경우가 많아진다는 점이다. 한중 문화 갈등 14건 사례 가운데 6건이 관방이 촉발 주체였고, 민간이 촉발한 경우가 8건이었는데, 최근으로 올수록 민간에서 촉발한 경우가 많았다. 여기서 민간이란 두 나라 청년과 네티즌, 연예인 팬, 한류 팬, 사회관계망의 인플루언서 등이다. 이들 사례는 게임과 오락에 등장하는 내용과 배경, 복장을 비판하거나 연예인의 발언 등을 비판하면서 촉발하였다. 이들 갈등은 한중 상대국을 겨냥하기도 했지만, 자국 오락프로나 게임 등이 한국풍/중국풍을 지닌다고 비판하는 새로운 현상을 보이기도 했다. 중국 네티즌이 샤이니의 키 복장에서 한복을 문제 삼은 것(2020), 한국 네티즌과 언론이 방송드라마 조선구마사의 소품이 중국풍이라고 문제 삼은 것(2021)이 그 사례다. 이는 자국 문화에서 한국적인 것과 중국적인 것을 부정하고 제거하려는 극단적이고 폐쇄적인 문화 국수주의의 표현으로서, 한중 문화 갈등이 한중 상호 부정적 인식의 확산 속에서 한중 문화 갈등이 극단적으로 치달은 사례다.

흥미로운 점은 이렇게 한중 문화 갈등 유발에서 민간이 개입하는 정도가 늘어나면서, 김치 갈등 사안(2020) 때 보듯이, 한중 두 나라 정부가 갈등 관리자 역할을 하는 사례가 새롭게 나타난 점이다. 이는 한중 민간에서 일어나는 문화 갈등이 양국 정부가 관리에 나설 정도로 갈수록 심각해진다는 것을 말해주는 증거일 수 있다. 다만 중국 정부는 문화 갈등 사안이 미중 갈등이나 타이완 문제 등과 관련될 때는 중국 외교부만이 아니라 인민일보와 CCTV 같은 중국 대표 언론도 자체 보도나 웨이보 등을 통해 적극적으로 개입하였다.

하지만 한중 수교 30년 동안 문화 갈등이 양국에서 전파되는 과정에서 발견할 수 있는 한결같은 특징도 있다. 그것은 문화 갈등을 다루는 한중 양국 언론 보도의 왜곡, 과장 및 선정적 보도 경향이다. 중국 일부 언론은, 특히 환구시보 같은 언론은 온돌 유네스코 등재 파문(2014)과 김치 파문(2020)에서 보듯이, 한국에서 나온 관련 정보와 여론을 왜곡하여 보도하여 갈등을 증폭하였고, 한국 일부 언론은 환구시보를 '중국 관방 언론'이라고 호명하면서 환구시보가 중국 정부와 중국공산당의 입장, 그리고 중국 여론을 대표하는 것으로 과장 보도하였고, 중국 일부 네티즌의 댓글이나 몇몇 인플루언서의 입장을 여과 없이 보도하거나 과장하여 한국에 전달하여 갈등을 촉발하거나 증폭하였다. 양국 언론이 상대국의 문화 갈등 사안에 관한 여론을 자국에 전달하는 과정에서 일어나는 렌즈의 왜곡 현상이 여전하였고, 그러한 왜곡과 과장 보도 배후에서는 중국 언론의, 특히 환구시보의 상업적 애국주의와 한국 일부 언론의 혐중 상업주의가 공모를 이루며 작동하였다.

3. 한중 문화 갈등 극복을 위한 과제

한중 수교 30년 동안에 일어난 문화갈등은 수교 이후 한중관계의 악화라는 상황적 요인도 작용하고 있지만, 그 가장 중요 요인이 한중 양국 문화의 정체성과 오랜 문화교류 역사와 한중 문화의 유사성에서 기인하는 역사적,

구조적 성격을 지닌 이상, 한중 문화 갈등의 해결방안을 모색하는 일이 쉽지는 않다. 문화 갈등 대부분이 문화적 한중관계의 역사적, 구조적 특징에서 기인하는 이상, 이를 극복하는 일이 단시간에 한두 가지 특정 조치를 통해서 해결될 수 없기 때문이다. 근본적인 해결이 어려울 수도 있고, 매우 장기적인 노력이 필요하다. 장기적인 차원, 그리고 근본적인 차원에서 볼 때 세 가지 차원에서 새로운 인식이 필요하다.

첫째, 한중 모두 순수한 자국 문화 내지는 문화기원에 대한 강박관념에서 벗어나야 한다. 원론적으로 볼 때 문화는 기원이 중요한 것이 아니라 창조가 중요하며, 순수한 중국문화, 순수한 한국문화란 존재하지 않는다는 것, 중국문화와 한국문화는 모두 주변 문화와 교류하는 과정에서 형성된 산물이며, 그런 의미에서 모두 혼종성(hybridity)을 지닌다는 원론을 거듭 확인할 필요가 있다.

둘째, 동아시아 문화교류, 특히 한중 문화교류의 역사를 보는 기본 관점에서 새로운 인식이 필요하다. 중국은, 동아시아 문화권의 형성과 발전을 중국인의 창조적 역량의 산물이 중국 밖으로 확산한 결과라고 믿는, 즉 동아시아 문화권의 다른 지역 사람들은 오직 중국인이 베푼 문화적 혜택에 힘입어 중국문화를 나누어 갖게 되었다고 보는 인식을 극복해야 한다. 한국문화를 중국문화의 유입으로 인한 동화, 즉 한화(漢化)로만 보는 관점을 극복해야 한다. 한편, 한국은 전통시대에 중국에서 양적으로나 질적으로 많은 중국 문화가 유입되었다는 점을 부인하는 인식, 역사적 사실에 부합하지 않는 편협한 민족주의적 인식을 극복해야 한다. 한국문화 속 중국문화의 유입과 기원을 인정하는 동시에 한국이 중국문화와 토착문화를 융합하여 창조적인 독자 문화를 건설한 역사 경험과 문화적 역량을 소중히 생각하는 인식이 필요하다. 이는 한중 문화갈등이 지닌 역사적, 구조적 성격을 극복하기 위해 한중 두 나라 모두에 필요한 인식 전환 작업이자, 동아시아 문화공동체 구축을 위한 인식 전환 작업이다.

셋째는 조선족 문화의 귀속권에 대한 새로운 인식이 필요하다. 중국이 추진한 동북공정이 한중 문화 갈등의 시발점이자 원형의 의미를 지니는 것은 이 사안이 영토와 역사 귀속권 차원을 넘어 요동 지역 역사와 문화의 귀속권 문제, 나아가 현재 조선족의 정체성과 조선족 문화의 귀속권 문제가 여기에 개입되어 있기 때문이다. 그런데 동북공정 갈등의 밑바탕에는 한중 역사 인식 체계의 차이가 놓여 있다. 민족과 혈통을 기준으로 자국사를 보는 한국 관점과 현재 국경선 안 다민족 역사를 자국사로 보는 중국 관점이 충돌하는 것이다. 이러한 역사 인식 체계의 차이가 조선족 문화를 사이에 둔 문화 갈등, 예컨대 조선족 한복 착용 파문이라든지, 아리랑 같은 조선족 문화유산 유네스코 등재 신청으로 인한 갈등에 그대로 나타나고 있다. 고구려사 역사 갈등의 해법으로 나온 한중 상대국 역사서술 체계를 존중하는 방안을 조선족 문화를 둘러싼 한중 문화 갈등에도 적용할 필요가 있다. 먼저, 중국은 조선족이 중국 국적의 소수민족이고 중국은 다민족 국가라는 이유로 조선족 문화를 중국문화의 기표로만 전유하는 것에 신중해야 한다. 그리고 한국은 조선족의 민족적 혈통에만 주목한 채 조선족이 지닌 이중의 정체성, 즉 민족 문화적 정체성과 국민적 정체성 사이의 불일치 상황을 이해해야 한다. 중국은 한국에게 조선족 문화란 한국의 역사적, 민족적 정체성과 연결되는 사안이라는 점을 이해하는 노력이 필요하고, 한국은 중국에게 조선족 문화란 다민족 국가인 중국의 국가적 정체성과 관련된다는 점을 이해하는 노력이 필요하다. 이러한 인식 속에서 중국은 조선족 문화유산을 유네스코에 등재할 경우, 반드시 한국과 사전에 협의할 필요가 있다.

한중 문화 갈등 관리를 위해서는 이러한 장기적인 인식 전환 노력과 더불어 단기적인 노력도 필요하다. ▷양국 언론의 왜곡, 과장 보도 자제 및 그 관리를 위한 팩트 체크 기능 강화 ▷양국 문화의 유사성과 차이를 확인하는 가운데 양국 문화의 정체성을 새롭게 인식하고 한중 문화에 대한 이해력을 높일 수 있는 프로그램과 교류 활동 개발 ▷양국 청소년과 청년을 대상으로 한 상대국 전통문화 이해 증진을 위한 교류 활동 강화(중국에서 중국 대학생 상대로 진행하는 향촌 진흥(鄕村振興) 프로그램을 문화교류 차원에서 한중 양국으로 확대하는 방안 고려 등) ▷양국 문화콘텐츠 교류의 확대 ▷문화 갈등 관리를 위한 양국 차원의 매뉴얼 등, 제도적 장치 마련 등이다.

특히 한중 문화 갈등에 가장 민감하게 반등하는 양국 청소년과 청년 교류의 강화는 문화 갈등 해법 차원만이 아니라 한중관계의 미래를 위해서도 매우 중요하다. 한중 미래세대는 상대국 인식에서 다른 연령층보다도 더 부정적이어서 교류 강화는 양국 관계에서 절박한 현안이다. 이를 위해서는 한중 청소년과 청년 교류를 기존의 넓고 얕은 교류에서 좁고 깊은 교류로 전환할 필요가 있다. 현재 한중 두 나라 청년은 현재와 미래에 대한 불안 속에서 힘들어하는 공통점을 지닌다. 양국 청년이 공통으로 직면하고 있는 경제적, 사회적 불안과 피로감, 고민, 그리고 4차 산업 시대 미래의 꿈을 함께하는 교류와 이를 위한 플랫폼이 많아져야 한다. 청년들이 그들이 고민을 나누고 공동으로 미래에 대한 꿈을 나누는 플랫폼과 교류가, 청년들이 직면한 문제와 꿈을 중심으로 한 청년 교류가 필요하다. 또한 이들 세대는 기성세대와 달리 한중 교류로 인한 경제적 이득을 별로 누려보지 못한 세대라는 점에서, 이들 세대가 한중 수교 초기 기성세대가 누렸던 양국 수교의 이익 같은 혜택을 양국 관계에서 체험하고 누릴 수 있는 교류와 플랫폼 마련이 필요하다. 한중 청년 기업가 포럼, 한중 청년 창업대회 같은 교류를 고려해 볼 수 있을 것이다.

물론 한중 청소년과 청년 사이에는 여론 조사에서 확인하는 것과 같은 상호 반목과 상호 혐오만 있는 것은 아니다. 국경을 초월한 개인 차원의 유대와 우정의 교류도 많다. 한중 수교가 30년을 지나면서 집단과 국민 차원에서 서로를 만날 때 한중 청년은 서로 반목하지만, 팬클럽이나 오락 플랫폼, 친구 차원 등 개인 차원의 만남과 교류에서는 인간적 유대를 맺는 한중 청소년과 청년들도 늘어나고 있다. 이러한 교류를 통해 한중 청소년과 청년 사이에 형성된 개인 기억과 개인 유대를 사회적으로 끌어내는 다양한 프로그램 개발도 필요하다.

한중 문화 갈등에는 수교 이후 한중관계와 연계된 상황적 요인만이 아니라, 한중관계가 지닌 역사적, 구조적 특징이 들어 있다. 그래서 갈등을 극복하기가 쉽지 않지만 문화 갈등 관리가 중요한 이유도 이 때문이다. 단기적, 장기적 노력을 병행하면서 한중 양국 사이에서 문화가 갈등의 진원지가 아니라 소통과 유대의 토대가 되고, 나아가 문화를 매개로 한 정서의 유대가 한중 국민 사이에 형성될 때 한중관계의 안정적 발전을 위한 중요한 토대가 될 수 있기 때문이다. 한중 국민 사이 문화와 정서의 깊은 유대는 수교 30년 동안 두 나라 관계를 공고히 한 기반이었던 한중 이익 유대가 약해지는 경우라도 양국 관계를 지탱하는 튼튼한 기반이 되어 줄 수 있다. '이익으로 만나면 이익이 사라지는 순간 관계가 사라지고, 권세로 만나면 권세가 무너지는 순간 관계가 기울며, 오직 마음으로 만나야만 조용히 멀리 갈 수 있다(以利相交, 利盡則散, 以勢相交, 勢去則傾, 唯心相交, 靜行致遠)'고 하지 않던가?

아울러 한중 양국이 상대국에 대한 극단적 부정인식 내지는 혐오 감정을 한중관계만이 아니라 국내 문제라는 차원에서 심각하게 인식하고 대응해야 한다. 아도르노(Theodor Wiesengrund Adorno)의 말처럼 혐오는 결국 자기 내부에서, 특히 자기 불안에서 기인하며, 현재 한중 청년세대의 상호 혐오는 혐오문화와 혐오 놀이의 한 양상의 성격을 지니기 때문에, 이를 방치하면 자국 사회의 건강과 안녕이 위협받는다는 점을 인식해야 하고, 이를 정치적으로 이용 또는 조장하거나 방치하지 말아야 한다.

중국과의 대기오염 책임 논란과 한국의 환경외교

장무휘(張暮輝)[*]

1. 동북아 지역의 초국경적 대기오염 문제

동북아는 현재 세계에서 대기오염 문제가 가장 심각한 지역 중 하나이다. 스모그의 학명은 미세먼지(particulate matter-PM)로 대기오염을 구성하는 주요 성분은 PM2.5와 PM10이다. PM2.5는 폐 손상을 일으켜 PM10보다 인체에 더 해롭기 때문에 대기오염물질의 주요 오염물질이다. 스모그 오염은 2010년대 초부터 중국 화베이(華北) 지역에서 처음 발생해 2015~2016년 정점을 찍었다. 이후 중국 정부의 집중적인 관리를 통해 대기환경의 종합적 질은 눈에 띄게 향상되었다. 그러나 2010년대 중반 이후 한국에서 대기의 미세먼지 문제가 불거지면서 서울을 중심으로 한 수도권 지역이 겨울과 봄 두 계절에 걸쳐 대기오염이 심각해지는 날이 많아지면서 한국 사회 전

---

[*] 성균관대학교 동아시아학술원 조교수.

체의 주요 관심사로 떠올랐다. 수도권의 대기오염물질이 중국 본토에서 나오는 만큼 중국이 한국의 대기오염에 주된 책임을 져야 한다는 게 한국 사회의 중론이다. 특히 대기오염은 다른 환경오염 문제와 달리 초국경성과 복잡성을 지니고 있다. 따라서 초국경적 대기오염 관리는 다자간 조정, 소통, 협력이 필요한 경우가 많다. 이런 상황에서 중국발 환경문제에 합리적이고 효율적으로 대처하는 것은 한국 정부가 직면한 중요한 외교 아젠다이다. 2010년 중반 이후 한국과 중국 간에 대기오염 및 관리에 관한 다양한 과학적 연구와 정책적 대화기제가 가동되고 있다. 그럼에도 한국이 한중 환경협상에서 약자의 입장이다. 한국이 환경에 있어서 '피(被)오염국'이기 때문에, '오염국'에 비해 수동적인 입장인데다, 국력에 있어 비대칭성이 커서 강경한 대중 환경외교를 펼치기 어렵다는 점 때문이다.

구체적인 정책 집행 차원에서 한국의 대중 '미세먼지 외교'는 두 가지 주요한 도전에 직면해 있다. 첫째, 대기오염의 주된 책임을 중국 탓으로 돌리는 한국 사회의 일반적 인식에도 불구하고, 이를 뒷받침할 과학적 연구가 부족하다는 점이다. 대기오염물질의 전파 경로를 놓고 양국의 과학계가 여전히 의견이 달라 일치된 결론을 도출하기 어렵다. 둘째, 동북아 지역에는 전반적으로 구속력 있는 환경협력기구가 여전히 부족하다. 한중 대기오염 협력이란 여전히 각국이 자국의 실정에 입각한 별도의 정책과 법률을 제정하는 데 국한돼 있기 때문이다. 대기오염 문제에 대해 양국이 협력할 의사가 있다고 해도 한국이 중국의 환경정책 집행을 감시할 힘이 없다.

그럼에도 최근 몇 년간 한국의 대중 '미세먼지 외교'가 어느 정도 성과를 거뒀다고 할 수 있다. 양국이 과학적 차원에서 이미 여러 공동연구 프로그램을 실시했고, 환경정책에서 다층적 대화기제를 가동했다는 점에서 알 수 있다. 무엇보다 중요한 것은 한국의 대중 환경외교의 투 트랙 전략이다. 한편으론 다자간 환경협력의 틀 속에서 한국이 강하고 적극적인 리더십을 발휘하여 다자기제를 통해 중국을 협력 틀에 포함시키려는 노력을 기울이는 한편, 한중 환경협상에서 환경오염 책임에 대한 상호 비난을 최소화하고 강제적 구속력을 갖는 협력 조항을 성급하게 마련하지 않고 과학기술적 차원의 실무협력을 점진적으로 추진하는 것이다.

2. 미세먼지 확산 경로와 책임 논란

일반적으로, 대기오염은 많은 오염 물질의 종류를 포함하는 비교적 광범위한 개념이다. 예를 들어 2000~2010년 동북아 지역의 초국경적 대기오염은 주로 황사와 모래먼지가 주를 이뤘다. 중국은 이것을 공식적으로는 '비인위적' 자연재해로 규정하고 있으며, 따라서 주변국의 대기오염에 대해 책임을 지는 것을 거부하고 있다. 그러나 이 같은 대기오염의 오염원은 전파경로가 비교적 명확하다(몽골고원이나 중국 네이멍구 등 사막화가 심한 지역에서 발생한다). 이에 비해 PM2.5의 초국경적 전파에 대해서는 여전히 납득할 만한 과학적 결론이 내려지지 않아 한중 양국 간에 논란이 많다. 한중일 3국 정부 주도로 실시한 초국경적 대기오염 공동연구 프로젝트(Long-range Transboundary Air Pollutants-LTP)는 2019년 한중일 3국이 각 국가에서 발생한 PM2.5 오염물질이 당해 연도 PM2.5 농도 총량의 51.2%, 91%, 55.4%라는 연구보고서를 발표했다. 반면 한국과 일본은 연간 PM2.5 총량의 32.1%, 24.6%가 중국에서 발생했다. 이것은 한중일 3국의 환경부 산하 환경연구기관에서 나온 연구 자료로서 각국 정부가 공통적으로 인정한 결과라는 점이 주목할 만하다.

객관적으로 대기오염 문제를 둘러싼 한중일 3국간에 과학적 연구 차원에서 초보적 공감대가 형성되었음을 보여준다. 그럼에도 한중 양국은 각자 자국의 이익을 고려해 이 같은 수치를 다르게 해석하고 있다. 중국은 한국의 연간 미세먼지 총량 중 32.1%만이 중국에서 나오고, 한국 대기오염물질이 주로 한국 내의 산업오염에서 기인하는 만큼, 중국이 한국의 대기오염에 주요 책임을 질 필요는 없다는 입장이다. 반면 한국은 32.1%가 여전히 대략적이며, 계절별·지역별 상세 데이터가 부족하다는 입장을 고수한다. 중국의 대기오염물질이 한국 전역에 미치는 영향은 제한적이지만, 중국의 화베이 지역과 가까운 수도권 지역에 미치는 영향은 뚜렷하다. 더 중요한 것은 PM2.5 농도총량이 대기오염의 심각성을 가늠할 수 있는 주요 지표가 아니라는 것이 한국의 환경전문가들의 견해다. 국내 대기오염 기준에 따르면, 하루 평균 PM2.5 농도가 75μ g/m³를 넘으면 '심각한 오염' 수준으로, 건강에 해를 끼칠 수 있다. 반면 하루 평균 PM2.5 농도가 농도 75μ g/m³ 이하로만 안정적으로 관리하면 PM2.5 수치가 다소 증가해도 인체에 직접적인 피해를 주지 않는다. 따라서 '심각한 오염' 수준의 발생 수와 빈도야말로 대기오염의 심각성을 가늠하는 가장 중요한 지표다. 한편 중국발 PM2.5 오염물질은 연평균 기준으로 우리나라 전체 미세먼지 총량의 32.1%에 불과하지만, 다른 국내 연구 결과 중국발 PM2.5는 한국 수도권의 '심각한 오염' 수준을 보이는 날들의 미세먼지 총량의 80~90%를 차지하는 것으로 나타났다. 이에 따라 한국의 환경전문가들은 중국이 한국 수도권의 대기오염에 대해 주된 책임을 져야 한다고 보고 있다.

따라서 오염원 및 전파경로에 대한 통일된 과학적 인식의 부재는 현 단계에서 한중 양국의 많은 논란의 근본적 문제이며, 대기오염에 관한 협력이 산성비, 모래먼지 등 다른 종류의 대기오염보다 복잡하고 까다로운 주요 원인이기도 하다. 객관적으로 현재 환경과학 연구는 여전히 미세먼지의 생성 및 전파 경로 등 과제에 대해 설득력 있는 결론을 도출해내지 못하는 수준이다. 이와 함께 과학적 논란으로 대기오염 측정 및 통계 등의 측면에서 서로 다른 기준을 적용하면서 환경협력에 대한 호환성 및 통일성의 결여를 초래했다. 예를 들어 PM2.5 오염에 대한 양국의 기준이 다르다. 한국의 '심각한 오염'의 날 측정 기준은 하루 PM2.5 농도가 75μ g/m³ 이상인 반면, 중국에서는 120μ g/m³ 이상인 것이 일반적이다. 예를 들어 일부 중국학자들은 한국이 중국에 투자한 산업체도 PM2.5의 일부를 배출했고, 그와 관련된 미세먼지 배출에 대한 책임에도 논란이 있다고 주장한다.

그만큼 대기오염 배출에 대한 책임 규정은 갈 길이 멀다. 유럽의 경험으로 볼 때, 유럽 각국은 이미 1970년대 초 초국경적 대기오염 협약(Convention on Long-rage Transboundary Air Pollution: CLRTAP)을 체결해 오염원 및 전파경로에 대한 과학적 공감대를 형성하였고, 나아가 대기오염에 대한 '공동의 차별적 책임' 원칙(common differentiated responsibilities)을 규정했다. 또 이협약은 1980년대 이후 강제적 구속력을 갖는 국제행위규범으로 발전하여 국내 대기오염 규제정책이 다른 국가 및 국제기구의 감독을 받게 되었다. 동북아 지역의 지정학적 상황을 고려할 때, 한중 양국의 환경협력이 그만큼 성숙되지 못한 것은 분명하다. 중국은 다국적 환경협력 분야에서 다른 나라들이 환경문제를 이용해 중국의 주권을 간섭하는 것에 반대하고 있다. 이런 거시적 배경에서 일본과 한국 등 인접국은 물론 동아시아의 친환경 국제기구도 단기간 내에 유럽의 협력 모델을 따르기는 쉽지 않다.

3. 한국의 '미세먼지 외교'와 투 트랙 정책

문재인 전 대통령은 대기오염 문제에 대한 한국 사회의 높은 관심을 반영해 국내 환경정책뿐 아니라 외교에서도 친환경 문제를 중점적 아젠다로 삼았다. 예를 들어 한국 정부는 국가기후환경회의(NCCA)를 설치하였고, 반기문 전 유엔 사무총장이 위원장을 맡았다. 2019년 9월 NCCA는 유엔기후행동정상회의(United Nations Climate Action summit)에 '블루 스카이 데이(Blue Sky Day)'를 제안했다. 결국 이 제안은 제74차 유엔총회에서 정식으로 채택되어 매년 9월 7일은 '푸른 하늘을 위한 세계 청정 대기의 날(international day of clean air for Blue skies)'이 되었다.

물론 미세먼지에 대한 국제사회의 관심을 환기시키는 것도 중요하지만, 대중 정책이야말로 한국 환경외교의 가장 실질적인 부분이다. 한국의 대중 '미세먼지 외교'의 목표는 크게 세 가지이다. 첫째, 다층적이고 제도화된 환경협력의 틀을 만들고, 중국을 이러한 과학 연구와 정책 대화 채널에 포섭하는 것이다. 둘째, 중국과 기술 차원에서의 교류와 협력을 하고, 시장과 기술을 교환하는 방식으로 중국에서의 한국의 친환경산업의 투자이익을 확대하는 한편, 중국 산업오염기업의 배출가스 저감기술 수준을 높이는 데 도움을 주는 것이다. 그리하여 경제이익과 환경보호 분야에서 양국이 윈-윈(win-win)할 수 있도록 하는 것이다. 마지막으로 교류·대화·협상을 통해 중국 정부에 미세먼지 관리 관련 정책 공약을 점진적으로 실현하도록 촉구함으로써 보다 엄격한 환경기준을 이행하도록 하여, 중국 화베이지역의 대기의 질을 개선하고 한국에 대한 오염 영향을 줄이는 것이다. 첫 번째와 두 번째 정책목표는 달성하기가 쉽지만, 마지막 목표는 비교적 어렵다. 이를 목표로 중국과의 대화·교섭·협상 과정에서 투 트랙 정책을 수행하면서 다자 환경 외교의 장에서 적극적 자세를 취하는 한편, 대중 양자관계에서는 상대적으로 소극적 자세를 취하면서 중국의 오염 책임 문제에 크게 얽매이지 않고 과학 연구와 기술 공유에 관한 실무적 협력에 중점을 두고 추진하고 있다.

4. 다자간 환경협력

현재 동북아 지역의 대기오염과 관련된 정부 간 다자간 환경협력체로는 한중일 환경장관회의(China-Japan-Korea Tripartite Environmental Ministers Meeting: TEMM)가 있으며, 그 아래 실무 차원의 구체적인 협력기제로 동북아지역 환경협력 프로그램(Northeast Asian Sub-regional Program for Environmental Cooperation: NEASPEC)이 있다. 2010년 중반 이후 황사 오염에서 대기오염으로 초점을 전화시켜온 이 과정에서 한국은 협력 추진자와 리더 역할을 했다.

우선 TEMM은 동북아 지역 환경 분야 최고위급 협력기제(장관급)로, 1998년 한국의 제안으로 1999년 가동됐다. 3국의 환경 분야 협력도 한중일 20여 개 장관급 협력기제 중 가장 성숙된 기제라는 평가를 받는다. 조직적으로 TEMM은 국제기구의 실체는 없지만, 한중일 3국 환경부가 매년 정기적으로 회의를 열어 각 협력사업의 운영상황을 심의하고, 향후 협력방향을 논의하여 정립한다. TEMM의 협력모델은 3국 평등원칙에 따르며, 경비예산도 3국이 3분의 1씩 부담한다. TEMM의 협력 범위는 기후변화, 탄소배출, 대기오염, 수질오염, 황사, 해양오염, 전자폐품 등이다. 2015년 열린 제17차 TEMM에서 3국은 5개년 행동계획(Tripartite Action Plan)을 발표해 대기오염 관리를 9가지 환경협력 의제 중 첫 번째 의제로 꼽았다. TEMM의 틀 아래 한국은 대기오염에 대한 두 가지 대화협력기제를 주도적으로 구축했다. 하나는 상술한 한중일 3국의 LTP 공동연구이다. LTP 연구사업은 1990년대 한국에서 시작돼 2000년대 들어 3국 환경부 산하 연구기관이 관련 연구를 수행하고 있으며, 국립환경과학원(National Institute of Environmental Research: NIER)이 일상 연락과 통합 관리를 맡고 있다. 이 가운데 2013~2017년 제4기 공동연구는 동북아 지역의 대기오염 전파경로(source-receptor relationship)를 대상으로 2017년 말 공동연구보고서를 발간해 한중일 3국 간 미세먼지 전파에 대한 잠정적 결론을 도출했다. 둘째, 한국은 2013년 제15차 TEMM에서 한중일 3국 대기오염정책대화(Tripartite Policy Dialogue on Air Pollution: TPDAP)를 출범시켰다. LTP가 과학연구 분야에 집중되는 것과 달리 TPDAP는 3국 간 미세먼지 모니터링과 감축정책의 조율과 대응을 강화하기 위한 정책대화 채널을 구축하기 위한 것이다.

이와 함께 한국은 NEASPEC 내에서 적극적인 주도적 역할을 하고 있다. NEASPEC은 1993년 한국 외교부와 유엔 아시아태평양 경제사회위원회(United Nations Economic and Social Commission for Asia and the Pacific: UNESCAP)가 공동으로 설립한 기구이다. NEASPEC의 회원국에는 동북아 지역 모든 국가(중국, 일본, 한국, 몽골, 러시아, 북한)를 포함된다. NEASPEC은 TEMM의 정부 대 정부, 부처 대 부처의 평행 구조와는 달리, UNESCAP 한국 인천지부가 사무국 기능을 수행하는 실체적 국제기구다. 특히 NEASPEC의 사업 예산은 주로 한국 정부와 아시아개발은행(Asian Development Bank)에서 나오고, 나머지 회원국의 재정지출은 자발적 원칙에 기초하고 있다. NEASPEC은 2018년부터 동북아 지역 내 다양한 PM계 오염물질에 대한 월경적 모니터링을 강화하기 위한 '동북아 청정대기 파트너십'(Northeast Asia Clean Air Partnership)

을 시작했다. 이밖에도 NEASPEC은 '동북아 청정대기 파트너십 프로젝트 사업 계획 2021~2025'를 발표하고, 국가 간 공동의 대기오염 기준 수립과 통일된 대기환경 모니터링 데이터베이스 구축에 주력하고 있다.

동북아 다자환경외교의 틀에서 한국의 역할은 매우 중요하며, 그 기여는 크게 세 가지 측면이다. 첫째, 한국은 TEMM 산하의 LTP, TPDAP 기제, 국제기구의 실체를 갖춘 NEASPEC 등 여러 협력체제의 주요 발의자이자 발기자라는 점에서, 한국의 제도적 설계와 조직력을 살펴볼 수 있다. 한국은 주요 협력 발기국으로서, 이 같은 기제의 일상적인 운영과 연락 등의 기능을 담당하는 LTP와 NEASPEC의 상설 사무국이 한국에 설치되어 있다. 또 이들 기관이나 협력에서의 아젠다 선정에 적극 참여하면서 동북아 지역 환경 거버넌스의 중점 분야의 전환(미세먼지 문제로의 전환)도 적극 추진했다. 둘째, 한국은 이러한 기제의 운영을 위한 재정적 지원을 적극적으로 제공하고 있으며, 특히 LTP와 NEASPEC의 프로젝트 진행은 한국의 자금 지원에 크게 의존하고 있다. 이처럼 NEASPEC은 각국의 경비를 지원하는 자발적 원칙의 한계로 인해, 최근 몇 년간 예산 부족에 시달리고 있다. 이 때문에 한국은 사실상 이 기구의 주요 예산 부담국이었다. 마지막으로 한국이 맡은 협력의 추진자 역할도 동북아 지역의 지정학적 특성에 따른 것이다. 전통적으로 일본도 동아시아 지역의 환경협력에 적극적이었다. 아시아에서는 일본이 동아시아 산성 강하물 모니터링 네트워크(Acid Deposition Monitoring Network in East Asia: EANET)의 협력을 주도하고 있다. 이 기제는 최근 몇 년 동안 대기 미세먼지 오염에 초점을 맞춰왔다. 그러나 한중 간 정치적 신뢰가 중일 간에 비해 크다는 점에서 한국의 협력 제의는 중국 정부의 의구심을 불식시키고, 중국이 보다 적극적이고 협조적인 자세로 역내 환경협력에 참여하도록 설득하는 데 도움이 될 수 있다. 반면 중국은 일본이 EANET을 통해 구속력 있는 협정을 추구하는 협력 모델에 대해 냉담한 반응을 보였다. 이에 비해 TEMM과 NEASPEC에 대한 참여도와 적극성은 EANET을 능가한다.

5. 한중 환경협력 및 성과

다자환경외교의 틀 안에서 한국이 보여준 적극적 자세에도 불구하고, "행동보다 말이 많다"고 할 수 있다. TEMM의 경우, TEMM의 연간 회의 일정은 두 부분으로 나뉜다. 우선 한중일 3국 환경장관회의가 열리고, 이를 계기로 한중, 중일, 한일이 각각 양자 환경장관회의가 열린다. TEMM은 1990년대 말 이후 3대 양자체제를 3자 TEMM의 틀에 넣는 데 성공했지만, TEMM 회의는 3국 협력의 최대 공약수를 추구하므로, 민감한 아젠다에 대해서는 언급을 회피해왔다. 이로 인해 대기오염 관리를 둘러싼 한중 양국의 보다 실질적인 협력은 주로 양자 채널을 통해 이루어진다.

현재 한중 대기오염 협력은 크게 세 가지에 집중돼 있다. 우선 과학연구 분야에서 한중 양국의 협력이 안정적으로 전개되고 있다. 이미 2015년 PM 오염물질 현황의 실시간 공유(real time exchange)가 이뤄졌다. 중국은 주요 도시의 PM 오염물질 데이터를 한국 측에 제공해 한국의 대기오염 예보가 보다 정확해질 수 있도록 돕는다. 이 합의는 2014년 한국 측이 중국 측에 처음 제안했다. 양국 정부는 대기오염 관련 데이터를 교환하고 공동 모니터링을 실시하기로 잠정 합의했으며, 구체적인 연구와 교환은 국립환경과학원과 중국환경과학연구원이 각각 맡고 있다. 2015년 10월 리커창 중국 총리가 한중일 3국 정상회의 참석차 방한했을 때, 양국 환경부는 MOU를 체결하고 중국의 35개 주요 도시와 한국의 3개 주요 도시를 포괄하는 데이터 교환 작업을 본격화했다. 일본 정부도 TEMM 내에서 중국에 대기오염 관련 데이터를 요청했지만, 아직 중일 간 합의가 이뤄지지 않고 있다. 한중 양자 환경협력은 TEMM 3자 체제보다 구체적인 성과를 내고 있음을 보여준다. 2017년 문재인 대통령의 중국 방문은 과학연구 분야 협력을 더욱 촉진시켰다. 한국 측 제안으로 한중 '블루스카이 플랜'을 가동하고, 기존 PM 데이터 교환에 더해 대기 질 공동 모니터링을 더욱 심화해 미세먼지 예측의 실시간 정확성을 높였다. 양국이 공동으로 '한중 환경협력계획 2018~022'를 발표하고 베이징에 공동 출자해 한중환경협력센터를 건립한 것도 양국 과학연구 분야 협력이 더욱 체계화되고 상시화 됐음을 보여준다.

둘째, 한중 간에 관련 분야의 기술 공유가 공동으로 추진됐다. 구체적으로 한국은 중국의 철강 산업에 배출가스 저감·탈황·제진 분야의 친환경 기술을 제공해 중공업 오염기업의 친환경 기술의 업그레이드를 돕기로 했다. 2018년 양국은 한국 대기업의 친환경 산업 투자 유치를 위해 '한중 미세먼지 저감 환경기술 실증 협력사업(China-Korea Cooperation Initiative for the Demonstration of Environmental Technologies for Fine Dust Reduction)'을 공동으로 가동했다. 이것은 국내 대기업을 중국에 집중 유치해 친환경 산업에 투자하기 위한 것이다. 중국 정부도 한국 기업에 더 많은 시장 접근과 투자 편의를 제공해 '기술과 시장 바꾸기' 방식으로 상생할 것을 약속했다. 한중 양국의 기술 공유가 일방적인 것은 아니다. 예를 들어 한국 측 요청으로 중국이 인공강우 기술을 제공한 적도 있다. 이는 환경기술 분야에서의 협력이 쌍방향이고 상호 이익이 된다는 것을 보여준다.

<표 1> 한중 양국의 주요 환경협력기제(미세먼지 관련 분야)

협력기제	시작연도	레벨
한중환경장관회의(TEMM)	1999(매년 시행)	장관급
한중환경장관회의 (독립운행)	2019(매년 시행)	장관급
한중환경협력 국장급대화	2017(매년 시행)	국장급
한중환경협력공동위원회	1999(매년 시행)	실무급
한중환경협력센터	2018	실무급
한중 미세먼지 저감 환경기술 실증 협력사업	2018	기업

그밖에 TEMM의 3자틀 외에도 최근 5년간 한중 양국은 다양한 정책대화체제를 신설했다.(〈표 1〉 참고) 폭에 있어서는 과학연구, 정책조정, 기술공유, 산업투자 등 다방면에 걸친 협력이 이루어졌으며, 깊이에 있어서는 장관급, 국장급, 실무급을 포괄하였다. 이에 따라 구체적인 성과로 볼 때 한중 양국 간 협력은 폭과 깊이를 막론하고 TEMM, NEAPSEC 등 다자체제를 모두 넘어섰다. 이와 함께 도시 대 도시를 주요 모델로 하는 지방정부의 환경협력도 점진적으로 전개되고 있다. 일례로 환경부는 중국 장쑤(江蘇)성, 산시(山西)성과 각각 미세먼지 모니터링에 관한 MOU를 체결한 바 있다. 서울시도 징진지(京津冀)지역과 환경 전문가 회의를 정례화하고 있다.

6. 한국의 실용적 환경외교

물론 대기오염 분야에서 한중 양국의 협력에는 아직도 많은 제약과 장애물이 존재한다. 과학연구나 정책 수립 분야에서 중국 측의 태도와 협력의 적극성에 의해 협력의 수준이 결정되기 때문이다. 반면 한국은 중국이 국제협력에 참여하도록 하는 데 노력을 기울였지만, 환경협력을 요구하는 입장으로 중국과의 교류에서 여전히 불리한 수동적 위치에 있고, 한중 환경 협력의 주도권은 여전히 중국에게 있다. 몇몇 한국의 국제관계학자들은 한중 양국의 환경협력 분야 '비대칭 관계'를 문제 삼는다. 이런 비대칭은 오염국과 피오염국 관계인 양국의 상대적인 관계에서도 드러나고, 경제무역과 지정학적 측면에서의 양국의 국력 격차에서도 드러난다.

앞서 언급한 대기오염 PM 데이터 교환의 경우, 중국이 한국에 실시간 데이터를 제공하기로 사실상 동의했지만, 한국 전문가들이 원하는 PM 생성 원인, 전파 경로 등을 제외한 주요 도시별 PM 농도 값에 국한되어 있다. 더구나 한중관계에 금이 가고 중국이 제재나 보복 목적으로 데이터 공유를 중단하면, 한국이 실효성 있는 제약을 하기는 어렵다.

실제로 한국정부는 '미세먼지 외교'를 위한 정책수립에 딜레마를 겪고 있다. 한편 국내에서는 대기오염에 대한 불만이 높아 중국의 오염 책임 추궁과 배상 요구에 이르기까지 더 강경한 대응을 요구하고 있다. 언론들은 한중 스모그 문제를 국제화하고 국제사회의 힘을 이용해 중국을 압박해야 한다고 목소리를 높인다. 그러나 한국 정부는 한중 환경 분쟁에 있어서 현실적으로 중국을 과도하게 압박하기는 어렵다. 그래서 한국의 대중 환경외교는 충분한 유연성과 실용성을 보여준다. 구체적인 실무적 차원에서 중국에 먼저 입장을 밝히고, 중국이 반대하거나 협력 의사가 소극적이면, 한국 정부는 중국의 수용 정도와 반응 정도를 충분히 고려해 유연하게 대처한다. 구체적으로 이런 유연성은 크게 세 가지로 얘기할 수 있다. 우선 한국 정부는 환경협력 과정에서 오염의 책임 등 민감한 이슈를 최대한 피하고, 중국과 끝없는 상호 비난에 빠지지 않도록 한다. 반면 최대한 중국과의 공동의 이익을 모색해 상호 윈-윈을 통해 중국의 의구심을 불식시키고, 환경협력에 대한 신뢰를 높이는 한편, 중국을 점차 협력체제 내로 끌어들이고자 한다. 한중이 공동 출자해 설립한 한중환경협력센터가 그 예다. 한중 친환경 산업의 '시장과 기술 바꾸기' 모델도 대표적인 협력 사례다. 환경부는 2018년 한국 기업 12곳과 협력해 중국의 12개 성(省)에 약 20건의 친환경 기술을 제공했다.

둘째, 한국과 중국은 대기오염 문제에 대해 대화와 교섭을 하면서 환경 문제를 한중관계와 최대한 연관 짓는다. 한국정부는 중국 측에 환경오염 문제는 지엽적인 문제가 아니라 한국의 핵심 이익이 걸린 문제라는 입장을 분명히 했다. 이 때문에 한국은 대기오염 문제를 다룰 때 환경부처뿐 아니라 외교부도 중국 측과의 협상과 교섭에 깊이 관여하고 있다. 장관급인 TEMM과 실무급의 NEASPEC과 달리 한중 양자 환경협의는 양국 정상 간에 직통으로 이뤄지는 경우가 많다. 시진핑 주석의 2014년 방한과 문재인 대통령의 2017년 방중은 양국 환경협력에 원동력을 불어넣었다. 양국 정상이 만나 협력하기로 합의하면, 양국 산하 정부기관의 협력 집행이 효율적으로 이뤄질 수 있다. 지난 2016년 한중 PM 데이터 교환과 2019년 양국 '블루스카이 프로그램' 시행은 양국 정상의 상호 방문에 따른 직접적인 협력 성과로 볼 수 있다. 셋째, 한국의 대중 환경외교도 신중한 모습을 보이고 있다. 2013년 한 여론조사에서 96%가 중국의 오염 책임을 세계보건기구(WHO)나 유엔환경청에 제소해야 한다고 답했고, 90%가량이 중국에 보상을 요구해야 한다고 답했다. 이러한 중국에 대한 국내 여론의 불만에도 불구하고, 정부 차원에서는 이런 강경한 의견을 수용하지 않고 있다. 환경 분야에서의 국제 교섭과 협상은 과학, 정책, 법률의 세 가지 단계로 이루어진다. 법률 차원의 환경협력은 국제 조약의 체결, 국제법의 틀 내의 책임 규정 및 제3자 국제기구의 중재 등과 관련되어 있다. 환경오염 문제를 이용해 다른 나라가 주권에 간섭하는 것에 대해 중국이 전통적으로 주권의식을 견지해 온

점을 감안해 법적 책임을 묻기보다는 양국 간 환경협력이 안정적으로 이뤄
질 수 있도록 한 것이다.

7. 마치며

특히 최근 몇 년간 중국과 한국은 오염원과 전파 경로 및 책임 문제를 놓
고 논란을 빚어왔다. 이 글은 이런 논란이 불거진 배경과 원인, 양국의 다
른 정책적 고려를 살펴봤다. 또 환경오염 문제에 대한 한국 정부의 적극적
인 역할을 중점적으로 분석하고, 한국 정부가 갖고 있는 실용성과 유연성
을 높이 평가했다. 구체적으로 한국은 대기오염 문제에 대해 다자간 환경
외교의 장에서 상대적으로 적극적 정책을 펴는 한편, 대중 양자 틀에서는
상대적으로 소극적이고 실용적인, 중국의 오염 책임 문제에 크게 얽매이지
않는 투 트랙 정책을 펴고 있다. 한국의 대중 환경외교는 어느 정도 모범적
인 성과를 도출하였으며, 수동적으로 취약한 위치에 있는 '피오염국'이 상대
적으로 강한 '오염국'과 어떻게 환경협상을 벌일 수 있는지를 보여주는 구
체적인 행동모델을 제공하고 있다.

미세먼지 대응 한중 협력 현재와 미래

추장민(秋長珉)*

1. 글을 시작하며

미세먼지 문제는 환경 분야에서 우리나라와 중국의 관계를 대표하는 핵심 현안이다. 지난 몇 년간 양국 간 환경협력은 미세먼지 대응을 위한 협력이라고 해도 과언이 아니다. 양자 또는 다자간 협력체를 통해 양국은 지속적으로 미세먼지 문제를 다루었다. 대기질 측정 데이터와 미세먼지 예·경보 정보를 공유하는 협력체계 구축은 대표적인 협력 성과로 꼽힌다. 하지만 협력 성과의 빛이 있으면 그림자도 있기 마련이다. 미세먼지 영향 등 합의와 공통인식에 도달하지 못한 이견과 쟁점은 여전히 해소되지 않은 상태다. 또한, 현재 추진되고 있는 협력사업의 실효성과 필요성에 대한 의문의 목소리는 협력의 기반을 약화의 원인으로 작용하고 있다. 최근 양국 관계,

---

* 한국환경연구원 선임연구위원.

양국 국민들의 상대국에 대한 인식, 그리고 국제정세 등 내·외적인 여건 변화의 영향 또한 거세질 전망이다. 이러한 문제의식에서 본 글에서는 미세먼지 대응에 관한 한중 협력의 현주소를 평가하고 협력을 둘러싼 주요 논점을 진단하여 미래 발전의 길을 찾아보고자 한다.

2. 미세먼지 대응 한중 협력의 현주소

1) 한중 양자 협력 현황

(1) 전개과정 개괄

1993년 「한중 환경협력 협정」 체결 이후 대기오염에 대한 양자 간 협력은 아황산가스와 산성비, 황사를 중심으로 전개되어왔다. 대기오염 대응 협력에서 미세먼지 문제의 전면 등장은 2012년과 2013년에 중국에서 발생한 재난형 스모그 발생과 그와 관련된 국외 영향으로 인해 국내에서 고농도 미세먼지 오염의 발생과 관련이 깊다. 이는 2014년 양국 정상회담 공동성명에서 최초로 '미세먼지' 대응에 관한 협력을 명시한 것에서 알 수 있다. 그리고 공동성명의 부속서에 대기오염수치 정보 공유와 대기오염 예보 모델 공동연구, 한·중 환경산업포럼 및 철강 등 분야에서 대기오염 방지시설 실증 시범 프로젝트 공동 추진, 동북아지역 차원의 협력체계 강화 공동 노력 등에 합의하였다.

공동성명의 이행을 위하여 2014년에 「한·중 환경협력에 관한 양해각서」를 체결하면서 미세먼지 대응에 관한 양국 간 협력이 본격화되었다. 이 협정에 근거하여 양국은 2015년 「대기질 및 황사 측정자료 공유 합의서」 등 최근까지 미세먼지에 관하여 우리나라 환경부와 중국의 생태환경부 간 총 5건의 관련 협정을 체결하여 합의사항을 이행하고 있다. 특히 2019년에 양국은 「한중 환경협력사업 "청천(晴天, 맑은 하늘) 계획" 이행방안」을 체결하고 3개 부문별로 6대 사업을 신규 또는 확대함으로써 미세먼지 대응을 위한 협력을 체계적으로 추진할 수 있는 기틀을 마련하였다.

(2) 주요 협력 현황

현재 양국이 추진하고 있는 핵심적인 협력은 미세먼지에 관한 정보공유 및 공동연구, 오염방지 산업기술 협력의 3개 분야로 대별된다.

정보공유 협력은 전용선을 활용하여 대기질 측정정보 공유체계와 대기질 예보 정보 공유체계로 구성되어 있다.[1] 구체적으로 대기질 측정정보 공유범위는 현재 중국의 11개 성(省) 및 직할시의 35개 도시와 우리나라의 경기도, 강원도, 충청북도, 충청남도, 전라북도, 전라남도, 경상북도, 경상남도 8개 도(道)와 부산, 대구, 인천, 광주, 대전, 울산 6개 광역시이다. PM2.5 등 6개 대기오염물질(PM10, PM2.5, SO2, NO2, CO, O3)의 1시간 평균 측정정보를 상호 실시간으로 전송하여 상대국에서 확인할 수 있는 공유체계를 구축하여 운영 중이다. 또한 대기질 예보정보 공유구역은 중국의 동부 10개 성(省) 및 직할시의 11개 도시와 우리나라의 17개 도(道)와 광역시이다. 중국은 도시 일평균 대기질 지수 범위와 주요 대기오염물질에 대한 예보정보, 그리고 우리나라는 미세먼지와 오존(O3)의 일평균 지수 범위에 대한 예보정보를 상호 공유하는 체계가 구축되어 있다.

---

1) 환경부 보도자료, 「실질적 조기경보체계 구축을 위한 이행계획 마련: 붙임 1. 대기질 예보정보 및 예보기술 교류협력사업 방안」 (2019.2.26).

<그림 1> 한중 대기질 측정정보 공유체계 중국 35개 도시 위치

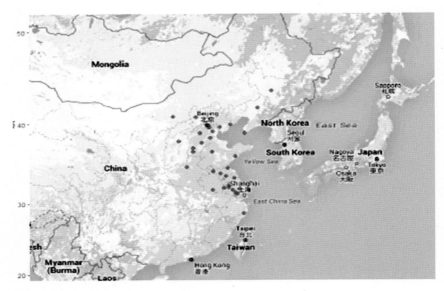

자료: 국립환경과학원(2016), 한·중 월경성 미세먼지 저감을 위한 공동연구(Ⅱ), p.17.
https://scienceon.kisti.re.kr/commons/util/originalView.do?cn=TRKO201600015710&dbt=TRKO&rn=
(검색일: 2022.08.01)

공동연구 협력은 주로 「한·중 환경협력에 관한 양해각서」에 따라 설치된 '한중 대기질 공동연구단'이 주관하여 추진되어왔다. 협력 초기에 2014년부터 2016년까지 '한·중 월경성 미세먼지 저감을 위한 공동연구'를 수행하였다. 이 연구에서는 고농도 시기 한국과 중국 사이의 월경성 미세먼지 이동과 영향에 대한 연구도 포함되었으나, 2017년에 '맑은 하늘(청천) 프로젝트'로 변경되면서 제1단계(2017~2019년) 연구의 초점은 베이징 등 중국 북부지역 4개 도시를 대상으로 대기오염물질 특성 파악 및 오염원인 규명에 두어졌다. 2단계(2020~2022년)에서는 "청천(晴天, 맑은 하늘) 계획"의 세부사업으로 '대기오염 입체관측방법, 화학성분 특성 관측 및 수치모델 공동연구'를 추진 중이다.

<그림 2> 한 · 중 대기질 공동연구 추진 현황(2020년 1월 기준)

구분	지상 관측	입체관측	참고
지역	베이징, 바오딩, 창다오, 다롄		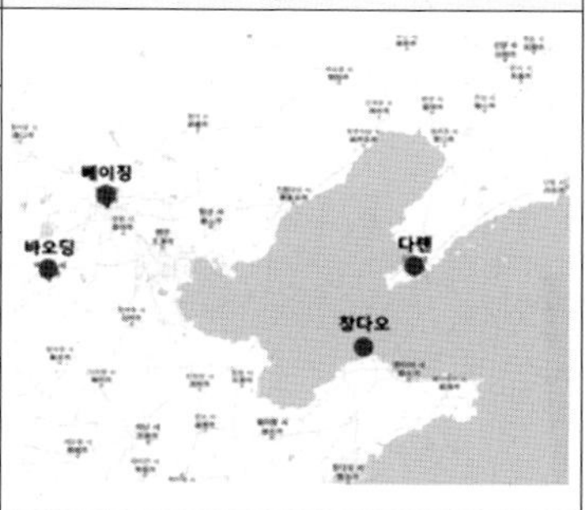
기간	'17년 상반기 ~'20년	청천 계획(MOU, '19.11)에 따른 항공관측 등 세부계획 협의 중	
측정 항목	SO2, NO2, O3, CO, PM2.5,	SO2, NO2, O3, CO, PM2.5, BC(Black Carbon), VOCs	
모델링	CMAQ - CAMx 모사능력 개선 (고농도 사례 모사성능평가)		

자료: 환경부 보도자료, 「한중 공동연구단, 미세먼지 저감 위한 마중물 수행: 붙임 1. 한중 대기질 공동연구 추진현황」, 2020.1.22, p.4.

오염방지 산업기술 분야의 협력으로는 한 · 중 환경산업 협력센터와 한 · 중 환경기술 실증지원 센터 등 협력기구를 설치하여 운영해 왔다. 대표적인 협력 사업으로는 2014년 공동성명의 이행을 위해 2015년부터 추진된 '한 · 중 미세먼지 저감 환경기술 실증 협력사업'이 있다. 중국의 미세먼지 저감과 양국 환경산업의 공동 발전을 목적으로 중국의 제철소, 석탄화력발전소 등에 우리나라 대기오염 방지시설이 적용될 경우에 계약된 프로젝트에 대해서 계약 금액의 20% 범위(최대 40억 원) 내에서 지원하는 사업이다. 이 사업은 중국의 환경시장 여건, 우리나라의 정책 변화 등의 사유로 종료된 상태다. 현재 오염방지 산업기술 분야의 협력은 '환경기술 산업 협력포럼', '대기환경 산업 박람회' 등 "청천(晴天, 맑은 하늘) 계획"의 세부 협력 사업을 중심으로 추진되고 있다.

2) 동북아 다자 협력 현황

(1) 전개과정 개괄

한중 양국은 양자 간 협력과 더불어 동북아 지역에서 다자 차원에서도 미세먼지에 대응하여 협력을 전개해 왔다. 다자간 협력의 주요 목적은 주로 미세먼지를 포함한 대기오염물질의 국가 간 장거리 이동과 영향을 과학적으로 규명하고 대기오염을 저감하기 위한 지역 협력체를 구축하는데 두어졌다. 1990년대 초부터 시작된 동북아 지역의 다자간 협력의 전개 과정은 크게 1990년대 초부터 2000년대 초까지 산성비 대응 시기, 2000년대 초부터 2010년대 초까지 황사 대응 시기, 그리고 2012년부터 지금까지 미세먼지 대응 시기로 구분된다.[2)]

첫 번째 시기에는 1995년에 우리나라 주도로 한중일 3국 연구기관이 수행한 '동북아 장거리이동 월경성 대기오염물질에 관한 공동연구(LTP, Long-Range Transboundary Air Pollutants in Northeast Asia)'가 시작됐으며, 1998년에는 일본 주도로 동북아와 동남아 지역을 포괄하는 '동아시아 산성침적물 측정망(EANET, Acid Deposition Monitoring Network in East Asia)'이 출범하였다. 두 번째 시기에는 2007년에 한중일 환경장관회의(TEMM, Tripartite Environment Ministers Meeing)에서 황사대응 협력체로서 '한중일 황사대응 국장급회의'와 '한중일 황사공동연구단'을 설치하여 운영하였다.

세 번째 시기에는 2013년에 고농도 대기오염과 대기오염물질의 국가 간 이동 및 영향에 대한 공동 대응을 위하여 TEMM의 협력체로서 '한중일 대기오염 정책대화(TPDAP, Tripartite Policy Dialogue on Air Pollution)'를 신설하

---

2) 추장민 외, 「미세먼지 외교적 대응방안 연구」(외교부, 2017), pp.44-45.

였다. 동시에 TEMM의 5년 단위의 '한중일 환경협력 공동행동계획'에서 '대
기질 개선'을 우선협력분야의 하나로 채택하였다. 이와 함께 2018년 UNESCAP
에서 주관하는 동북아 환경협력체인 '동북아환경협력계획(NEASPEC, North-East
Asia Subregional Programme for Environment Cooperation)'의 고위급 회의에
서는 '동북아청정대기파트너십(NEACAP, North-East Asia Clean Air Partnership)'
을 출범시켰다.

〈표 1〉 동북아 국가 간 장거리 이동 대기오염문제 대응 다자 간 지역협력 전개과정

	1990년대 초~2000년대 초	2000년대 초~2010년대 초	2012년~현재
배경 사건	• 국제환경협력(리우회의) • 유럽 및 북미 지역경험 • 일본 환경ODA/중일협력 • 동북아 환경협력 한일 경쟁	• 중국 사막화 • 극심한 황사 빈발 • 대기오염/기후변화 연계대응	• 재난 수준의 고농도 (초)미 세먼지 현상 발생 • 대기오염/기후변화 연계대응
대기 이슈	• 아황산가스 등 장거리 월경 성 대기오염물질 이동 및 영향 규명	• 황사 발생, 이동 및 영향 규명 • 일국/지역 대기오염물질과 온실가스	• 초미세먼지 발생, 이동 및 영향 • 단기 수명가스 저감
협력 이슈	• 모니터링, 정보 공유 • 장거리 월경성 대기오염물 질 대응 지역협약 체결 • 환경산업 및 기술 협력	• 황사 관측 및 실시간 정보 공유 • 기후변화와 대기오염 co-benefit 협력	• 관측자료 실시간 공유 • 초미세먼지 저감 협력 • 기후변화와 대기오염 co-benefit 협력

자료: 추장민 외, 「미세먼지 외교적 대응방안 연구」 (외교부, 2017), p.44.

(2) 주요 협력 현황

미세먼지를 포함한 대기오염에 대응하여 우리나라와 중국이 참여하고
있거나 참여한 동북아 지역의 주요 다자간 협력은 TEMM, NEACAP, LTP이다.

TEMM은 2021년 제22차 회의에서 「제3차 공동행동계획(2021~2025)」의 대
기질 개선분야의 활동으로 '한중일 대기오염 정책 대화(TPDAP)'와 '황사 실
무 그룹(DSS WG I & II)'를 채택하였다. 이 가운데 TPDAP는 기술과 정책

에 관한 정보와 지역 및 글로벌 차원에서 우수 실천사례를 교류하는 2개의 행동으로 구성되어 있으며 구체적인 내용은 아래와 같다.[3] 첫 번째 행동은 3국 간 협력의 핵심으로 PM2.5와 O3를 포함한 대기오염물질의 예방과 통제에 관한 정책과 기술에 대한 공유, 그리고 대기오염에 대한 비대면(no-contact) 모니터링과 대책 도입에 관한 최신 기술과 상황을 공유하기로 하였다. 두 번째 행동은 제3차 공동 행동 계획의 수립과 이행에 관한 "3+X(협력을 3국 이외의 범위로 확장)"의 원칙에 따른 것으로 대기오염과 관련이 있는 다른 지역과 국제 협력체와 정보를 공유하고 협력을 추진하기로 하였다. 현재 분야별 이행계획에 따라 구체적인 협력 활동이 이행되고 있다.

NEACAP은 2020년 제24차 NEASPEC 고위급회의에서 「NEACAP 업무계획 2021~2025」를 채택하였다.[4] 이 업무계획에 따르면 핵심 프로그램은 첫째, 배출 데이터, 오염물질 이동과 침적, 오염통제 기술과 정책, 모델링과 배출목록 등 관련 정보와 데이터 교류, 둘째, 소지역의 배출원 목록 개발 및 유지, 대기오염 모니터링, 국가 및 지역 차원의 오염 이동과 침적 모델링, 통합평가모델링 등 NEACAP 활동과 관련된 메커니즘 조정 및 결과 종합, 셋째, 대기오염에 대응한 기술 및 정책 시나리오 개발 등 과학기반과 정책지향의 잠재적 기술 및 정책 수단의 제안으로 구성되어 있다. 그리고 핵심프로그램의 이행방안으로 기존 협력체와 중복을 줄이고 활동의 가능성과 필요성을 고려하여 우선분야를 두 개의 범위(카테고리Ⅰ과 카테고리Ⅱ)로 구분하고, 2025년까지 우선협력 분야를 현존하고 있는 "정책과 기술 협력"으로 한정하였다. 현재 NEACAP은 과학정책위원회(SPC)를 중심으로 구체적인

---

3) 환경부, 「[ANNEX] List of Actions」, *Tripartite Joint Action on Environmental Cooperation 2021-2025* (2021), p.1.

4) NEASPEC, "NEACAP Work Plan 2021-2025," https://www.neaspec.org/sites/default/files//NEACAP%20Work%20Plan%202021-2025_0.pdf.(검색일: 2020.08.05)

이행방안을 논의하여 협력을 추진하고 있다.

LTP를 통해 한중일 3국은 현재까지 동북아 지역에서 장거리이동 대기오염물질의 국가 간 배출, 이동 및 침적에 관하여 약 15년에 걸쳐 총 다섯 단계의 공동연구를 진행하였다. 특히 2013년을 기점으로 4단계부터는 모니터링 및 모델링 분야 가이드 라인 마련, PM2.5 장기 관측 분석 및 집중측정, PM2.5의 배출원-수용지 관계 분석, 장거리 이동 대기오염물질의 지역 간 상호영향 연구·규명 등을 주제로 연구하였다. 2019년에는 3국 정부의 검토를 거쳐 PM2.5에 대한 한중일 3국의 주요 도시에 미치는 국내외 영향에 대한 공동보고서를 발간서 최초로 발간하였다. 연구 결과에 따르면, 2017년 연평균 기준으로 중국에서 배출한 오염물질이 우리나라의 서울, 대전 부산 3개 도시, 그리고 우리나라에서 배출한 오염물질이 중국의 베이징, 텐진, 상하이, 칭다오, 선양, 다롄 6개 도시의 PM2.5 농도에 미친 영향은 각각 32%와 2%로 나타났다.[5]

3) 협력의 현주소 평가

미세먼지에 대응하기 위한 우리나라와 중국이 추진하거나 참여하고 있는 양자 및 다자 협력의 현주소, 즉 협력의 수준에 대하여 다음의 몇 가지 측면에서 평가해 보고자 한다.

첫째, 협력의 현주소를 정확히 이해하기 위해서는 우선 양자 또는 다자 간 협력에 관한 합의문서 및 협력체의 유형 및 성격, 협력에 필요한 자원의 여건 등을 전반적으로 평가할 필요가 있다. 기존의 합의문서 유형은 공동

---

5) 환경부 보도자료, 「동북아 장거리이동 대기오염물질 공동연구 보고서, 최초 발간」 (2019.11.20), p.2.

성명, 양해각서, 실무적인 합의서 또는 이행계획서가 대부분이다. 이들 양자 및 다자 합의는 신뢰성을 기반으로 참여국들이 자발적이고 독자적으로 이행하는 원칙과 방식을 취하고 있다. 우리나라와 중국을 의무성과 구속성의 규정으로 강제하는 미세먼지 대응 협약은 체결되어 있지 않다. 협력체의 유형은 TEMM의 대기오염 정책 대화 등 회의체 및 대화채널, 개별 또는 공동 연구단 등으로 구성되어 있다. 산업기술 협력 분야에서는 합의 이행 지원기구로서 한·중 환경 산업협력센터를 설치하여 운영한다. 또한 일부 협력체는 이행자금을 분담하고 UNESCAP 등 국제기구에서 사무국 기능을 담당한다. 하지만 대부분 협력체는 별도의 사무국이 설치되어 있지 않고 양국의 관련 부처에서 이행을 담당하고 있으며, 자국의 자원과 여건에 따라 이행하는 구조이다.

자발성과 독자성에 기초한 합의와 자국에 여건을 고려하여 이행하는 구조는 합의 이행에 대한 강제와 모니터링 기제가 미비한 한계를 갖고 있으며, 이행을 추동할 수 있는 조직과 재원 등 공동의 자원도 취약하다. 이와 같이 기존의 미세먼지 대응한 양자 및 다자 협력의 제도화 수준은 높지 않다. 그런데 의무성과 구속성을 담보한 높은 수준의 제도화가 미비한 이유는 기존의 협력 유형, 분야 및 내용과 관련이 있는 것으로 보인다. 현재의 협력체와 사업은 구속력을 가진 이행 체계 및 기반 구축 등 제도화가 뒷받침 되지 않아도 이행에 큰 제약이 없는 회의체 및 연구단 운영, 공동연구, 정보 공유, 워크숍, 교류회, 박람회 등이 대부분이기 때문이다.

둘째, 우리나라와 중국을 포함한 동북아 지역이 당면하고 있는 미세먼지 실태, 특히 국가 간 이동 및 영향에 대한 과학적인 증거(evidence)의 확보와 이에 대한 공통인식(common understanding)에 기반한 인식공동체(epistemic community) 형성 정도에 대한 평가가 필요하다. 그리고 이러한 미세먼지의 과학적 증거를 확보하고 동시에 공동 대응을 위한 협력체계의 핵심적인 구성요소로서 역할을 담당해야 하는 미세먼지 공동 감시평가체계 구축 및 운영 상황을 평가할 필요가 있다.

미세먼지 국가 간 이동 및 영향에 대해 한중 간 공동연구 협력은 '한중 대기질 공동연구단'의 출범 초기에 일부 추진되었으나 일회성 연구로서 과학적인 증거 확보 및 이에 대한 양국 전문가들 사이에서 공통인식의 형성에 크게 기여를 하지 못했다. 현재 "청천(晴天, 맑은 하늘) 계획"의 세부 사업의 공동연구 주제는 한국과 중국 내의 대기오염 특성 및 관련 수치모델에 관한 것으로, 국가 간 이동 및 영향에 대해서는 2017년부터 진행하고 있지 않다. 사안의 민감성으로 인하여 연구주제에서 제외되면서 양국 전문가 및 정부 사이에 미세먼지의 양국 간 이동 및 영향에 대한 과학적 증거 확보 및 이를 토대로 한 인식공동체의 형성은 제대로 진행되지 못했다. 다만 공간적으로 중국 범위 내의 미세먼지 실태에 대한 과학적 증거 확보 및 관련 분석 모델 개선을 통해 중국의 미세먼지에 대해 보다 정확하게 이해하는 데 기여한 것으로 보인다.

우리나라와 중국이 참여한 다자 협력에서 한중일 3국의 연구기관이 수행한 공동연구 프로젝트인 LTP는 명칭에 걸맞게 대기오염의 국가 간 이동과 영향에 대하여 1990년대 중반부터 최근까지 상당 기간 진행되었다. 하지만 그동안 연구기관 간 합의에 따라 연구 결과를 대외에 공표하지 않음으로 인하여 미세먼지 등 대기오염의 국가 간 이동과 영향에 대한 과학적인 증거와 인식공동체 형성에 실질적인 기여를 못했다. 다만 기존 관행과는 다르게 2019년 한중일 3국 주요 도시의 PM2.5 농도에 미치는 영향에 공동보고서가 발간되어 과학적인 증거 확보에 일정하게 기여했다. 하지만 일회성 활동에 머물렀으며, 3국 연구기관들이 각자 진행한 연구 결과를 발표한 것으로 공통인식의 형성과는 거리가 멀었다. 그런데 이 보고서 발간 이후 대기오염물질의 상호영향 분석에 대한 중국의 소극적인 태도 등 여건 변화로 인하여 현재 2022년까지 예정되었던 LTP의 제5단계 공동연구는 수행하던 도중에 종료된 상태다. 이처럼 동북아 지역에서 각국 정부의 지지와 지원 아래 정부 산하 또는 공공 연구기관 간 미세먼지의 국가 간 이동 및 영향에 대한 공동연구는 추진되지 못하고 있는 것이다.

한중 양국 간 및 동북아 지역의 미세먼지에 대한 과학적 증거 및 인식공동체 형성이 일천한 협력 수준과 여건은 과학적인 공동연구를 통해 장기간에 걸친 지속적인 증거 확보와 공통인식을 토대로 협약을 체결했던 유럽과 미국의 사례와 상당히 다르다. 이러한 협력의 상황과 이에 대한 각국의 입장은 미세먼지의 국가 간 영향을 둘러싸고 한중 양국 및 동북아 지역에서 논란이 지속되는 중요한 이유 가운데 하나가 아닐 수 없다.

미세먼지 공동감시평가체계 구축 및 운영 상황은 한중 양자 간 협력과 동북아 다자간 협력을 비교하면 그 수준에서 적지 않은 차이를 보이고 있다. 양자 간 협력에 있어서는 한국과 중국은 대기질 측정 정보 및 미세먼지 예보 정보를 실시간으로 상호 전송을 통하여 공유하는 방식으로 미세먼지 정보 공유체계를 구축하여 운영하고 있다. 그런데 이 체계에는 양국의 주요 배출원에 대한 배출 목록(emission inventory), 양국 간 이동 및 영향에 대한 정보, 감시플랫폼 공동운영, 모델링을 포함한 공동의 과학기법 등 이상적인 공동감시평가체계의 핵심이라고 할 수 있는 요소들이 포함되어 있지 않다. 이처럼 현재 한중 양국 간 미세먼지 공동감시평가체계는 고농도 미세먼지에 대응하기 위한 일종의 조기경보체계로서의 기능과 역할에 국한된 것으로 보인다. 그럼에도 불구하고 최근 몇 년 사이에 미세먼지에 대한 공동 감시 측면에서는 중요한 진전이 이루어진 것으로 평가된다.

다자간 협력에서 NEACAP은 동북아지역 차원에서 공동 감시 및 평가체계 구축을 지향하고 있으며, 업무계획의 핵심프로그램에 관련 협력 사업이 포함되어 있다. 하지만 배출원 목록 개발, 모니터링, 국가 및 지역 차원의 오염 이동과 침적 모델링, 오염통제를 위한 통합평가모델링 등 공동감시평가체계의 핵심 요소와 관련된 업무가 카테고리 II 로 구분되어 2025년까지의 업무계획에서 제외되었다. 동북아 지역 차원에서 미세먼지 대응 다자간 공동감시평가체계를 구축하기 위한 NEACAP의 핵심적인 협력프로그램은 시작 단계에서 연기되어 그 이행이 사실상 보류된 것이나 다름없다. 유럽의 대기오염 감시평가프로그램(EMEP, European Monitoring and Evaluation Programme), 북미의 국제 공동위원회 및 대기질 위원회와 같은 미세먼지를 포함한 대기오염에 대한 공동감시평가체계가 동북아 지역에서는 부재한 실정이다.

우리나라와 중국의 양자 간 협력은 비록 한계가 있지만, 양국 국내의 미세먼지 실태에 대한 과학적인 증거 확보 및 공통인식의 형성, 특히 공동감시평가체계의 구축 및 운영의 측면에서 점진적으로 발전하고 있는 것으로 평가된다. 반면에, 양국이 참여하고 있는 동북아 지역의 다자간 협력은 여러 가지 요인으로 말미암아 과학적인 증거 확보, 공통인식의 형성, 공동감시평가체계 등 거의 모든 측면에서 뚜렷한 진전이 없이 협력 방안에 대해 논의하고 연구하는 수준에 머물러 있는 것으로 평가된다. 또한 기합의된 협력프로그램도 중간에 종료되거나 또는 보류되어 향후 발전의 전망이 불투명한 상황에 놓여 있는 것으로 보인다. 이를 국제적인 사례에 비추어 살펴보면 감시평가체계 구축 등 영역에서 다자간 협력의 수준은 여전히 OECD 주관으로 공동연구(OECD Cooperative Technical Program to Measure the Long-Range Transport of Air Pollution)를 진행했던 1970년대 유럽의 수준

과 큰 차이가 없어 보인다.[6)]

셋째, 미세먼지 배출 감축에 관한 양자 및 다자 협력체제 구축에 대해 평가할 필요가 있다. 이는 협력의 실효성과 직접적인 관련이 있는 것으로 미세먼지에 대응한 한중 협력의 궁극적인 목적이 미세먼지 감축을 통한 대기질 개선과 양국 국민들의 건강보호에 있기 때문이다. 양자 및 다자 협력 현황에서 살펴봤듯이 우리나라와 중국은 미세먼지 등 대기오염 방지에 관한 정책과 기술 분야에서 다양한 협력을 전개해 왔다. 정책 및 기술 교류와 대기오염 방지시설 협력 사업을 진행하여 관련국 특히 중국의 정책과 기술 수준을 제고하여 미세먼지 배출량 감축에 기여했을 것으로 평가된다.

그런데 국제적으로 미세먼지와 같은 대기오염물질 감축에 관한 협력의 수준을 평가하는데 있어 통상적으로 관련국 간에 오염물질감축에 관한 협정이 체결되어 있는지 여부가 주요한 지표 가운데 하나로 적용되어 왔다. 유럽의 「장거리월경성대기오염협약(CLRTAP, Convention on Long-range Transboundary Air Pollution)」, 북미의 「캐나다-미국 대기질 협정(CUAQA, Canada-United States Air Quality Agreement)」, 그리고 아세안의 「아세안 월경성 연무방지협정(AATHP, ASEAN Agreement on Transboundary Haze Pollution)」이 바로 대표적인 국제적인 협력의 사례로 열거된다. 그런데 이들 3개 지역과는 다르게 한중 양자 또는 다자간 협력체제 구축과 관련하여 미세먼지를 포함한 대기오염물질 감축에 관한 협약은 아직까지 체결되지 않았다. 미세먼지 감축을 직접적인 협약의 목적으로 명시하고, 자발적이든 혹은 의무적이든 감축 목표의 설정과 이행에 관한 규정을 담은 한중 양자 및 다자 협력체제 구축과 관련한 협력은 공백상태에 있는 것으로 평가된다.

---

6) 추장민 외, 「미세먼지 외교적 대응방안 연구」 (외교부, 2017), p.79.

<표 2> 미세먼지 대응 한중 양자 및 다자간 협력의 현주소 평가

	양자	다자	비고
합의문서 유형	공동성명, 양해각서, 실무적인 합의서 또는 이행계획서	공동성명, 양해각서, 실무적인 합의서 또는 이행계획서	의무성 또는 구속성 협약 미체결
합의이행 원칙/방식	자발성 이행 원칙과 독자성 이행 방식	자발성 이행 원칙과 독자성 이행 방식	합의 이행 강제 수단 부재
협력체 유형	정책대화 등 회의체 및 대화채널, 개별 또는 공동 연구단 등	정책대화 등 회의체 및 대화채널, 개별 또는 공동 연구단 등	구속력을 갖춘 이행 체제 및 기반 불필요
협력 조직/재원	대부분 양국의 자체적인 이행 여건에 의존하여 이행	대부분 양국의 자체적인 이행 여건에 의존하여 이행	별도의 이행사무국 및 이행기금 미설치
과학적 증거 확보	• 미세먼지의 양국 간 이동 및 영향 과학적 증거 확보 미비 • 양국 국내의 미세먼지 실태 과학적 증거 확보 진전	미세먼지의 국가 간 이동 및 영향 과학적 증거 확보 일천	양국 간 및 지역 차원의 미세먼지 이동 및 영향 공동연구 제외 또는 중단
인식공동체 형성	• 미세먼지의 양국 간 이동 및 영향 인식공동체 형성 미비 • 양국 국내의 미세먼지 실태 인식공동체 형성 진전	미세먼지의 국가 간 이동 및 영향 인식공동체 형성 미비	미세먼지 국가 간 영향에 대한 한중 양국 간 및 동북아 관련국 간 논란 지속
공동감시 평가체계	• 대기질 측정정보 및 미세먼지 예보 정보 전송 및 공유 방식의 정보 공유체계 구축 운영 • 배출원 목록, 양국 간 이동 및 영향 정보 등 공동감시평가체계 핵심요소 미포함	• 공동 감시 및 평가체계 구축 지향 협력프로그램 합의 • 단, 협력프로그램 이행 연기로 인한 사실상 이행 보류	• 양자 간 체계 구축 점진적 발전 • 다자 간 체계 부재, 유럽의 70년대 공동연구 수준
배출감축 협력체계	• 정책 및 기술 교류와 대기오염 방지시설 협력 미세먼지 감축 기여 추정 • 미세먼지 감축 목적의 양자 간 협약 미체결	• 정책 및 기술 교류와 대기오염 방지시설 협력 미세먼지 감축 기여 추정 • 미세먼지 감축 목적의 다자 간 협약 미체결	• 양자 또는 다자간 미세먼지 감축 협력체계 공백상태 • 국제적인 사례 비교하여 낮은 수준 협력 단계

자료: 저자 작성.

3. 미세먼지 대응 한중 협력의 주요 논점

1) 미세먼지 감축협정 체결

미세먼지에 대응과 관련한 협력전략에서 첫 번째로 주요한 논점은 한중 양자 차원 또는 동북아 지역의 다자 차원에서 미세먼지 감축 협정의 체결에 관한 문제이다. 우리나라와 일본은 1990년대 중반 이후 상당 기간 동안 대기오염 문제를 둘러싸고 지역협력의 주도권 경쟁 관계에 있었지만, 미세먼지를 포함한 대기오염에 대응한 협력의 궁극적인 지향점을 구속력 있는 대기오염물질 감축 협정의 체결에 두었다는 점에서는 양국의 목적이 크게 다르지 않았다. 우리나라는 동북아 지역의 관련국이 참여하는 협정을 체결하는데 우선적인 관심을 가졌고, 일본은 동남아 국가들을 포함한 동아시아 지역 차원에서 협정체결을 선호하였다.

미세먼지 감축 협정 체결을 둘러싼 논점의 핵심은 유럽과 북미에서 대기오염물질 감축 협정을 체결한 경험과 경로를 동북아 또는 동아시아 지역의 미세먼지 문제에도 실현 가능한가의 여부에 관한 것이다. 유럽의 CLRTAP와 북미의 CUAQA은 대기오염 실태에 대한 과학적인 조사 및 공유를 통한 협정체결의 필요성에 관한 관련국 간 공통인식 형성 → 대기오염 감시평가 및 의무 감축에 관한 국가 간 협정(의정서) 체결의 경로를 거쳐 체결되었다. 이러한 경험을 원용하여 특히 우리나라를 중심으로 동북아판 CLRTAP 또는 CUAQA 추진 로드맵 등 협정체결 방안을 논의하고 모색해 왔던 것이다. 하지만, 다양한 추진 방안이 제기되었음에도 불구하고 의무감축 규정을 담은 미세먼지를 포함한 대기오염물질 감축협정 체결에 관한 이슈는 아직까지 한중 양자 및 다자 차원의 협력 과정에서 협력 의제로서 제대로 논의되지 못하고 있는 실정이다. 그 이유는 유럽과 북미와 다른 동북아 지역의 국가 간 관계, 관련국들의 지역협정 체결에 대한 기본적인 인식과 입장, 지역협력의 경험과 조직 및 인적 기반 등 동북아 지역의 특수한 여건에서 비롯된 것으로 보인다. 한중 양자 또는 다자간 미세먼지 감축협정 체결의 실현 가능성이 매우 낮은 현실의 벽을 보여주는 있는 것이다. 특히, 유럽의 협정과 같이 참여국들의 의무감축 규정을 담은 구속성 있는 협정체결은 동북아 지역에서 사실상 실현 불가능한 상황으로 인식되고 있다.

이러한 상황의 타개책으로 한중관계 및 동북아 지역의 특성을 고려하면서 기후변화 파리협정의 온실가스 감축 메커니즘을 원용하여 미세먼지 감축협정을 추진하는 방안이 제시되었다.[7] 즉, 파리협약에서 채택한 당사국들이 자율적으로 국가 온실가스 감축목표를 정하여 이행하는 국가결정기여(NDC, Nationally Determined Contribution) 메커니즘을 미세먼지 감축 협정에 적용하는 것이다. 구체적으로 한중 양자 간 협정을 예로 들면, 양국이 자체적으로 채택한 미세먼지 감축목표(NDC)를 포함하여 양국 간 협력을 통해 추가되는 감축목표(NDC+)를 설정하고 자율적이고 비구속적인 성격의 '한중 미세먼지 감축 NDCs+ 협정' 또는 '한중 미세먼지 감축 NDCs+ 협력프로그램'을 체결하여 이행하는 구상이다. 그리고 NDCs+ 부분은 양국이 협의하여 선정한 도시에 당초 자체적인 감축목표에 추가하여 배분하고, 신규로 할당된 NDCs+ 부분은 양국 간 협력을 통해 해당 도시에 기술과 정책을 지원하여 혜택과 이익(incentive)을 보장함으로써 자발적인 감축을 유도할 필요가 있다. 이러한 자발적이고 비구속적인 NDCs+ 감축 협력 추진 방안은 우리나라와 중국 모두 기후변화 파리협정에 참여한 당사국으로서 NDC 메

---

7) 추장민, 「미세먼지 대응 한·중 협력 강화 전략」, 『국가기후환경회의 국제협력위원회 발표자료』(2019.06.19).

커니즘에 대한 거부감이 상대적으로 약한 점도 고려되었다. 이러한 구상은 동북아 지역의 다자 차원에도 적용하여 '동북아 대기오염물질 감축 NDC+ 협약(NDCs+ Agreement)'을 체결하는 방안으로 추진할 수 있다.[8]

2) 미세먼지 공동감시평가체계 구축

미세먼지에 대응과 관련한 협력전략에서 두 번째로 주요한 논점은 한중 양자 차원 또는 동북아 지역의 다자 차원에서 미세먼지 공동감시평가체계 (monitoring and evaluation system)의 구축 방안을 둘러싸고 제기되었다. 이 이슈에서 기존의 다양한 협력의 성과를 토대로 유럽 CLRTAP의 EMEP와 유사하게 한중 양자 또는 다자간 미세먼지 공동감시평가체계를 어떻게 구축할 것인가의 문제가 논점의 핵심이다. 즉, '한중 미세먼지 감시평가 프로그램(KCMEP, Korea-China Monitoring and Evaluation Program)', '동북아 미세먼지 감시평가 프로그램(NEAMEP, Northeast Asia Monitoring and Evaluation Program)' 등 양자 또는 다자간 감시평가체계 구축의 실현가능한 경로에 관한 것이다.

한중 양자 간 공동감시평가체계는 고농도 오염에 긴급대응하기 위한 대기질 측정 정보와 미세먼지 예보 정보를 공유하는 방향으로 협력이 진행되어 조기경보체계의 성격으로 발전하였다. 앞에서도 언급했듯이 배출원 목록 개발 경로 및 실현가능성 등 이슈는 한중 양자 간 공동감시평가체계 구축의 핵심적인 논점임에도 불구하고 구체적인 관련 논의는 없는 상황이다. 기구축된 고농도 미세먼지 조기경보체계를 토대로 양자 간 공동감시평가

---

8) 추장민 외, 「미세먼지 외교적 대응방안 연구」 (외교부, 2017), pp.86-87.

체계 구축의 구체적 방안을 모색할 필요가 있다.

동북아 지역의 다자간 공동감시평가체계 구축과 관련하여 2018년에 출범한 NEACAP의 업무계획을 살펴보면 배출원 목록, 국가 및 지역 차원의 오염 이동과 침적 모델링, 통합평가모델 등 미세먼지 등 대기오염에 대한 다자간 감시평가체계 구축에 관한 내용을 포함되어 있다. NEACAP의 장기적인 지향점이 동북아 지역의 다가간 미세먼지 공동감시평가체계로의 발전에 있는 것으로 해석되는 부분이다. 그런데 앞에서 살펴본 바와 같이 다자간 공동감시평가체계 구축에 관한 NEACAP의 핵심프로그램은 추진 방안에 대해 계속 논의하기로 합의했지만 사실상 2025년 이후로 연기되면서 관련 국가 간 협력의 추진여부가 불투명해졌다. 그리고 현재 NEACAP의 카테고리 I의 "정책과 기술 협력"의 내용은 TEMM의 대기오염 정책대화 또는 "청천(晴天, 맑은하늘) 계획"에서 진행하고 있는 협력의 내용과 크게 다르지 않아 중복성 문제가 잠복해 있고 공동감시평가체계 구축과는 크게 관련이 없다.

이로 인하여 동북아 지역에서 공동감시평가체계의 구축 경로에 관한 논점이 다른 차원으로 전개되고 있다. 논점의 핵심은 첫째, NEACAP과 같은 협력체에서 각국 정부 또는 정부 산하 공공기관 주도로 다자간 공동감시평가체계 구축의 실현가능성에 관한 것이다. 둘째, '책임 공방' 등 동북아 지역에서 이미 정치적 민감성을 갖고 있는 미세먼지 문제에 대한 공동감시평가체계 공간적 범위의 타당성에 관한 것이다.

첫 번째 논점과 관련하여 정부 또는 정부 산하 공공기관 주도로 추진되고 있는 현재의 구축 경로의 대안 혹은 보완 대책으로 민간이 보유하고 있는 감시 및 평가 기법의 기술 및 데이터, 그리고 전문가 네트워크를 활용하여 민간 차원의 공동감시평가체계의 구축 가능성과 구체적인 구축 경로가 검토되어야 한다. 이와 관련하여 LTP 사업의 현재 상황을 주목할 필요가 있다. 2019년 요약보고서 발표 이후 중국의 소극적 태도 등의 여건 변화로 종료된 LTP 후속사업으로 한중일 3국의 민간 전문가 간 '동북아의 대기질 개선을 위한 공동연구(CRP/BAGONE, Collaborative Research Program: For Better Air Quality Over North-East Asia)'가 추진되고 있다. 공동연구 분야에서 기존의 정부 또는 정부 산하 공공기관 주도에서 민간 주도로 전환되고 있는 것이다. 미세먼지 공동감시평가체계의 구축의 경로에 있어서도 이러한 민간 중심으로 전환하는 접근법에 대한 보다 적극적인 검토가 필요한 시점이다.

두 번째 논점과 관련하여 국가 간 '책임공방' 문제 등으로 인하여 논의의 진전이 쉽지 않고 실현가능성에 의문이 제기되고 있는 동북아 지역 범위를 벗어나 동아시아 또는 글로벌 범위에서 공동감시평가체계 구축 가능성과 구체적인 구축경로가 검토되어야 한다. 최근 한중관계를 비롯한 국제 및 지역 정세의 변화도 고려할 필요가 있다. 동북아 지역에서 미세먼지 공동감시평가체계 구축에 관한 국가 간 협력과 논의에 영향을 크게 미칠 변수로 작용할 가능성이 높기 때문이다. 불필요한 '책임공방'에서 벗어나서 관련국들의 우려를 완화하고, 한중 양국 관계, 지역 및 국제 정세의 정치적 변수의 영향을 최소화하는 방안으로서 미세먼지 공동감시평가체계의 공간적 범위를 확장하여 추진하는 경로를 적극 모색해야 할 것이다.

4. 글을 마치며

미세먼지 대응을 위하여 우리나라와 중국은 양자 및 다자 협력을 통해 공동연구, 정책대화 및 기술교류, 대기질 측정정보 및 미세먼지 예보 정보 공유 등 분야에서 다양한 성과를 거두었다. 한중 협력의 수준은 분야 및 영역에서 서로 다르며, 양자와 다자 협력에서도 상당한 차이를 보이고 있다. 일련의 성과에도 불구하고 양국의 보다 적극적인 노력으로 협력의 수준을 제고해야 하는 부분이 적지 않다. 중국 등 관련국의 입장과 태도 변화, 한중관계와 지역 및 국제정세 변화 등 미세먼지 한중 협력의 여건이 변화하고 있다. 변화하고 있는 여건을 면밀히 검토하고 양국의 협력 수요를 새롭게 반영하여 실현가능성이 높은 대안으로 한중 협력에 대한 전환적 접근을 통해 미세먼지 문제를 해결해 나가야 할 것이다.

중국동포와 발전적 한중관계

김윤태(金潤泰)[*]

1. 서언

재외 동포의 한민족 자산으로서의 역할과 역량에 대한 객관적 평가는 미래 한민족 발전을 위해 꼭 필요한 작업이다. 남북한 총인구의 10%에 해당하는 750만 재외 동포의 역량은 중국의 경제 성장을 이끈 화교의 역량에 비견할 만하다. 이러한 역량을 결집시키고 한민족과 연계시킨다면 미래 한민족 발전에 지대한 영향을 미칠 수 있기 때문이다.

외교부 통계에 의하면, 2021년 말 기준 우리나라의 재외 동포는 193개국에 732만 5,143명이 분포해 살고 있다. 그중 중국에 거주하는 동포는 235만여 명으로 전체 재외동포의 32%에 달한다. 미국(263만 명)에 이어 두 번째로 많은 동포가 중국에서 살고 있다. 거주 자격별 동포현황을 참고하면, 중

---

* 동덕여자대학교 중어중국학과 교수.

국 거주 동포 중 재외국민이 256,875명, 외국국적 동포가 2,093,547명이다. 외국 국적 동포란 '조선족'을 지칭하는 것으로 판단된다.[1] 한미관계에서 재미 동포의 역할이 중요한 것과 마찬가지로 한중관계에서 역시 재중 동포의 역할은 더할 수 없이 중요하다.

주지하듯이 중국 동포는 혈통과 문화를 공유하는 한민족 구성원으로서 우리와 경제적인 연대는 물론 문화적 연대와 협력이 가능하며, 중국이 자랑하는 화교 네트워크에 버금가는 동북아 한민족 네트워크의 실질적 조력자가 될 수 있다. 뿐만 아니라, 다가오는 통일시대에서도 중국 동포의 역할은 빼놓을 수 없이 중요하다. 중국 동포는 분명 북한의 개방과 남북한 통일 과정에서 중요한 매개 역할을 해낼 수 있다. 중국 동포가 중국에서 직접 체험한 개혁개방 과정과 시장경제 도입과 실천 경험을 북한에 구체적으로 전수할 수 있고, 북한사회에 대한 이해를 바탕으로 중개자적 입장에서 남북한을 매개할 수 있을 것이기 때문이다.

이밖에도 중국 동포 집단은 계층분화 및 글로벌 세계로의 진출 속도가 중국의 여타 민족에 비해 월등히 빠르고, 글로벌 네트워크 또한 매우 적극적으로 구축 확산하고 있어, 그 역량의 발휘가 더욱 기대된다. 한국 내에서도 중국 동포 유학생들이 대학교수, 국책 연구기관 연구원, 변호사, 언론인 등 엘리트 집단으로 빠르게 진입하고 있을 뿐 아니라, '중국 동포 기업가'들은 중국의 각 도시는 물론 세계 각 지역에서 활발하게 활동하고 있다. 학자나 기업가 외에도 과학기술인, 문화예술인 등 우수한 인재들이 매우 다양한 영역에서 그 활동 영역을 넓히고 있다.

---

1) 하지만 중국의 2021년 통계연감에 의하면 중국거주 조선족은 170만 2,479명이다(중국국가통계청). 한국 외교부 통계와 중국 정부 통계가 다르게 나타나는 이유는 중국주재 대한민국 대사관의 집계에서 원래 호적지를 떠나 타 지역으로 이동한 유동 인구를 중복 계상하였기 때문인 것으로 추정된다.

그러나 한국사회는 중국 동포의 이러한 우수한 잠재적 현재적 역량에 대해 과소평가하고 있다. 중국 동포에 대한 과소평가는 중국 동포의 한민족 자산으로서의 긍정적 역할을 제한할 것이 분명하다. 우선, 우리사회가 중국 동포에게 갖는 차별적 시각이 이들의 역량을 과소평가하는데 일조하고 있다. 재외동포재단이 제공한 자료에 의하면, 재외동포의 통상적 정의는 "해외에 살고 있는 우리 민족"이며, 재외동포의 범위는 '재외국민'과 '외국 국적 동포'를 포함한다. 또한 정부의 공식 호칭은 '재외동포'이지만 해외 교민, 해외 동포, 해외 교포, 해외 한인 등 다양한 호칭으로 불려진다. 그러나 특이하게도 미국이나 일본에 거주하는 동포를 지칭할 때는 재미 동포, 재일 동포 등을 주로 사용하나 중국 거주 동포와 구소련 거주 동포의 경우는 조선족, 고려인으로 칭한다. 우리는 별다른 의미를 부여하지 않고 이들을 지칭한다 하여도, 이들의 입장에서는 차별적 호칭으로 여긴다. 선진국 거주 동포와 구별하여 차별적으로 '구별 짓기'를 한다고 여긴다.

중국 동포의 역량을 과소평가하는 또 다른 배경으로는 중국 동포가 갖는 '다중정체성'에 대한 객관적 이해의 부족을 지적할 수 있다. 소위 한국사회에서 '조선족'으로 불리는 중국 동포에 대한 관심은 이들이 어떠한 정체성을 갖느냐에 집중된다. 중국에 경도되어 있는지, 아니면 한민족의 민족정체성을 유지하고 있는지에 관심이 집중된다. 만일 이들이 중국에 편향된 중국 정체성을 드러내면 한국 사회는 불편해 한다. 우리와는 다르다는 '구별 짓기'의 근거로 사용되기도 한다. 이는 이들의 정체성을 단일정체성으로 판단하는데서 비롯된 편협함이다. 이들이 갖는 다중 정체성에 대한 보다 객관적인 이해와 시각의 정립이 필요하다.

본고는 한국 사회가 가지고 있는 중국 동포에 대한 잘못된 시각을 바로잡고 보다 객관적인 시각의 정립을 목표로 중국 동포의 민족자산으로서의 역량을 진단하고, 이들이 가지고 있는 다중 정체성의 형성과정과 다중 정체성의 긍정적 효과를 밝혀보고자 한다.

2. 중국 동포의 발전적 재구성

인류학자 글릭 쉴러(Glick-Schiller) 등은 초국가주의(transnationalism) 개념을 제시하면서 국제이민의 새로운 생활방식을 해석했다. 이주 정착지의 새로운 환경 속에서 이민이 어떻게 가족연대나 사회경제적, 종교적, 정치적, 문화적 연대를 활용하는지, 또한 동시에 두 개의 국가 혹은 다수 국가에 걸친 '초국가적 사회 공간(transnational social fields)'을 구축하고 활동하는지, 그들의 사회적 관계 및 네트워크는 어떻게 여러 국가 내에서 구축되고 유지, 재구조화되는지를 분석했다.[2]

기존 민족주의 이론에 기반을 둔 이민 연구 동향에서는 이민은 반드시 이출지인 모국과 이입지인 거주국 사이에서 하나를 선택해야만 했다. 이러한 기초 위에서 이민의 거주국에서의 동화 문제를 논의했다. 그러나 초국가주의는 이출지 모국과 이입지 거주국 간의 쌍방향적 이동이며, 거주국에서 정착하면서도 이출지 모국과 긴밀한 관계를 유지하는 것에 주목하였다. 또한 초국가적 연계를 동시에 진행하는 특성에 주목하였다. 세계화 시대의 도래와 더불어 인구 유동과 정보전달이 용이하고 빨라졌으며 국가의 경계

---

2) Schiller Nina Glick, Linda Basch and Cristina Blanc-Szanton, "Transnationalism: A New Analytic Framework for Understanding Migration", in Nina Glick Schiller, Linda Basch and Cristina Blanc-Szanton(Eds), *Towards a Transnational Perspective on Migration: Race, Class, Ethnicity, and Nationalism Reconsidered* (New York: The New York Academy of Sciences, 1992).

를 넘나들며 두 개 혹은 다수의 국가에서 동시에 생활하는 것이 가능하게 되었다. 뿐만 아니라, 이들은 정치경제, 사회문화적 영역을 포괄하는 모든 영역에서 어느 특정 영역에 국한하지 않고 그들 특유의 '초국가적 사회 공간(transnational social fields)'을 구축하고 적극적 활동을 전개할 수 있게 되었다. 따라서 이러한 초국가적 사회공간에서 생활하는 이들을 가리켜 '초국가적 집단'이라 지칭하기도 한다. '초국가주의(transnationalism)' 및 '초국가 이민(transnational migration)' 등 개념은 초국가적 사회공간의 '동시성', '유동성', '개방성', 지역과 국가를 초월하는 '초월성' 등의 특징을 강조한다.

기존의 '재한 중국 동포'에 대한 논의 역시 이러한 거주국 중심의 틀을 벗어나지 못했다. 즉, 이출국인 중국에서보다는 현 거주지인 한국에서의 정치, 경제, 사회문화적 적응과 관련된 논의가 주로 이루어졌다. 이렇게 기존의 연구들은 중국 동포들의 이출국인 중국과의 연계, 즉 한국과 중국을 넘나드는 초국적 연계를 소홀히 함으로써, 한국도 중국도 아닌 이들만의 고유한 생활공간의 구축과 그 확장에 관심을 갖지 못했고, 이러한 초국적 생활공간의 구축이 중국 혹은 한국의 발전에서 갖는 긍정적 역할을 부각시키지 못했다. 중국 동포는 한류의 재생산자, 양국 간 정치적 중개자, 중국과 한국의 사회문화적 매개를 사실상 담당한다. 초국가주의 이론은 이출국과 거주국 사이를 오가는 국제이민의 새로운 경향인 쌍방향적 생활 형태를 상정함으로써, 거주국과 출신지를 연계하는 활동에서 비롯되는 긍정적 영향을 강조한다.

중국 동포의 잠재적 역량을 진단하기는 어렵지 않다. 중국 동포들은 매우 역동적으로 재구성되고 있는 집단이다. 계층분화가 매우 빨리 진행되고 있고, 국경을 넘어 글로벌 세계로 진출하는 동시에 글로벌 네트워크를 부단히 확산하고 있다. 엘리트 집단을 향한 진입이 빨라지고 있을 뿐 아니라,

'중국 동포 기업가'들은 중국의 각 도시는 물론 글로벌 세계에서 활발하게 활동하고 있다. 학자나 기업가 외에도 과학기술 인재, 문화예술 전문가 등 우수한 인재들이 매우 다양한 영역에서 그 활동 영역을 넓히고 있다. 개혁 개방 이전 주로 농업에 종사하던 중국 동포는 이제 다양한 직업과 직종을 개척하는 집단으로 재구성되고 있다.

또한 거주지역의 분포도 예전과는 완연히 다르게 변화되고 있다. 기존 동북 3성 거주 위주의 지역적 한계를 벗어나 지금은 중국의 동남 연해 지역으로, 한국을 비롯한 미국, 일본 등 세계 여러 지역으로 빠르게 이동하고 있다. 중국의 2010년 인구조사 결과에 의하면, 동북 3성 지역 중국 동포 인구가 1990년 186.8만 명에서 2010년에는 160.8만 명으로 약 13.9% 감소되고, 동북 3성 외 타 지역은 5.5만 명에서 22.3만 명으로 약 305.5% 증가되었다.[3] 동북 3성에는 어린이와 노인만 남아 있고, 젊은이는 대부분 중국 연해 대도시 혹은 한국이나 미국 일본 등지로 진출했다고 판단된다. 따라서 중국 동포 총인구 170여만 명 중 30%가량은 중국 연해 도시를 비롯한 중국의 각 도시로, 또 다른 30~40%는 한국, 일본, 미국 등 세계 각국의 중심지역으로 진출하여, 정작 집거지인 동북 3성에는 겨우 30~40% 정도만 남아 있다고 추산할 수 있다.

이렇게 지역적 분포의 변화와 다양한 계층으로의 분화를 통해 진행된 재구성은 중국 동포들로 하여금 단일한 정체성이 아닌 다중 정체성을 갖는 집단으로 변화하게 했다. 특히 재한 중국 동포의 경우는 더욱 특별한 삶을 경험하고 있다. 한국으로 재이주한 중국 동포의 정주 의사와 법적 지위, 한국 사회 동화 정도 등을 진단해 보면, 이들은 영구 정착형 이주자이기보다

---

3) 호적 제도가 여전히 존치하는 중국의 특성을 감안한다면, 동북 3성을 벗어나 동남부 연해 지역 등 타 지역으로 이동한 중국 동포는 여기에서 제시한 인구조사 통계치를 훨씬 웃돌 것으로 추정된다.

는 유동적 이주자이다. 따라서 이들은 국경을 넘나드는 초국가적 유동적 삶의 유지와 발전을 위해, 지속적으로 '다중 정체성'을 확대 발전시키고 있다.

3. 한중 양국의 제도설계와 다중 정체성의 형성

1) 중국정부의 제도설계와 중국 국가정체성

개혁개방 이후 중국 정부는 예전과는 달리 화교를 적극적으로 포섭하는 대 화교정책으로 선회했다. 성공한 화교를 우선적으로 끌어들여 우호적 세력을 통한 시장경제의 도입과 시장경제의 연착륙을 도모했다. 아무런 연고가 없는 외국 자본보다는 화교 자본의 유치가 외국 자본에 의한 잠식 우려를 떨치고 비교적 안전하게 개방의 효과를 취할 수 있다는 판단에서 비롯되었을 것이다.

조선족을 포함한 소수민족 공민의 해외이주와 관련해서도 적극적 허용과 포섭정책으로 전환되었다. 물론 조선족과 같이 국경 너머에 같은 민족의 국가가 존재하는 과경(過境) 소수민족이 고국으로 재이주하는 경우에 대해서는 불편한 시각을 보이기도 했지만, 2010년을 기점으로 소수민족 화교를 정책 시스템에 편입시켰다.[4] 이에 해외 거주 조선족 역시 화교 화인의 범주에 편입되고 관리와 보호의 대상이 되었다. 동시에 과거 한족 중심의

---

4) 丁宏·李如東, 郝時遠, 「國家社科基金重大項目'少數民族海外華人硏究' 開題實錄」, 『廣西民族大學學報』 第6期 (2015); 최승현, 「당대 중국의 '소수민족화교화인' 연구 및 정책 흐름 분석」, 『중국지식네트워크』 16 (2020).

화교 화인에게 부여했던 것처럼, 소수민족 화교 화인에게 역시 중화문화의 보급자로서의 역할과 임무를 부여했다. 화교 화인 백서의 한국 화교화인 범주에 재한 조선족을 포함시켰으며, 지린성(吉林省) 귀국화교연합회(侨联)의 조직구성에서도 재한 조선족, 즉 재한 중국 동포가 깊숙이 편입되었다. 귀국화교연합회 청년위원회에 명시된 문구는 해외화교의 중국 정체성 유지 및 확장 임무가 매우 중요한 임무 중 하나임을 여실히 보여준다.

> ....국내외 교포청년과 광범위하게 연계하고, ...(중략)...중화민족의 우수한 문화를 고양하며 중화민족의 위대한 부흥에 공헌하는 것이다.[5]

중국 동북지역의 정치협상회의에서도 해외거주 모든 조선족을 신화교화인으로 규정하고 특히 재한 조선족을 중점 정책대상으로 설정하고 있다. '재한 중국 동포'가 이러한 제도적 관리시스템 안에 포함됨으로써 자의든 타의든 소위 '중국 국가 정체성'은 지속적으로 유지 혹은 강화될 것이다.

실제로 '재한 중국 동포'의 '중국 정체성'의 유지와 강화에 관련된 증거들은 곳곳에서 발견된다. '재한 중국 동포'들로 구성된 '귀한동포총연합회'의 중국어 명칭은 '한적화인총연합회(韓籍華人總聯合會)'이다. 이 연합회의 회장은 귀국화교연합회, 중화 해외 연의회(中華海外聯誼會), 중국 해외 교류협회(中國海外交流協會) 등 중국 여러 지역조직의 고문 및 이사직을 맡고 있다. 오히려 '재한 중국 동포'들이 조직한 사회단체들이 중국과의 연계를 배제한 사례를 찾아보기 힘들다. '재한 중국 동포'를 화교화인의 범주에 포함시키고 중국과 적극적으로 연결시키고자 하는 중국정부의 정책이 그 전략적 효과를 충분히 거두고 있는 셈이다.

---

5) 吉林省侨联青年委员会简介, http://www.jlsql.org/group_info.asp?cid=13&lid=38&id=86.

중국 정부의 제도적 유인과 포섭전략의 효과는 '재한 중국 동포'의 한국 국적 취득추세에서도 확인할 수 있다. 2001~2017년의 17년간 92,318명의 중국 동포가 한국 국적을 취득하였다. 중국 동포 귀화자 수는 2001년 513명에서 매년 증가하여 2009년에는 16,437명으로 최고 수준을 기록하였다. 그러나 2010년 이후에는 귀화자 수가 오히려 지속적으로 감소하고 있다. 2010년 9,216명, 2013년 3,905명, 2017년 1,521명으로 그 수가 해마다 줄었다. 이는 중국의 급격한 경제발전으로 인해 귀화보다는 중국 국적을 유지하면서, 한·중 양국에서 '삶의 기회'를 찾으려는 사람이 증가한 것으로 해석할 수 있다.[6]

중국 정부의 제도적 차원의 포섭전략은 한국 체류 조선족들의 중국 국가 정체성 유지와 강화에 분명한 역할을 했다. 동시에 한중 양국 간 경계를 넘나들며 이들만의 초국가적 활동공간을 구축하고 확장할 수 있도록 제도적 받침을 제공했다는 사실 또한 주목할 필요가 있다.

2) 한국 정부의 정책적 배려와 한민족 정체성

'재한 중국 동포'가 중국 국가 정체성에만 경도되지 않고 '한민족 정체성'을 유지하고 확대 재생산시킬 수 있는 데에는 한국 정부의 적극적인 역할이 있었다. 지난 30년간 재한 중국 동포 중 단기체류자의 비중은 급감했다. 1992년 국내 체류 중국 동포 중 98.7%가 단기체류자였으나, 해가 갈수록 감소하여 2019년에는 급기야 4.4% 정도에 그쳤다. 단기체류자의 급감은 '외국인 고용허가제'(2003년), '외국 국적 동포 방문취업제'(2006년)의 실시, 2005~

---

6) 설동훈·문형진, 『재한 조선족, 1987-2020년』 (서울: 한국학술정보, 2020), pp.60-61.

2006년 국내 불법체류 외국인의 체류자격 합법화 조치 등 중국 동포의 국내 취업과 체류 문호의 확대 정책에 기인한다. 또한 2010년에서 2019년 기간에는 중국 동포에게 '재외동포' 체류자격 발급이 확대되었다. 설동훈·문형진(2020)의 분석에 의하면, 한국 정부의 중국 동포에 대한 이주 관리 정책의 기조는 강화와 완화를 반복하고는 있으나 시종 '동포'라는 점을 고려하여 입국과 체류에 대하여 여러 가지 불평등 요소를 제거하는 등 국내 정착 문호를 대폭 넓히는 방향으로 발전하고 있다.

재외동포법의 시행은 재외동포의 한민족 정체성 유지와 확대에 긍정적 도움을 주었다. 정부는 외국 국적 동포가 국내에 체류할 경우 국민에 준하는 처우를 보장하는 내용의 '재외동포법'을 제정했다. 비록 중국 동포에 대한 차별의 문제가 완전히 해소되진 않았으나, 출입국 및 체류에 대한 제한, 부동산취득·금융·외국환거래 등에 있어서의 각종 제약의 완화 등 장차 중국 동포의 한국에서의 투자와 경제생활을 촉진하고, 한민족 정체성을 유지할 수 있도록 하는 법적 제도적 기반이 만들어진 것으로 이해할 수 있다.

선거법의 개정으로 '국내 체류 외국 국적 동포'가 참정권을 갖게 되었다. 영주자격을 취득한 외국국적 동포도 국내 정치활동에 참여할 수 있는 여건이 마련된 것이다. 통계청의 국적 및 체류자격별 체류 외국인 현황자료에 의하면, 2019년 기준 한국계 중국인('재한 중국 동포')의 영주 자격(F5) 취득자 수는 88,888명으로 영주 자격 취득 전체 외국인 153,291명의 58%를 차지했다. 이제 9만 명에 가까운 '재한 중국 동포'는 지방선거에서 투표권을 행사할 수 있게 되었으며, 더불어 최근에는 재외동포(F4) 자격 부여 확대와 함께 외국 국적 동포의 장기적 한국 체류가 훨씬 용이하게 되었다. 따라서 '재한 중국 동포'의 국내 정치활동 참여의 공간이 훨씬 확대될 것으로 기대되며, 이들의 정치참여 의식 또한 갈수록 향상될 것이다. '재한 중국 동포'

에 대한 한국 정부의 정책적 제도적 배려는 이들의 '한민족 정체성'의 유지 및 강화에 긍정적으로 작용할 것이며, 동시에 이들이 초국가적 사회공간을 구축하고 확장하는데 적극적 도움을 줄 것이다.

이상과 같이, '재한 중국 동포'에 대한 중국 정부의 제도적 흡수전략과 한국 정부의 정책적 제도적 배려는 이들의 '초국가적 사회 공간'을 확장시켜 주고, 한중 양국을 넘나드는 초국가주의 활동, 다중 정체성의 형성을 촉진시킨다. 즉 법적 지위의 보장을 통해 이들의 '초국가적 사회 공간'을 구축하고 확장하며, 이에 조응하는 '다중 정체성'을 형성 유지하는데 제도적 받침이 되어준 것이다.

4. 초국가적 사회 공간 구축과 다중 정체성

영구적 정착을 목표로 하지 않는 초국가적 이주자들은 거주국에서 시민권을 획득하고자 노력하기보다는 이출국과 거주국 양 국가에 중첩되는 권리를 확보하고자 노력한다. 거주국에 동화되지도 않고 이출국 정치에 경도되지도 않는 모호한 정치적 정체성을 유지하고자 한다.

'재한 중국 동포'는 한국에서의 영구적 정착을 원하지 않는다. 물론 귀화자의 경우는 이와 다르지만, 귀화자는 전체 한국 체류 중국 동포의 13% 남짓에 불과하며, 최근에는 이 또한 급격히 감소하고 있는 추세이다. '재한 중국 동포'들이 거주국인 한국의 국적을 취득하는 것보다 오히려 이출국인 중국과 이입국인 한국에서 동시에 일정한 정도의 법적지위를 보장 받고자 하는 경향에서 비롯됨이다. 즉 거주국인 한국 정체성에 편향되지도 않고 이출국인 중국 정체성에 지나치게 경도되는 것도 아닌 '다중 정체성'을 견지하고자 함에서 비롯되었다 할 것이다.

　이주자 개인의 선거 참여와 같은 직접적인 정치적 실천 외에도, 이주자들은 통상 단체를 조직하여 이주자들의 권익 보호 활동을 전개한다. '재한 중국 동포' 역시 이주 초기부터 지금까지 수많은 단체를 결성하고 활발하게 활동하고 있다. 1990년대 최초로 결성된 '중국노동자협회'를 필두로 '재한 조선족 연합회', '귀한 동포 연합 총회', 그리고 유학생 단체인 '재한 조선족 유학생 네트워크' 등 단순 직능단체는 물론 여러 기능을 수행하는 종합 성격의 단체, 언론단체와 정치활동 단체까지도 활발하게 결성되며 활동을 강화하기에 이르렀다.

　또한 이들의 권익 보호 활동은 거주국인 한국 국내 NGO들과의 연대를 통해 더욱 영향력을 강화시키기도 했다. 한국의 대표적인 동포지원 NGO인 '동북아평화연대'와 '민주사회를 위한 변호사 모임', '사단법인 이주민센터 친구' 등 국내 NGO들과 연대 네트워크를 구축하여 활동하며, 한국 내 적응력을 높이고 있다.

　'재한 중국 동포' 사회단체들의 활동영역은 거주국인 한국에만 국한되지 않고, 이출국인 중국과도 깊은 연계를 여전히 유지하고 있다. 필요한 물품 구매를 위해서도, 비자연기를 위해서도 또한 최근에는 중국의 재산권을 보장받기 위해서도 중국과의 연계를 끊을 수 없다. 전 세계 화교화인이 중국 문화를 공유하는 중국정부 주관 하의 정체성 강화 활동의 참여, 경제인 연합회의 한중 간 경제교류의 교량 역할 등도 중국과의 연계를 강화시키는 활동들이다. 이러한 활동은 '재한 중국 동포'가 '초국가 이주자'로서 이출국인 중국과 정착국인 한국에 동시에 속해 있는, 문화적 혼종을 실천하는 '트랜스 로컬리티'를 누리고 있는 것으로 해석할 수 있다.

　물론 지나치게 경도된 '중국 정체성'을 표출하거나 혹은 이와는 반대로 중국정부에 지극히 비판적인 특정 사회단체의 활동이 우려스럽기는 하나, 편향된 정치적 입장을 가진 단체는 사실 크게 많지 않다는 것이 대다수 '재한 중국 동포'의 판단이다. 대부분의 사회단체들은 그 본연의 목적인 한국 사회와 동포사회의 가교역할과 개인과 집단의 권익보호, 한국 사회에서의 이미지 홍보 등을 크게 벗어나지 않는다는 입장이다.

'재한 중국 동포'가 중국에 경도되지도 한국에 치우치지도 않는 다중 정체성을 유지할 수 있는 또 다른 배경은 해외네트워크의 구축과 활용에 있다. 해외네트워크는 이들의 '초국가적 사회 공간'을 무한공간으로 확장시켜 주기 때문이다.

중국 동포는 글로벌 세계로 진출하면서 한민족의 매우 역동적인 집단으로 재구성되고 있을 뿐만 아니라 글로벌 각 지역에 진출한 중국 동포는 서로의 친지, 가족과 전화로 혹은 인터넷으로 긴밀하게 연결하고 있다. 대표적인 커뮤니티로는 '모이자(www.moyiza.com)', '이얼싼넷(www.123123.net)', '코리아 86(KOREA86.COM)', '재일본 조선족 커뮤니티 쉼터(shimto.net)', '나가자' 등을 들 수 있는데, '모이자'의 경우, 2000년에 출발하여 22년 만에 회원 수 73만여 명의 중국 동포 최대 온라인 커뮤니티로 성장했다. 주된 회원은 전 세계에 거주하고 있는 조선족 및 한국인이며, 한글이 가능한 국내외 방문객도 상당수를 차지한다. 여행을 비롯하여 한민족 기업 홍보란이 마련되어 비즈니스에 종사하는 한민족에게 중요한 정보획득 사이트로서 역할을 하고 있다. 새로운 이주자의 해외 정착에도 도움을 줄 뿐만 아니라 정착 현지와 중국 국내는 물론 또 다른 해외까지도 연계되어, 국가의 경계를 초월하는 초국가 네트워크를 형성 확산시키고 있는 좋은 예이다.

또한 이들은 전 세계 한민족 네트워크와도 긴밀한 유대를 유지하고 있다. 대표적 한민족 네트워크인 세계한상대회와 세계한인무역협회(World-OKTA)

에 직접 소속되기도 하여 온오프라인의 글로벌 한민족 네트워크에서 적극적인 활동을 전개하고 있다. 국가의 경계를 넘나드는 초국가적 사회공간을 구축하고 그에 걸맞은 '다중 정체성'을 지향하고 있는 것이다.

5. 맺음말

이상에서 우리는 중국 동포들이 이주 정착지의 새로운 환경 속에서 어떻게 두 개 혹은 다수 국가에 걸친 '초국가적 사회 공간(transnational social fields)'을 구축하고 활동하는지, 그들의 사회적 관계 및 네트워크는 어떻게 여러 국가 내에서 구축되고 유지, 재구조화되는지, 이들이 가지게 되는 '다중 정체성'의 본질이 무엇인지를 분석했다.

'재한 중국 동포'에 대한 중국정부의 제도적 흡수전략과 한국 정부의 정책적 제도적 배려는 법적 지위의 보장을 통해 이들이 초국가적 활동 공간을 구축하고 확장하는데 제도적 받침이 되어주었다. 또한 중국 동포는 자발적인 전 세계 글로벌 네트워크의 구축을 통해 초국가적 사회 공간의 구축과 확장, 그리고 초국가주의를 몸소 실천하고 있음을 확인했다. 이들은 한국 사회와 중국사회 그 어느 곳에도 완전히 포섭되지 않은 그들만의 '초국가적 사회 공간'을 만들어 내고 있으며, 이에 조응하는 '다중 정체성'을 견지하고 있는 사실에 주목해야 할 것이다.

그렇다면 이러한 '초국가적 사회 공간'을 가지고 초국가주의를 실천하고 있는 '재한 중국 동포'에 대해 한국정부나 중국정부, 그리고 한국사회 역시 새로운 시각을 정립해야 할 것이다. 버토벡(Steven Vertovec)이 강조한 바와 같이 초국가주의는 우리에게 '전 지구를 무대로 하는 새로운 상상적 공간'

을 제공할 수 있다. 국경의 벽은 허물어지고 새로운 형태의 초국가적 정체성이 요구되고 있다. '중국 동포'는 지역과 국가를 떠나 새로운 글로벌 공간을 창출하고 있는 미래지향적 인재집단이다. 글로벌 한민족 네트워크의 일원으로서 한민족과 글로벌을 연계하고 '초국가적 사회 공간'을 구축하고 초국가주의를 몸소 실천하고 있는 집단이다.

따라서 한국 정부는 중국 동포에 대한 이주관리 정책 기조를 재검토할 필요가 있다. 중국 동포의 정체성 중국에 편향되지 않도록 제도적 노력을 지속해야 할 것이다. 한국사회 또한 중국 동포에 대한 인식개선 노력이 필요하다. 단일 민족, 단일 정체성의 한계적 시각에서 벗어나 다중 정체성의 미래 지향적 의미를 새겨봐야 한다. '중국 동포'가 민족의 자산이 될 수 있도록 차별이 아닌 객관적이고 긍정적인 시각으로 전환해야 할 것이다. 물론 중국 동포의 한국사회 적응 노력 역시 무엇보다 중요하다. 한국의 역사와 문화는 중국의 그것과는 확연히 다름을 인식하고 한국사회의 대 중국관을 이해하고 존중해야 할 필요가 있다.

공공 외교의 교량 역할에 있어서 한중 양국의 중국 동포에 거는 기대는 적지 않다. 중국 동포가 구축하고 있는 고유한 사회 공간은 한중 양국의 건전한 교류와 발전의 중요한 교두보가 될 수 있다. 중국 동포에 거는 공공외교의 긍정적 역할이 제대로 발휘되기 위해서는 양국 정부, 양국 사회, 중국 동포의 각별한 노력이 필요할 것이다.

쉬밍저(許明哲)*

1. 들어가며

2022년 베이징 동계올림픽 개회식에서 중국의 56개 민족을 상징하는 대오가 거폭의 국기를 들고 입장하는 장면이 나오는데 그 가운데 한복을 입은 소녀가 유난히도 눈에 뜨인다. 그만큼 우리민족 복장의 우아함과 색상의 아름다움이 돋보이는 순간이었다. 하지만 한국의 일부 매체에서는 이 장면에 색다른 문제의식을 던지면서 중국의 한국 문화재 약탈로 매도해나갔다. 이는 조선족 사회에서도 엄청난 파장을 불러왔는바 "조선족이 자기 민족 복장을 입는 것이 죄이냐'라는 글들도 쏟아져 나왔다.

이번 논란의 전반에 대해서 평가하고 싶지는 않지만 향후 똑같은 일들이 번복되지 않을까 하는 우려는 가셔지지 않는다. 왜냐하면 현재 중국에 거

---

* 옌볜대학교 사회학과 교수.

주하고 있는 조선족이 자신들이 전승해 왔고 지금도 일상생활에서 영위하고 있는 우수한 민족문화유산들을 중국 정부의 관련 정책에 따라 다양한 등급의 무형문화재로 신청하고 있으며 우리민족의 소울푸드라고 불리는 김치, 막걸리, 된장 등도 중화민족의 일원인 조선족의 문화유산으로 등재되어 있기 때문이다. 현재 우리민족의 음식이나 복식, 민속놀이와 축제들도 조선족에 의해 중국에서 뿌리를 내리게 되었고 조선족을 상징하는 대표적 문화기호로 타민족의 인정을 받기도 한다. 아울러 이 같은 문화기호들이 문화재등록 방식으로 보호되고 전승되는 과정에서 이미 조선족이란 경계를 넘어서서 중화문화로 자리매김하고 있는 형국이다. 이는 결과적으로 한국과 중국 간의 문화소유권을 둘러싼 또 다른 '한복논란'을 일으키게 될 별미를 제공해 줄 소지가 높아지게 된다고 보아진다. 그렇다면 여기에서 조선족이 해야 할 일은 무엇일까. 기존에 조선족은 한국기업의 중국진출을 위하여, 또는 한국에 중요한 인적자원을 제공해 주었다고 한다면 향후 조선족 사회가 일으킬 수 있는 역할은 과연 무엇이고 이를 위해 우선적으로 조선족 사회가 시급히 해야 할 일들은 또한 무엇일까. 이주민시기에 우리는 생존을 위해 경제자원이 상대적으로 충족한 지역에 마을공동체를 자연스럽게 형성하고 지켜왔다면 오늘날 글로벌시대에 인구의 자율적인 이동, 생활터전의 선택이 가능한 상황에서 지리적 공간의 경계를 넘어서서 시대적 흐름과 함께 할 수 있는 다중심적이면서도 서로가 연결되는 네트워크식 공동체사회를 새롭게 구축해야 하며 이런 공동체사회를 기반으로 향후 중한관계 발전에서 우리들이 할 수 있는 역할을 찾아하는 것이 바람직한 것 같다.

2. 조선족 사회의 재구축과 차세대

이번 한복 논란에서 주한중국대사관의 대변인이 이야기 했듯이 중국의 한 개 소수민족으로서의 조선족은 한반도에 있는 민족과 동종동원이며 같은 민족문화전통을 소유하고 있다. 광복을 전후하여 중국에 남아 있기를 택했고 토지개혁운동, 해방전쟁 등 과정을 거쳐 오면서 명실공이 중국의 합법화한 국민으로 성장한 조선족의 역사를 돌이켜 보면 중국국민의 신분과 소수민족 신분을 동시에 지니고 살아온 역사는 불과 80년도 채 안 된다. 사실 광복을 맞으면서 동북지역에 거주하고 있던 조선인 사회는 커다란 구도적 변화를 가져왔다. 당시 동북 조선인 전체 인구의 1/3을 넘는 사람들이 선후로 조선반도로 돌아갔고 그 후에도 고국 행을 선택한 인구이동이 간간히 지속되었다. 결과적으로 놓고 보면 광복직후 여전히 중국에 남아있기를 원했고 자신이 개척한 삶의 터전을 지켜왔던 사람들이 결국 오늘날 조선족 사회의 근간을 이루게 된 셈이다.

조선족이 이주민으로부터 중국의 공민으로, 한 개 소수민족 공동체로 자리매김하기까지에 있어서 우리가 간과할 수 없는 부분은 혁명1세대들의 역할이다. 이들은 귀환과 잔류로 혼란스러워진 동북의 조선인 사회를 안정시키고자 많은 노력을 경주했고 해방구에서 진행한 토지개혁운동에서 중국국민의 대우격인 토지도 분배받을 수 있게 하였다. 건국 후 혁명1세대를 주축으로 하는 조선족 간부들은 자신들이 전쟁 년대에 쌓은 정치적 신뢰와 사회자본을 충분히 활용하여 민족구역자치를 통해 조선족의 민족적 정체성과 권익을 지켜가고자 하였으며 명실공이 조선족 사회의 구심점이 되어 그 중추적 역할을 감당해왔었다.

하지만 1978년 중국의 개혁개방 이후 특히 사회주의 시장경제체제의 도입과 중한수교 등으로 조선족은 산업화, 도시화의 물결에 휘말려 인구대이동을 연출하였다. 사전의 전략적인 대응책도 없이 갑작스레 일어난 인구이동으로 하여 기존의 공동체가 해체되고 공동화되면서 그 여파로 민족교육의 황폐화, 전통문화의 상실, 농촌마을의 노령화, 결손가정의 급증 등 사회적 이슈들이 동반하게 되었다. 게다가 지난 세월 조선족 사회의 리더로 역할을 해오던 혁명 1세대들이 물러나게 되면서 조선족 사회도 자연스레 '由之'에서 '知之'에로 넘어가야 할 시점에 이르게 된다. 우선 전통 마을공동체가 해체되었지만 내륙지역의 도심에 새롭게 조선족집거구가 탄생된 것이다. 제7차 인구보편조사 데이터를 보면 2020년 말 기준으로 조선족 인구는 비록 2010년 통계에 비해 12만 8,450명이 감소된 170만 2,479명으로 집계되어 있지만 동북 3성을 제외한 산둥, 베이징, 광둥, 상하이, 장쑤, 저장 등 9개 성시 조선족 인구가 이미 만 명을 넘어섰고 기타 성시 조선족 인구도 증가하는 추세임을 알 수 있다. 내륙이나 연해도시에 새롭게 조선족 집거구가 형성될 수 있는가 하는 것은 이들 지역에서의 조선족 구성원들의 거주하고 있는 공간적 거리의 상대적인 근접성보다는 이 구역의 소속 구성원들을 집결시킬 수 있는 공동의 집으로 될 수 있는 '문화센터'를 구축하느냐에 달려 있다고 보아도 무리는 아닌 것 같다. 다롄, 칭다오, 베이징, 상하이, 광저우 등 지역에 있는 문화센터들이나 우리말 학교들이 어찌 보면 소속 도시에 있는 조선족 구성원들의 마음의 고향으로 인지되면서 모든 구성원들의 '공동의 집'으로 되고 있으며 이런 "대가정"의 존재로 하여 명절이나 특수한 날이 되면 이곳에서 다채로운 민속활동을 펼칠 수 있게 된다. 역사적으로 놓고 보아도 이주민들에게 있어서 항상 기대할 수 있는 것이 바로 이 같은 '공동의 집', '마음의 고향'의 존재이다. 과거의 회관이나 현재의 상회와도 같은 이런 공동의 집이 형성되면 자연히 사람들이 찾아오게 되고 회포를 나눌

수 있게 되며 나아가 민족문화의 버팀목 역할을 하게 되면서 그 지역에 민
족문화가 뿌리를 내리고 생성할 수 있는 생태계를 이루게 되는 것이다. 이
렇듯 도심에 분산되어 있는 지역에 민족구성원들의 '공동의 집'이 들어서고
민족문화를 홍보하는 홍보실, 문화를 체험하는 체험장이 된다면 우리 민족
뿐만 아니라 우리민족 문화에 흥취를 가지고 있거나 우리문화를 선호하는
사람들에게 문화교류의 장, 화합의 장을 제공해 주게 될 것이다.

　여기에서 자연스레 제기되는 문제는 누가 주체로, 구심점이 되어 도시에
서 새로운 공동체사회를 구축하는가 하는 문제이다. 한 공동체사회에서 주
체적 위치에서 리더십을 발휘하려면 어느 정도 사회자본의 소유자가 되어
야 할 것이다. 소수민족 공동체에 있어서 이 같은 사회자본은 민족공동체
사회 내부에서의 자본뿐만 아니라 그 경계를 넘어서 중국사회 내지 글로벌
적인 자본이어야 할 것이 분명하다. 기성세대들이 경제적인 가난에서 벗어
나고자 몸부림치면서 이동의 행렬에 들어설 때 조선족 사회는 이미 이른바
위기를 포함한 다양한 변화의 씨앗을 내재하고 있었다. 단 이것은 경제적
부를 창출하고 발전을 추구한다는 미명하에 응당 권장해야 할 개혁의지와
개척행위로 당위성을 부여받았다. 하지만 이러한 당위적인 행위의 대가성
내지 후유증에 대해서는 깊게 주목하지 않았다. 경제적 삶의 여유와 생활
의 향수를 누릴 현 시점에 와서 우리가 다시 이미 휘청거리고 있는 조선족
사회를 돌이켜 보면서 뒤늦게나마 조선족 사회의 존재를 자각하면서 뭔가
를 해야 하겠다고 인지한 세대들이 바로 차세대들이었다고 할 수 있다. 이
들이 조선족 사회의 존속과 문화전승을 위해 노력을 경주하면서 기성세대
와는 다른 글로벌 시대라는 현실적 안목으로 더 이상의 지리적 공간에 얽
매이지 않는 열린 공동체를 구상하면서 새로운 방향을 제시하고 실천하고
있다. 또한 차세대는 정치운동을 경험하고 정치적 혼란기 속에서 성장한

기성세대들과는 달리 대체적으로 1980년대 중국의 개혁개방과 더불어 경제성장의 혜택 속에서 자란 세대들로서 이미 인터넷과 모바일을 접하면서 정보통신사회에 필요한 기술들을 익숙히 장악하고 있으며 자신감과 개인화 성향이 강한 세대들이다. 이들은 대부분 국내에서 양질의 기초교육을 받았고 일정한 전문지식을 장악하고 있으며 경제적, 문화적 성장에 동력으로 될 수 있는 사회자본을 소유하고 있다. 따라서 이들은 틀에 박힌 조직화된 구도에서 벗어나 보다 자율적이고 윈-윈이라는 성장목표에 초점을 맞추어 네트워크를 구축하고 운영해나가고 있으며 이들을 중심으로 민간단체와 조직 등 형태의 새로운 조선족 사회가 구축되고 있다. 다시 말하면 조선족 사회는 이미 핵심층에서 세대교체가 일어나고 있는바 기존세대는 이미 중국사회의 특정 제도로 사회적 공직에서 물러나게 되면서 리더십도 약화될 수밖에 없다. 반면 자영업자로, 회사원으로 사업을 시작하면서 성공을 이룬 차세대들은 발달한 정보통신에 의해 지리적 공간거리가 멀다 해도 새로운 온라인 네트워크를 통해 재 결집되어 있다. 특히 스마트폰을 통한 위챗(WeChat)의 보급으로 작게는 동창회, 고향친구모임, 동호회로부터 크게는 사회단체까지 모두 적극적으로 위챗이라는 소셜네트워크를 통해 활발한 움직임을 보이고 있다. 이들은 각자 분산되고 경계를 세우는 모임을 조직하는 것 같지만 모멘트를 충분히 활용하면서 투명성 있게 정보를 공유하고 서로 소통을 진행하고 있어 단체들 간의 친목을 돈독히 다져가고 있다.

요약한다면 이들 차세대를 중심으로 새로운 거주 지역에서 조선족은 지연, 학연 등을 매개로 새로운 커뮤니티를 형성하였으며 민족교육, 사회봉사, 경제협력, 문화교류, 권익 증진, 공동체내 친목 등을 목표로 하는 사회단체도 결성하였을 뿐만 아니라 지역별 연대성을 강화하면서 네트워크를 확장시켜나가고 있다. 특히 차세대를 중심으로 형성되어 있는 이런 단체들은 국내뿐만 아니라 한국, 일본 등 나라들에서도 활발한 움직임을 보이고 있다. 향후 각개 도시에 자발적으로 형성된 공동의 집들이 하나의 연대를 이룬다면 우리는 가히 실존적인 기능을 할 수 있는 사회적 네트워크 구축도 가능해질 수 있다. 아울러 우리는 이러한 네트워크를 토대로 개인화 시대, 글로벌 시대에 걸맞는 미래의 '교향악단'과도 같은 사회를 지향해 나갈 수 있는 것이다.

3. 향후 조선족 사회의 역할 및 인식전환

거주국에서 조선족이라는 법적 명칭을 갖고 있는 조선족 사회는 특정 역사시기에 한반도로부터 중국으로 이주, 정착하여 현재 중국국적을 취득하고 중국 정부로부터 하나의 소수민족 공동체로 인정받고 있다. 이들은 문화적으로, 정서적으로 한반도와 특수한 감정을 지니고 있을 뿐만 아니라 현실적으로도 70여만 명이 한국에 거주하고 있는 상황에서 조선족 사회의 존속과 발전은 한반도와 갈라놓을 수 없는 운명에 놓여 있고 그 만큼 역할도 기대된다.

사실 1992년도 한중수교 이후 양국 관계는 상당히 빠른 속도로 상호 간의 우호협력관계를 비약적으로 발전시켜 왔다. 이러한 발전을 가져오기에는 물론 지리적으로 인접적인 위치, 공동의 역사경험, 경제 간의 상호협력 및 보완관계, 유구한 교류역사를 바탕으로 한 문화적 이해 등등의 원인들이 있겠지만 한중 양국에 모두 깊은 관련을 지니고 있는 조선족 사회라는 특수한 존재의 역할 또한 부인할 수 없을 것이다. 중국의 입장에서 보면 자국민 집단이고 한국의 입장에서 보면 해외동포 집단으로 되는 조선족은 한중관계 정상화 이전부터 양국 간의 관계정상화를 위해 나름대로의 역할을 발휘해 왔었다.

돌이켜 보면 수교 이전인 1980년대 초반부터 조선족은 이미 중국에 한국문화를 소개하는 홍보대사 역할을 해왔었다. 조선족들이 한국 KBS방송을 통해 서신을 주고받으면서 어렵게 구한 카세트노래 테이프들은 금방 개혁의 물결을 타고 새로운 삶의 양상들이 움트기 시작한 중국인에게도 엄청난 호감을 불러일으켰다. 당시 지린성 창춘의 모 국유기업의 공청단위에서 조직한 5.4 청년절 기념야회에서도 흘러간 옛 노래의 멜로디에 맞춰 청춘남녀들이 사교무를 추었을 정도로 한국의 음악은 옌볜은 물론 동북 3성의 대도시들에 있는 무도장을 석권하였다. 어찌 보면 이것이 중국 대륙에서 붐을 일으킨 첫 한류가 아닌가 싶다. 그리고 중국 사회에 한국 10대 재벌들의 전기와 이들 그룹의 경영철학을 중국 시장에 소개한 것도 조선족지식인들이었다. 초기 친척방문을 통해 한국에 다녀온 조선족들이 가져온 한국 상품은 중국소비자시장에서 커다란 홍보효과를 불러일으키기도 하였다. 조선족 사회의 존재와 이들의 적극적인 노력들에 의해 한국은 적대국에서 친근한 이웃으로 중국인들에게 다가오게 되었다고 해도 과언은 아니었다.

뿐만 아니라 조선족 지식인들은 중국의 대(對)한국정책변화를 모색하는 데도 일조했다. 사실 이 당시 중국 정부에서도 한국에 상당한 호감을 갖고 있었다. 한국이 이룩한 한강기적의 배후에 있었던 정경구조관계에 특별한 흥취를 느낀 중공은 "정치는 독재, 경제는 자유"라는 한국의 발전패턴에 깊은 관심을 보여 온 바 이 같은 발전패턴은 개혁개방 초기 중공에서 실시하고자 했던 개혁개방과 네 가지 기본원칙이라는 두 기본점을 견지하려는 전략적 의도와 매우 흡사하다고 판단했기 때문이다. 국가 차원에서 대한국정책 수위조정의 이러한 수요에 따라 조선족 조선족학자들의 참여로 한국발

전모델을 총합한 연구보고서가 국가 의사결정부문에 송달되기도 하였다.

중한수교 이후 경제적인 부를 갈망하던 윗세대들의 한국행은 1차적 목표가 자연스레 경제적 부를 창출하는 것일 수밖에 없었고 불법체류도 마다하지 않았던 입장에서 이들은 한국에 체류하면서 경제적 부를 창출한다는 초기 목적에는 도달하였으나 여러 가지 불미스러운 사건의 발생 및 한국인과의 갈등을 조성한 것 또한 사실이다. 하지만 한국에 나가 있는 조선족의 역할에 대해서도 우리는 새롭게 평가해 볼 필요가 있다. 즉 개인적으로 놓고 보면 외국나들이를 통해 돈벌이한다는 것이 동인이었겠지만 역으로 이들의 한국나들이는 국제노동시장에서 자체 노동자원에 대한 평가의 결실로 볼 수 있는 선택이었으며 70만을 웃돌고 있는 재한조선족은 한국에 있어서 이미 홀시할 수 없는 인적 자원으로 되고 있다. 열악한 노동환경도 마다하고 이른바 저임금으로 3D업종에 종사하고 조선족이 없었더라면 상당수의 중소업체들 특히 건설업체들은 엄청난 인력난에 부딪치게 될지도 모른다.

한편 초기 내륙으로 연해지역으로 진출한 조선족은 대체적으로 중국에 진출한 한국기업이나 일본기업을 중심으로 도심에 새로운 코리안타운을 형성해 오면서 주요하게 한국기업의 중국진출을 돕는 통역자나 대리 사업자 역할을 해줌으로서 한국기업의 안정적인 정착에 일조하였다. 한국기업의 중국진출이 대폭 증가하고 또한 현지에서 비교적 성공적으로 가동할 수 있었던 것은 중국 정부의 정책적인 협력도 중요했겠지만 조선족 사회의 중개 또는 가교 역할 또한 무시할 수 없다. 특히 초기 중한경제교류에 있어서 언어적 장애를 최소한으로 줄일 수 있었던 데에는 조선족의 존재가 큰 힘이 되었다. 뿐만 아니라 중국 사회와 문화에 대해 어느 정도 익숙했던 조선족들이 중국에 진출한 한국기업에 취직하게 되면서 고용주와 근로자 사이에서 문화적 갈등을 해소하는 중개자 역할을 감당하기도 하였다. 이들 기업과 조선족 사회의 상호 신뢰와 화합이 있었기에 중국에 진출한 한국기업은 이미 전에 중국으로 진출한 일본기업과도 경쟁할 수 있었다고 보아진다.

여기에서 간과할 수 없는 것은 조선족이 이러한 역할을 할 수 있었던 것은 국가차원에서 펼쳐진 정책적 지지 및 암묵이 전제되어 있었기 때문이라고 생각한다. 사실 중국 정부나 한국 정부에서는 자국민을 위하여, 또는 해외동포를 위하여 다양한 방식의 정책을 펼쳐나가기에 주력해 왔다. 1990년대 중반 당시 이른바 사기피해사건으로 수많은 조선족이 피해를 당하자 중국 정부에서는 외교적인 방식으로 이를 해결하고자 노력했었고 3천 명 한국입국 정원을 쟁취하여 조선족 구성원들의 피해를 최대한 줄이는데 국가로서의 책임을 감당하였다. 한국 또한 해외에 있는 동포를 위하여 외교적 노력을 경주하여 결국에는 방문취업자 정책을 펼치기에 이르렀다. 따라서 방문취업비자 실시로 수많은 조선족이 그 혜택을 받게 되었고 과거 불법체류자로 있던 기성세대들도 합법화한 신분을 획득할 수 있게 되었으며 그 결과로 한국에서 다양한 조선족 단체들도 출범할 수 있게 되었다. 하지만 만약 중국 정부의 협조가 없었더라면 중국 경내에서 한국어 능력평가시험이 가능했을까. 필자는 조선족 사회에 장기적인 혜택으로 될 수 있었던 것은 방문취업비자를 받을 수 있는 것을 넘어 중국정부에서 자국 내 소수민족인 조선족이 한반도에 있는 조선인, 한민족과 동일민족임을 인정하고 있다는 사실에 주목하고자 한다. 만약 이 같은 전제가 깔려 있지 않는다면 중국 역내에서 한국어 시험을 통해 선택되는 방문취업비자 발급이 정책적으로 과연 실시될 수 있었을까. 이번 한복 논란에 있었던 주한중국대사의 발언에서도 이 점이 재차 확인되었다. 주한대사관 대변인은 "중국은 56개 민족으로 구성된 다민족국가이며 중국정부는 각 민족의 풍속습관과 합법적 권익을 항상 존중하고 보장한다. 각 민족대표가 민족복장을 입고 동계올림픽에 참가하는 것은 그들의 염원이고 권리이다. 중국 조선족은 조선반도의 남북과 동종동원으로써 복식을 포함한 공동한 전통문화를 지니고 있다 이런 전통은 반도의 것일 뿐만 아니라 중국 조선족의 것이기도 하다"고 하였다. 즉 조선족과 한민족은 같은 민족이기에 한국인들이 입을 수 있는 한복을 조선족도 입고 다닐 자격이 있다는 것이다.

중국 정부의 이 같은 공식적인 입장을 우리는 자체 민족공동체 내부의 문화교류 및 향후 한민족네트워크 구성에 적극 활용할 필요성이 있다. 지난 30년간 조선족의 역할이 대체적으로 경제영역에 집중되어 있었다면 향후 조선족 사회의 역할을 경제영역을 넘어서 우리민족문화의 중국 현지화, 나아가 세계화로 나아가는데 일조하는 것이라 하겠다. 조선족 사회가 문화의 세기에서 우리민족문화 위상을 떨치는데 동참하고자 한다면 우선 자기 문화를 스스로 지켜가야 하고 이 같은 문화지킴과 문화창출을 통해 중한 두 나라 문화교류에서 자기의 위치를 찾고 자기의 기능을 감당해야 한다. 개혁개방 이후 조선족 사회구성원들은 이미 중국의 대도시에로, 그리고 한국을 중심으로 하는 세계 곳곳에 확산되고 있다. 도시화와 산업화 그리고 글로벌화가 이미 하나의 돌이킬 수 없는 추세로 되고 있는 만큼 조선족 사회도 이러한 시대적 추세에 맞추어 중국사회뿐 아니라 세계 코리안들과도 교류할 수 있는 글로벌 네트워크 구축에 적극 가담해야 한다. 이제는 협소한 이데올로기나 편가르기식 정체성 논의에만 머무를 것이 아니라 보다 높은 차원에서 세계 코리안들 간의 상호 협력하고 공동 발전한다는 자세를 보여주어야 한다.

사실 우리가 우리 문화를 지켜간다는 것은 '우리'만을 지켜가기 위한 것이 아니다. 조선족 선민들이 쪽지게에 우리민족의 문화를 담아지고 두만강, 압록강을 건너 중국에서 정착생활을 시작하면서 현지 문화와의 문화적 접목을 통해 조선족 문화라는 새로운 '문화산품'을 창출하였고 이렇게 창출된 조선족문화는 이미 대체불가의 문화형태로 자타의 공인을 받고 있다. 현재 우리민족이 이 땅에서 창출한 문화는 이미 조선족이라는 민족적 경계를 넘어서 중화문화의 구성부분으로, 나아가서 인류문화유산으로 유네스코에도 등재되어 있다. 따라서 조선족 문화를 지켜가고 발전시켜가고자 하는 우리들의 노력과 실천은 중화문화의 번영에 동참하고 인류문명의 발전에도 기여하는 것으로 해석될 수 있고 해외에서 한민족문화의 현지화의 성공적인 사례로도 될 수 있다.

4. 나오며

글로벌 시대에 걸맞게 현재 조선족 구성원들은 세계 곳곳에 진출해나가 있으며 언제부터인가 세계 속의 조선족으로 변신하였다. 그렇다면 중한수교 30주년을 맞이하게 된 시점에서 중한관계 속에서의 조선족은 무엇인가. 만약 조선족이라고 하는 소수민족이 중국에 존재하지 않았다면 중국의 56개 민족을 상징하는 대표들이 민족 복장을 입고 등장하는 마당에 과연 한복을 입고 등장할 사람이 있었을까. 역으로 한복을 착용한 모습으로 동계올림픽 개막식에 등장한 조선족은 과연 어떠한 존재일까. 이처럼 중국과 한국사이 문화 논쟁의 중심에 서 있어야 할 조선족, 이들은 과연 누구이며 이들이 지니고 있고 또한 이들의 민족속성을 대변해주고 있는 문화기호들은 무엇인가. 여기에서 짚고 넘어가야 할 것은 바로 조선족의 문화적 신분을 명시해주고 민족정체성을 확인시켜주는 그 문화가 어떤 문화인가 하는 문제이다. 현재 자연스럽게 제기되는 개념이 조선족 문화인데 이것이 과연 독자성을 지닌 민족문화 개념인지 아니면 조선민족문화의 약칭으로 제기되는 개념인지가 구분되어야 한다. 일반적으로 조선족 문화라고 할 때 중국내 타민족 문화와 구분하여 제기된 개념인데 이 차원에서 조선족 문화는 조선민족문화와 동등한 의미로 사용된다고 보아진다.

따라서 우리가 자체의 문화신분을 보다 명백히 할 필요성이 제기되고 있는 마당에 우리가 상식적으로 표현하고 있는 민족문화는 과연 조선족만의 문화인가 아니면 열린 시각에서 보는 한민족문화인가를 다시 한 번 고민해 보아야 한다고 생각된다. 춘추전국시기 노나라에서 태어나 유교문화를 선도한 공자가 언제부터인가 중국의 공자로, 동아시아 공자로 변모하면서 동아시아를 유교문화권으로 만들 듯이 우리의 문화도 민족적 경계를 넘어서 모두가 공유할 수 있는 문화로, 인류문화재로 변모한다면 기필코 동아시아 문화로, 세계문화로 그 위상을 떨칠 수 있을 것이다. 끝으로 중한수교 20주년을 기념하여 썼던 칼럼 "'폐호'에서 '위탄'으로"에서의 한 단락을 인용하면서 이 글을 마감하고자 한다.

"위대한 탄생이라는 것은 처음부터 될 사람이 1등하는 것이 아니라 안 될 것 같은 사람이 새로운 가능성을 가지고 변화되어 위대한 가수로 탄생하는 것을 뜻하듯이 한국에서 '코리안 드림'의 상징이 된 백청강의 신드롬은 편견의 장벽을 무너뜨리고 과거에 받은 상처를 치유한다면 진정 '코리안 드림'의 완성된 작품을 그려낼 수 있다는 감동과 희망의 메시지를 안겨주고 있다. 김태원과 백청강 이 두 멘토와 멘티의 협력, 그리고 수많은 사람들의 적극적인 참여와 성원이 불우한 환경을 극복하고 꿈을 이뤄내는 한편의 드라마를 연출하였다면 조선족 사회와 한국 사회와의 '손에 손잡고'는 우리 민족사에 길이 남을 또 다른 '위대한 탄생'을 연출하게 될 것임을 믿어마지 않는다."

[성균중국연구총서 40]

구동존이(求同存異)와 화이부동(和而不同)의 한중관계
수교 30년을 보는 한중학계의 시각

기   획   성균관대학교 성균중국연구소
엮 은 이   이희옥 · 최선경

초판인쇄   2022년 10월 25일
초판발행   2022년 10월 31일

발 행 인   윤관백
발 행 처   ☒선인
등   록   제5-77호
주   소   서울시 양천구 남부순환로 48길 1
전   화   02-718-6252
팩   스   02-718-6253
이 메 일   sunin72@chol.com

정 가 25,000원
ISBN 979-11-6068-750-7 93300

ⓒ성균중국연구소 2022